KB139077

Parité!

성적 차이, 민주주의에 도전하다

성적 차이, 민주주의에 도전하다

조앤 W. 스콧 저

오미영 국미애 김신현경 나성은 유정미 이해응 역

인간사랑

CONTENTS

한국어판 서문

이 책은 선출 공직에 여성 대표성을 확대하고자 한 프랑스 페미니즘 운동에 대한 이야기이다. 내가 이 운동에 관심을 둔 것은 한편으로는 강렬하고 성공적인 운동이었기 때문이지만, 다른 한편으로는 페미니스트들이 진정한 평등을 요구하면서 직면하는 어려움들을 보여주고 있었기 때문이다. 한국어로 번역된 나의 또 다른 책 『페미니즘 위대한 역설』에서도 이 문제를 쓴 바 있다. 『페미니즘 위대한 역설』에서 나는 추상적 개인에 기반한 프랑스의 보편주의 평등 개념은 평등을 위한 요건으로 같음(sameness)을 제의했다고 주장하였다. 개인은 인종, 계급, 종교, 직업이라는 사회적 특성에서 추상화될 때 같아졌지만 성(sex)에 있어서는 그렇지 않았다. 성적 차이는 추상화될 수 없는 것으로 여겨졌다. 그것이 자연을 토대로 한다는 이유에서였다. 다시 말해 생물학적 속성은 인간의 법을 개입시켜 좌우할 수 없다는 것이었다. 여성이 공적 회합에 참여하는 것을 금했던 프랑스 혁명론자들은 "인간에게 이러한 제약을 가하는 자연은 오만하게 명령한다. 그리고 어떤 법도 수용하지 않는다"라고 주장했다. 이같은 주장은 20세기까지 지배 이데올로기로 유지되었다.

'남녀동수' 지지자들은 성적 차이가 추상성에서 배제된다는 발상에 이의를 제기했고, 일부 비평가에게는 본질주의로 보이는 주장을 통해 그 발상에 도전했다. 이들은 추상적 개인이 이미 성별화되어 있으며, 암묵적으로도 실제적으로도 남성이라고 주장했다. 추상적 개인인 '그'를 탈성화(desex)하는 유일한 방법은 모든 개인이 두 개의 성 중 하나임을 인정하는 것이었다. 모든 개인의 해부학적 이원성이 여성과 남성 간의 예측가능하거나 의미심장한 차이로 번역되는 것은 아니었다. 하지만 이원적 성을 인정함으로써 여성(women)은 완전히 동등한 개인이 될 것이고, 추상적 개인 범주에 포함되는 데에 여성의 성이 장애물이 되지 않을 것이다. 나는 이 개념이 본질주의적이라고 생각하지 않았다. 오히려 나에게는 독창적으로 보였고, 페미니스트들이 거듭 직면했던 평등의 수수께끼를 풀 수 있는 새로운 방법으로 생각되었다. '남녀동수' 운동은 추상적 개인을 탈성화하고자 하는 궁극적 목표를 달성하지는 못했지만, 거의 모든 선거에서 후보자의 반이 여성이도록 요구하는 2000년 6월의 법을 통과시켰다. 이 책은 '남녀동수' 운동의 역사, 운동 초기의 이론 구축과 이후의 변형, 운동을 둘러싼 상황이 발생하는 정치적 맥락을 적고 있다.

어떤 측면에서 '남녀동수' 주장은 프랑스적 특수성이 담긴 이야기이다. 하지만 나는 '남녀동수'를 페미니즘과 역사, 이 둘 모두에 관해 보다 큰 질문을 던지는 방식으로 기술하려고 노력했다. '남녀동수'는 페미니즘을 향해 평등과 차이의 문제를 제기한다. 자연적인 것이라 변할 수 없다고 여겨지는 성적 차이에 대한 관념이 평등을 이해하는 데 어떤 영향을 미치는가? 페미니스트들이 평등을 요구할 때 그들의 주장이 맞닥뜨릴 제약은 무엇인가? 그 제약은 어떻게 다루어질 수 있을까? 우리 고유의 문제에 대한 전략적 개입을 모색할 때 다른 사람들이 그 제약을 어떻게 다루었는지 살펴보는 것은 유용하다. 물론 다른 이들의 경험이 그들이 처한 맥락의 바깥에서도 완벽한 모델이 될 수는 없지만, 다른 사람들이 발전시켜 왔고 또 우리 역사가 제공할 수 있는 그들 경험에 대한 분석적 견해가 나에게는 굉장히 유용했다. 그 분석은 우리 자신의 페미니즘 정치학을 전략적으로 사유하게 할 뿐만 아니라 제도화된 불평등과 권력 차이가 기초하고 있는 전제를 이론적으로 깊이 탐구할 수 있게 한다.

나는 역사와 역사가의 역할은 사회운동이나 정치운동을 단지 연대순으로 열거하는 것이 아니라 그것의 작동을 분석하는 것이라고 생각한다. 즉 운동이 지배적 개념 안팎에서 지배적 개념을 수용하거나 전복시키면서 그 개념과 씨름하는 방식을 분석해야 한다고 본다. 운동이 어떻게 움직여 가는가? 얼마나 의식적 과정인가? 의식하지 못하는 차원은 무엇인가? '남녀동수' 운동에서 내 이목을 끈 것 중 하나는 최종 결과에서 우연성이 만들어낸 역할이었다. 여성의 정치 접근성 확대 운동을 정당화하기 위해 동성애자 커플 권리 요구에 대한 혐오 반응이 어떻게 활용되었으며, 그 과정에서 '남녀동수' 운동의 초기 사상이 이성애 커플의 자연적 상보성에 대해 널리 통용되는 시각을 승인하는 것으로 어떻게 변형되었는가 하는 부분이었다. 우리가 정치의 미래 전망을 모색하려 할 때, 이런 종류의 우연성이 발생할 가능성에 주의를 기울일 수는 있지만 결코 미리 대비할 수는 없다. '남녀동수' 운동의 역사는 사회구성에서 성차 관념이 얼마나 중요하게 작동하는가, 성적 차이 관념이 부서지기 쉬울 것 같으면서도 얼마나 강고하게 옹호되고 규범화되는가, 또한 어떤 방식으로 도전에 노출되며 어떤 조건 하에서 다시 옹호되거나 변화되는가를 우리가 깨닫도록 준비시킨다.

한국에서의 출판을 계기로 독자들에게 '남녀동수' 법을 향한 프랑스 페미니즘 운동의 매혹적인 역사에 대한 이야기를 전달할 수 있고 한국 사회가 민주주의 정치학과 성적 차이의 관계를 성찰하는 데에 도움이 될 수 있기를 바란다. 한국의 민주주의 정치학에는 성평등을 향한 약속이 존재하는가? 성평등은 어떻게 정의되는가? 그 정의 자체에 인간 (Man)의 권리를 여성에게 완전히 확대하지 못하게 하는 어떤 문제가 있는가? 그 문제가 한국의 민주주의 담론 안에서 (또는 바깥에서) 어떻게 도전받을 수 있는가?

* * *

확실히 쉬운 작업이 아니었을 이 책의 번역을 맡아준 역자들에게 감사를 표한다. 공동 작업과정에서 이루어졌을 협력, 그리고 난해한 관념들을 하나의 언어에서 다른 언어로 옮길 때 불가피하게 발생하는 논쟁과 토론, 혼란과 갈등의 장면을 직접 지켜보았다면 얼마나 좋았을까 하는 아쉬움이 있다. 사실 여기에는 두 개의 언어가 아니라 세 개의 언어가 연루되어 있다. 왜냐하면 내 책이 원래 프랑스에서 형성된 복잡한 철학적 관념을 미국의 페미니스트 역사가가 '번역'한 것이기 때문이다. 프랑스 페미니즘 운동, 그 운동에 대한 미국인의 역사 서술, 그 역사의 한국어 번역이라는 전체 과정이 내가 보기에는 초국가적 페미니즘(transnational feminism)의 좋은 사례인 것 같다. 다른 맥락에서 발전하고 다른 언어로 표현한 생각을 교차시키고 교환하는 것은 우리의 차이를 결정적으로 드러내 주면서도 공통성을 만들어낸다.

뉴저지 프린스턴에서 2009년 5월 12일

– 조앤 W. 스콧

옮긴이의 말

이 책은 미국의 페미니스트 역사학자 조앤 W. 스콧의 책 *Parité! : Sexual Equality and the Crisis of French Universalism* (University of Chicago Press, 2005)을 우리말로 번역한 것이다. 스콧은 최근 프랑스의 역사를 배경으로 하는 몇 권의 책을 연달아 냈는데, 전작으로 *Only Paradoxes to Offer : French Feminists and the Rights of Man* (1996) (『페미니즘 위대한 역설』, 엘피, 2006), 그리고 이 책 이후에 출간된 *The Politics of the Veil* (2007)이 있다. 이 세 저작들을 이어주고 있는 것이 있다면 그것은 바로 근대적 보편주의와 차이의 정치학에 대한 그녀의 관심일 것이다. 보편과 차이의 갈등은 서구 근대 민주주의 정치학이 직면해 온 모순의 한 단면으로, 페미니스트 정치는 이러한 균열의 최전선에 있어왔다. 이 저작들을 통해 스콧이 보여주는 것은 갈등의 해소나 균열의 봉합이 아니다. 『페미니즘 위대한 역설』에서 페미니스트 실천은 역설일 수밖에 없다고 주장함으로써 역설 그 자체가 페미니스트 정치학에도, 민주주의 정치학에서도 의미 있게 해석되도록 제기했던 것과 마찬가지로, 이 책에서도 스콧은 역사가로서 지나간 시대를 반듯하고 평평하게 만드는 정리자로서의 임무보다는 굴절과 균열을 가시화시키는 질문자로서의 역할을 계속 이어가고 있다.

이해를 돕기 위해 먼저 이 책이 다루고 있는 '남녀동수' 법(parité law)에 대해서 간략히 소개하려고 한다. '남녀동수' 법은 대의기구에서 남성과 여성의 동등한 대표성을 위해 2000년 6월 6일 프랑스에서 제정된 것으로, 프랑스에서는 이 법의 제정을 통해 대표자 선출시 남녀동수 공천을 '장려' 하도록 명문화하고 있다. 이 법의 적용방식은 선거에 따라 조금 상이한 부분이 있지만 상원 선거, 유럽의회 선거, 인구 3,500명 이상의 시의회, 권역의회, 코르시카 의회에 공통적으로 적용되고 있다. 이 법에 대해 많은 사람들이 두 가지 인상을 가질 수 있다. 하나는 남녀동수 공천이 암시하는, 페미니스트 운동의 대단한 성과에 대한 감탄이다. 하지만 한편으로 '절반의 여성' 에 대한 주장은 이원화된 성적 차이를 본질화한다는 인상도 갖게 한다. 번역자들 또한 작업을 시작할 때 이 두 가지 생각에 얽혀 있었다.

사실 '남녀동수' 법은 국내에 잘 소개되어 있지 않은데, 법학이나 정치학 쪽에서 일부 소개된 바가 있지만 대부분 할당제(quotas)의 강력한 형태, 즉 적극적 조치의 일환으로 해석되었다. 그러나 '남녀동수' 지지자들은 '남녀동수' 원칙의 정당성을 주장하고 이를 설득하기 위해 이것이 할당제와 다르다는 것을 설명하려고 노력해 왔다. 간단히 말해 '남녀동수' 법은 할당제가 결코 아니다.

스콧은 이 책에서 '남녀동수' 캠페인의 시작과 이 법의 제정을 둘러싼 프랑스 정치철학과 정치현실, 캠페인의 전개 및 법의 제정과정, 페미니스트 내부의 논쟁, 법 제정 이후의 현황 등을 다루고 있다. 스콧이 서문에서 밝혔지만 그녀가 '남녀동수' 운동에 주목한 것은 이것이 페미니스트 실천의 성과여서가 아니다. 오히려 이 운동은 거대한 프랑스 정치체제 내부의 전개과정을 보여주는 것이며, 나아가 서구 민주주의 국가들이 직면한 변화를 드러내는 차원에서 살펴야 하는 것이다. 즉 페미니스트들의 도전은 민주주의 정치학의 근간과 현실에 대한 물음이었으며, 당시 프랑스 공화주의 정치학은 '남녀동수' 운동뿐만 아니라 유럽 체제의 변화와 개별 국가의 위치성, 이주자들의 증가, 성적 소수자들의 정치적 목소리 등을 통해 도전받고 있었다.

사실 이 법은 결과의 측면에서 보면 성공했다고 볼 수 없을지도 모른다. 초기 '남녀동수' 지지자들의 원칙은 캠페인 과정과 법 제정의 단계를 거치면서 변질되었고, 법 제정 이후 실제 선거에서 역시 변칙과 위반이 난무했다. 하지만 스콧은 이를 성공이나 실패로 쉽게 단정짓지 않는다. 엄밀히 말하면 역사적 과정 속에서 성공이나 실패와 같은 단면적 평가란 아예 정의하기 어려운 것일 수 있다.

'남녀동수' 운동을 낳게 한 중요한 정치적 배경은 프랑스의 공화주의 정치철학과 대의제의 위기(crisis of representation)이다. 프랑스혁명을 통해 성립된 공화주의 철학의 핵심은 '단일하고 분할할 수 없는' 국가와 이를 대표하는 추상적 개인이다. 즉 대표자들은 전체로서의 국가에 대한 실체적 체현이었다. 때문에 대표자들은 "부, 가족, 일, 종교, 직업과 같은 특성과 분리된 존재"로 간주되었다. 프랑스에서 여성들이 할당제를 요구했을 때 1982년 헌법위원회가 이를 위헌이라고 판결한 이유 역시 성적 특성을 가진 대표자는 공화국의 원칙인 추상적 개인주의와 양립할 수 없다는 것이었다. 하지만 압도적으로 남성으로 구성된 의원들, 르 펭과 같은 극우 정치인의 부상, 의원들의 부패 및 폐쇄적 특성의 강화, 시민사회와의 괴리 등은 추상성의 구현물이라는 대표자의 실체에 대해 의문을 갖게 하였고 대의제의 위기를 진단하도록 만들었다. 참정권 운동을 다루고 있는 『페미니즘 위대한 역설』에서 추상적 개인이 되기 위해 '여성'의 이름으로 말하려는 여성들이 '여성'이기 때문에 추상적 개인이 될 수 없는 역설의 과정을 걸어왔다면, '남녀동수' 지지자들이 이 역설과 관련하여 취한 전략은 이전과는 확실히 달랐다.

이들은 추상적 개인에 성적 특성을 부여함으로써 추상적 개인인 '여성'을 구성하고자 했다. 이것은 분명 새로운 정치학이다. 할당제가 여성도 추상적 개인이 될 수 있다고 호소하는 것이었다면, '남녀동수'는 추상적 개인의 개념을 변화시키는 것이었다. 보편주의에 대한 페미니스트들의 도전, '남녀동수' 지지자들이 뛰어넘고자 했지만 모면하지 못했던 성차에 대한 본질주의적 이해와 그것의 결과, 대의제의 위기, 유럽공동체의 요구와 자국(自國)의 특수성을 지키려는 프랑스 정치역학과의 경합 등을 통해 '남녀동수' 운동이 전개되고 있으며, 이 책은 이 과정을 역동적으로 서술함으로써 성차의 개념을 통한 근대 민주주의 체계에 대한 도전을 흥미롭게 그리고 있다. 성차를 통한 도전이 다른 차이의 범주들에 직면하는 과정에서 보이는 자기 몰입적 한계 역시 의미 있는 시사점과 과제를 제시한다. '남녀동수' 지지자들이 추구한 전략은 추상적 개인과 성차의 역설을 다른 방식으로 해결하려는 것이었지만 이 운동의 전개과정과 결과를 보면 이 역시 그러한 역설의 고리를 완전히 벗어나 있다고 말하기 어렵다.

한편, 대의제의 위기와 관련하여 지난해 한국에는 대표성의 정당성을 전면적으로 제기하는 사건이 있었다. 미국산 쇠고기 수입과 관련하여 표출된 정부와 의회에 대한 불신은 많은 국민들을 직접민주주의의 광장으로 모이게 하였으며, 주권의 원천적 소재가 국민에게 있음을 주장하게 하였다. '누가, 누구를, 어떻게 대표할 것인가'라는 대의제의 기본

질문은 근대 국민국가의 성립에 대한 근본적인 질문이다. 한국 사회에서도 미국산 쇠고기 수입 문제를 둘러싼 거대한 논쟁에서 '국가'와 '시장', '국민'이라는, 그간 당연하게 여겨져 온 범주들이 문제화되기 시작했다. 다양한 사회 구성원들은 국가의 역할이 시장과의 관계 속에서 달라지면서 '국가가 보호해야 할 국민의 경계'가 재구성되고 있음을 알아차리기 시작했다.

촛불 시위에서 가장 널리 불린 노래와 구호가 '대한민국은 민주공화국이며, 대한민국의 권력은 국민으로부터 나온다'는 헌법의 첫 구절이었음은 의미심장하다. 여성들 또한 소비자로서의 자신들의 위치를 드러내며 다양한 방식으로 시위에 참여하고 많은 경우 시위를 주도했다. 이러한 상황은 신자유주의적 국가를 표방하는 행정부와 국민들의 의견을 수렴하기에는 다양성이 턱없이 부족한 의회정치에서 스스로를 대표하고자 하는 이들의 시도를 어떻게 읽어낼 수 있을 것인가를 질문하게 한다.

사실 한국의 정치사는 대표성과 관련하여 상당한 굴절과 질곡의 기억을 가지고 있다. 장기간의 군부 독재체제를 경험하면서 고무신 선거, 체육관 선거, 부정 선거 등을 경험해 왔으며, 정치권의 부정부패와 폭력적 행태 등은 정치권에 대한 국민들의 염증을 유발해 왔다. 이런 점에서 한국의 근대사는 대표성의 위기가 만연되어 있었다고 말할 수도 있을 것이다. 민주주의 국가로서 한국은 대표성에 대한 어떤 원칙에 근거하고 있는가? 위기의 만연은 대표성에 대한 어떤 이해를 구성해 왔는가? 그리고 주권자로서 여성의 정치적 대표성에 대한 질문은 여기에 어떻게 도전해 왔는가?

이러한 현상에 대한 관찰과 질문에 더하여 현재 한국 사회에서 '다문화주의'의 이름으로 행해지고 있는 이주민들에 대한 사회통합 프로젝트는 대표성과 관련한 한국 사회의 정치적 긴장 중 하나이다. 촛불 시위에 참여했던 일군의 외국인 노동자들에게 '당신들은 한국의 국민이 아닌데 어떻게 이 시위에 참여하게 되었는가'라는 질문이 쏟아졌다는 일화는 여전히 완고하게 작동하고 있는 국민 경계의 배타성을 짐작하게 한다. '다문화주의'는 말 그대로 이해하자면 '다양한 문화의 인정'이라는, 나무랄 데 없는 올바른 정치학의 표현인 것으로 여겨진다. 그러나 현재까지의 관찰로는 한국 사회에서 이 용어는 외국인 노동자들이 우리 사회에 적응·동화·통합되는 과정에서 발생하는 여러 갈등에 대한 외면을 인정으로 보이게 하는 데 그 쓰임이 있는 것 같다. 그들이 이 땅에서 노동하고 아이를 낳아 기르며 살아가는 자의 권리와 대표성을 본격적으로 주장할 때 어떤 일이 벌어질 것인가? 여성의 정치적 대표성은 이러한 질문들과 어떻게 교차되어 의미를 가질 수 있을 것인가?

스콧은 이 책의 1장에서 프랑스에서 대의제의 위기가 만연하게 된 가장 중요한 계기로 북아프리카 이주민 문제를 거론하고 있다. 식민지 경험으로 인한 이주라는 점에서 우리 사회와는 역사적 맥락이 다르지만 앞으로 점점 더 중요한 쟁점으로 부각될 것이기에 시사점을 얻을 수 있으리라 본다. 하지만 아쉽게도 스콧은 '남녀동수' 운동이 전개되는 데 이주민의 국가 대표성 문제가 어떤 방식으로 영향을 주었는지, '남녀동수' 운동은 이 문제를 어떻게 사고하고 전개해 나갔는지를 분석하기보다 이를 '남녀동수' 운동 전개의 배경으로 언급하는 데 그치고 있다. '남녀동수' 법의 정치성과 그것의 정치적 효과, 즉 성적 차이와 보편주의의 기나긴 역설의 항로는 그것과 얽혀 있는 여러 정치적 범주들과 분리해서 사고하기 어렵다. 때문에 성적 차이의 정치학과 인종 및 민족정치학 간의 역학과 전망이 집요하게 탐구되지 않았다는 것은 젠더 정치학이 인종, 민족 등 다른 정치적 범주와의 교차성을 급진적 전망으로 설계해 나갈 수 있는지가 여전히 도전적 과제로 남아 있음을 의미한다. 이는 비단 프랑스 사회뿐만 아니라 우리 사회에서도 페미니스트 정치학을 구성하는 데 중요한 과제가 될 것이다.

'남녀동수' 법을 할당제와 구별짓는 것은 '남녀동수' 운동의 이념을 전개하는 데 중요했다. 할당제의 논리로는 추상적 개인주의의 편향적 결과를 문제시할 수 없었고, 프랑스의 페미니스트들은 추상적 개인이 중립적이라는 가정 자체를 문제 삼았다. 한국에서의 할당제는 어떤가? 한국은 2000년에 정당법에 할당제를 명시함으로써 비례대표 국회의원 공천에 적용하고 있다. 이 외에도 여성 공무원 채용목표제(현 양성평등채용목표제)를 비롯하여 공공부문, 민간부문의 고용에서 여성의 과소대표성 문제를 완화하기 위한 조치들도 시행 중이다. 시행의 형식에서 보면 한국은 프랑스보다 할당제에 대해서는 호의적이다. 하지만 그것이 민주주의 절차와 대표성의 편향된 결과가 갖는 문제적 함의에 대한 담론을 크게 만들어낸 것 같지는 않다.

오히려 '한국에서는 할당제가 왜 보다 쉽게 수용되었는가'에 대한 토의가 필요할지도 모른다. 정치영역에서든 고용영역에서든 그것의 원칙과 구조를 근본적으로 수정하기보다는 덧붙여지는 쪽으로 할당제가 전개된 경향이 어쩌면 문제로 등장해야 할지 모른다. 그리고 역차별 논란에 직면했을 때 다소 무력하게 타협으로 선회하는 이유에 대해 탐구해야 한다. 왜 한국의 여성 대표성의 정치는 민주주의와 대표성의 원칙에 근본적으로 도전하고 있지 않으면서도 상대적으로 제도영역에 쉽게 수용될 수 있었는가? 이러한 질문에 대한 답은 한국 페미니스트 정치학의 역사적·정치적 전개에 대한 진단을 통해서 찾아갈 수 있을 것이다. 우리 사회에서 '여성' 범주를 정의하기 위해 작동하는 특정한 배제의 개념은 무엇인가?

스콧이 제안해 온 역사 방법론은 위 질문들을 전개하는 데 유용한 지침이 될 수 있을 것이다. 스콧은 이미 여러 차례에 걸쳐 페미니즘 역사 방법론이 여성(women)이라는 존재를 당연한 것으로 가정하기보다 '여성'이라는 범주 그 자체의 생산을 역사적 혹은 정치적 사건으로서 따져보며, 사건의 상황과 효과들을 분석의 대상으로 삼을 것을 제안한 바 있다. 근대 국민국가의 성립과 더불어 탄생한 학문인 역사학이 특정 성, 계급, 인종의 역사를 보편화한다는 성찰과 함께 여성사는 시작되었다. 주변자로서의 여성들을 역사적 주체로 다시 읽어낸 여성사의 성과를 간과할 수 없겠지만, 여성사가 '억압을 떨치고 일어선 해방적 주체'라는 도식을 한동안 반복하면서 정작 남자-여자의 고정된 대립이 지속되고 있다는 반성이 대두되었다. 마치 남성/여성 역할들의 제도화 및 주입을 추적하는 문제가 되고 말았다는 것이다. 스콧은 이에 대해 사회적 삶의 모든 영역에 어떤 일률성이 존재한다고 가정하여 '여성의' 위치가 진보했거나 후퇴했다는 식의 단순한 평가를 지양하고, 한 영역에서의 변화가 어떻게 다른 영역에서의 변화에 영향을 주는지, 양성 사이의 경계를 강화하려는 시도들 속에서 실제 문제가 되는 것은 무엇인지, 실제로 실행되는 것은 어떤 종류의 차이들인지 질문할 것을 제안한다.

번역을 통해 프랑스 '남녀동수' 법 제정의 정치적 함의를 소개할 수 있게 되어서 기쁘다. 스콧은 그동안 여러 작업을 통해 역사적·정치적 특수성과 맥락성을 강조해 왔기에 이 책을 번역하는 동안 "우리에게는?"이라는 물음의 긴장을 떨칠 수 없었다. 부족하나마 이제 이 책을 내놓으니 독자분들이 그 긴장을 나누어 주지 않을까 기대하며 마음을 좀 가벼이 하려고 한다.

이 번역은 대학원에서 함께 수학하고 있는 6인의 공동 작업으로 이루어진 것이다. 여러 사람이 공동으로 작업하다 보니 용어를 통일하고 문체나 내용에 대해 합의를 이루기까지 여러 차례의 토론과 재검토가 요구되는 지난한 작업의 과정을 거쳤다. 여기에 투여된 시간과 에너지의 총량을 따지자면 비효율적일 수도 있겠으나 이번 번역작업은 서로로부터 배우는 좋은 학습의 기회였고, 이 과정은 서로에게 큰 격려가 되었다. 번역작업을 같이 시작한 동료 권김현영이 사정상 끝까지 함께하지 못한 것이 아쉽다. 이 자리를 빌려 작업에 도움을 주신 분들에게 감사를 드리고 싶다. 불어를 우리말로 번역하는 문제로 고심하던 중에 흔쾌히 도움을 준 이화여대 여성학과 대학원 동료인 이시진 씨와, 해결하지 못하고 있었던 몇몇 프랑스 명칭을 번역하는 데에 해법을 주신 부산대 사학과 현재열 선생님께 진심으로 감사드린다. 번역 원고를 꼼꼼히 읽고 정성스럽게 의견을 주신 부산대 사학과 김정화 선생님께도 큰 감사를 드린다. 또한 바쁜 중에도 한국어판 서문을 보내준 저자 조앤 스콧에게 감사한다. 스콧은 우리의 메일이 당도하자마자 정말 신속하게 따뜻한 격려의 답장과 함께 서문을 보내주었다. 우리는 그녀의 지적 통찰뿐 아니라 성실성에도 존경을 표한다. 스콧에게 한국어판 서문을 요청하는 데에 도움을 준 김희진 씨와 홍성희 씨에게도 감사를 드린다. 그리고 출판을 맡아

애써준 인간사랑 관계자 여러분께도 감사를 전한다. 번역상의 오류가 있다면 이는 전적으로 번역자들의 몫이며, 이에 대한 독자들의 질정을 바란다.

– 옮긴이들

감사의 글

　주로 19세기에 연구했던 한 역사가가 사람들이 남긴 흔적을 넘어서 자신이 글을 쓰고 있는 이들을 알아가게 되기란 쉽지 않다. 그런 이유로 20세기 후반 프랑스의 '남녀동수(parité)' 운동을 다루고 있는 이 연구는 나에게 새로운 도전으로 다가왔다. 그 중에서도 첫 번째 도전은 여전히 진행 중인 정치적 운동을 이해하는 일과, 그 운동이 새로운 발전에 직면하고 새로운 전략을 고안하며 이전보다 훨씬 더 많은 양의 문서를 생산하고 성취하거나 성취하지 못했던 것에 대한 다양한 평가를 낳았던 시기에 그 운동을 추적하는 일이었다. 다시 말해 시대가 역사가가 거리를 유지하는 것을 자동적으로 허락하지 않았던 때에 어떻게 그것을 가능하게 할 것인가. 두 번째는 해석의 통일성(integrity)을 유지하는 것과, 나에게 기록물을 빌려주고 시간을 할애해준 사람들 그리고 그들의 행동과 말에 대한 나의 해석에 반드시 동의하지 않는(을) 사람들에게 느껴지는 강한 책임감과 내 해석의 통일성 간의 균형을 맞추는 것이었다. 즉 연구에 반드시 필요한 비판적 관점을 잃지 않으면서, 어떻게 현재에 속하는 역사가이자 동시에 내가 어떤 공감을 느꼈던 사람들을 지지하는 운동에 속하는 역사가일 수 있는가. 세 번째 도전은 내가 지속적으로 페미니즘의 지적 역사에 몰두하는 데 있어 핵심적인 것으로 여겨지는 쟁점들에 집중하는 것이었다. 바로 내가 듣거나 목격했던 일화(逸話)를 상술하거나, 몇몇 주요 활동가의 전기(傳記)를 장황하게 깊이 파고들거나 인물 비평, 그들의 갈등, 헌신, 동기에 관해 다채로운 기술을 하고 싶을 때 말이다. 이러한 유혹은 전문 작가(professional storyteller)뿐만 아니라 어느 시대의 역사가들에게도 존재하는데, 역사가 자신이 직접적으로 문제를 경험했을 때 특히 강하게 느껴진다.

만약 내가 이러한 도전에 성공했다면, 그 성공은 이 이야기에 등장하는 몇몇 '남녀동수' 지지자들(paritaristes)뿐만 아니라 적어도 부분적으로는 친구들과 동료들로부터 받았던 도움 덕택이다. 엘리자베트 위드(Elizabeth Weed)의 비판적인 충고는 언제나 그렇듯이 나의 주장을 개념화하는 데에 대단히 중요했다. 그녀의 명석함은 확실히 내가 더 분명하게 사고할 수 있게 해주었다. 데이비드 벨(David Bell), 에릭 파신(Eric Fassin), 폴 프리드랜드(Paul Friedland), 데니즈 라일리(Denise Riley), 윌리엄 스웰 주니어(William Sewell Jr.) 이들 모두는 초고를 읽고 개선할 수 있는 방안에 관해 각기 다르면서도 귀중한 제안을 해주었다. 그들의 관심과 관대함, 충고에 감사한다. 집필이 진행되어 감에 따라 나는 많은 사람들의 입장에서 책을 시험해 보았는데, 앤드루 아이젠버그(Andrew Aisenberg), 호미 바바(Homi Bhabha), 존 본맨(John Borneman), 존 보언(J hn Bowen), 워런 브릭맨(Warren Breckman), T. 데이비드 브렌트(T. David Brent), 웬디 브라운(Wendy Brown), 주디스 버틀러(Judith Butler), 프랜시스 퍼거슨(Frances Ferguson), 수전 갤(Susan Gal), 캐서린 갤러거(Catherine Gallagher), 클리포드 기어츠(Clifford Geertz), 안드레아스 글래저(Andreas Glaeser), 레나 레더맨(Rena Lederman), 패첸 마켈(Patchen Markell), 미그레나 니콜치나(Miglena Nikolchina), 다닐린 러더퍼드(Danilyn Rutherford), 조든 스타인(Jordan Stein), 타일러 스토벨(Tyler Stovall), 주디스 서키스(Judith Surkis), 리서 위든(Lisa Weeden)으로부터 비판적 반응을 받는 행운을 얻었다. 그들의 논평은 이 프로젝트를 전진시켰고, 학문적 교류가 작동할 것으로 예상되는 바로 그 방식에서 때때로 프로젝트의 일부 방향을 바꾸어 주었다. 자신의 논문을 나와 함께 공유해 준 이브 생토메(Yves Sintomer), 인터뷰를 위해 몇 시간이나 할애해 준 앤 르 갈(Anne Le Gall), 내가 몇몇 인용문을 번역하면서 어려움에 부딪혔을 때 구원해 준 데브라 키이츠(Debra Keates)와 제임스 스웬슨(James Swenson) 이들 모두에게 감사의 마음을 전한다. 폴라 코사트(Paula Cossart)는 더할 나위 없이 좋은 연구조교였는데, 영리하고 박식하며 자료조사도 매우 신속히 해주었다. 그녀는 총명하게 내용과 세부항목에 (같은 수준으로) 주목했는데, 이는 크고 작은 많은 실수로부터 나를 구원해 주었다. 그녀가 수행했던 작업에 대한 고마움은 '감사'라는 단어가 부족할 정도이다. 시카고대학 출판부에 있는 마거릿 머핸(Margaret Mahan)은 아주 훌륭한 편집자였다. 그리고 데이비드 브렌트(David Brent)는 처음부터 안내와 지원을 해주었다. 프린스턴고등연구소(Institute for Advanced Study)의 역사학/사회과학 도서관 직원, 특히 도서관장 마르샤 터커(Marcia Tucker)는 끊임없는 지원을 해주었다. 나의 비서 낸시 코터맨(Nancy Cotterman)은 다양한 버전의 원고들과 씨름하였고, 새로운 전자기술에 능숙했으며, 인터넷이나 도서관에서 파악하기 어려운 기사들을 찾아냈다. 뿐만 아니라 최후의 압박에도 친절함과 명랑함, 감동적인 조사보고로 반응하였다. 그녀의 인내와 능력에 한계가 있었다면 나는 그 자료들을 아직도 발견하지 못했을 것이다.

마지막으로, 이 이야기에서 그러한 큰 역할을 했던 몇몇 여성들에 관해 언급하지 않을 수 없다. 프랑소와즈 가스파르(Françoise Gaspard)와 클로드 세르방 – 슈레이버(Claude Servan–Schreiber)는 그들의 경험과 글들을 나와 함께 공유해 주었다. [나는 가스파르가 앙거대학 여성사 기록물 보관소(Women's History archives at the University of Anger)에 자신의 글들을 기탁하기 전에 그녀의 글들을 들춰보고 정리할 수 있는 행운을 얻었다.] 그들은 나의 많은 질문에 성실히 대답해 주었고, 아마도 나 스스로는 발견하지 못했을 자료와 서적들을 알려주었으며, 나의 해석에 동의하지 않을 때는 솔직하게 말해주었다. 그들과의 대화는 나의 분석을 날카롭게 해주었는데, 때로는 그들의 설명과는 매우 다르게 빗나가는 방식이기도 했다. 나는 그들의 관점 혹은 무엇이 운동에 대한 공식적인 설명인지에 관한 그들의 이야기에 따라야 한다는 의무감을 전혀 느끼지 않았다. 실제로는 정확히 그 반대였다. 즉 그들은 내가 이해한 대로 그 이야기를 할 것이라고 알고 있었고, 나는 그렇게 했다. 내가 그들에게 이 책을 바친 것은 그들이 나에게 자신들이 근거하고 있는 운동으로부터 분석적 거리를 두는 글쓰기에 대한 영감을 주었고, 그러한 글쓰기를 가능하게 해주었기 때문이다. 그들은 이론과 정치뿐만 아니라 역사가 가지고 있는 비판적 힘을 이해하고 있는 페미니스트들이다.

서문

오늘날 프랑스는 20세기 말에 시작된 위기로 진통을 겪고 있다. 그것은 바로 보편주의(universalism)의 수사학을 통해 정의되는 위기이다. 이 보편주의는 독창적으로 프랑스적이며, 따라서 민주공화주의 체제의 결정적인 특징이고, 가장 영속적인 가치이자 가장 소중한 정치적 자산으로 여겨지는 것이다. 민주공화주의 옹호자들에 따르면, 1789년 대혁명이래로 프랑스적 보편주의는 법 앞에서의 평등을 보증해 왔다. 프랑스 보편주의는 추상적 개인을 시민의 대표뿐만 아니라 국가의 대표로 취하는 정치학의 개념에 의존하며, 또한 모든 시민이 그들의 출신에 관계없이 완전한 프랑스인이 되기 위해서는 단일한 기준에 동화되어야 한다는 가정에 의존한다.

1980년대와 1990년대 동안 여성들이 선출 공직자가 될 수 있는 권리, 북아프리카 이주민들과 그 자녀들이 완전한 프랑스인이 될 수 있는 권리, 동거하는 동성애 커플이 결혼을 포함하여 이성애 커플과 같은 이익을 누릴 권리 등 다양한 집단의 권리를 인정해 줄 것을 요구하는 일련의 도전들이 있었다. 보편주의의 수사학은 이러한 도전에 대응하여 그 집단들에 대한 차별을 종식시킬 방법으로 제시되었다. 하지만 차별은 보편주의가 발동한다고 해서 그다지 해결되거나 감추어지지는 않았다.

맹렬한 논쟁들이 일어났다. 공화국 옹호자들은 차이를 인정하는 사람들을 반역자가 아니면 미국 다문화주의의 대리자로 간주하면서 보편주의의 깃발을 들어올렸다. 비평가들은 나뉘어졌다. 몇몇 비평가들은 보편주의의 원칙 그 자체가 문제라고 단언했다. 그러나 대부분은 그들이 보편주의의 전제들을 반박하고 있는 것이 아니라, 부패하지 않고 보다 순수한 형식으로 그 전제들을 현실화시키는 중이라고 주장했다. 이러한 논쟁 이면에는 더 큰 물음들이 놓여 있는데, 그것은 단지 프랑스뿐만이 아니라 봉건제의 대안으로서 18세기에 탄생한 대의민주주의 체제를 향한 물음들이다. 탈식민주의, 탈근대성, 전 지구적 자본주의의 시대인 21세기에 이러한 체제는 여전히 의미가 있는가? 그리고 우리는 어떤 대안을 가지고 있는가?

이 책은 1990년대에 차이를 인정할 것을 요구하는 것으로 프랑스 대의민주주의에 도전했던 운동 중 하나에 주목함으로써 이러한 질문들에 대한 논의를 열기 위한 것이다. '**남녀동수**' 운동(mouvement pour la parité)은 선출 공직에 여성의 수를 증가시키기 위해 프랑스 보편주의의 용어를 재해석하고자 했던 페미니즘 운동이었다. 그 목표는 2000년 6월 6일의 법으로 인해 부분적으로 현실화되었는데, 이 법은 지금 거의 모든 정치 공직에서 전체 후보자의 절반이 여성이어야 할 것을 요구한다.

'남녀동수' 법(parité law)—대중적으로 쓰이는 명칭—은 프랑스뿐만 아니라 사실 전 세계에서도 전례가 없는 것이었다. 많은 나라들이 선출 공직에 여성들의 수를 증가시키기 위해 조치를 취해왔지만, 프랑스는 선출 공직 후보 50%가 여성이어야 한다고 주장한 최초의 국가로 일반적으로 인식된다.[1] 많은 사람들은 여기에 놀랐다. 이들은 1990년대 내내 의회에서의 여성 대표성이 유럽국가 중에서 거의 최하위였던 나라가 어떻게 이러한 급진적인 법을 통과시켜냈는지 의아해했다. 그 법은 근본적인 개념에서 실제로 급진적이었다. 현재의 형식에서도 그 법은 정당들이 자신들의 방식을 과감하게 변화시킬 것을 기대할 뿐만 아니라, 단일한 추상적 개인이라는 보편주의를 전제로 하는 공화주의적 대의제의 오랜 개념에도 도전한다. '남녀동수' 제안자들에 따르면, 새로운 보편주의에서 개인은 남성**과** 여성이라는 것이다. 많은 미국인들이 그 법을 처음 들을 때 추측하는 것과 달리, **'남녀동수' 지지자들**(paritaristes)은 그들의 법이 할당제를 부과하는 것은 아니라고 말한다. 그것은 오히려 성(sex)의 물리적 차이가 보편적임을 인정하는 것이다. 또한 그 법은 미국인들이 인식해 왔던 것과 같은 적극적 조치가 아니다. 배제된 집단에 긍정적으로 호의를 베풂으로써 과거의 차별을 교정하는 프로그램이 아닌 것이다. 여성들은 분리된 사회적 범주가 아니다. '남녀동수' 옹호자들에 따르면, 여성들은 개인들이다. 이는 본문에서 보게 될 것처럼 (프랑스에서는 오욕의 개념인) 다문화주의(multiculturalism)가 아니라 누가 개인으로 간주되는지를 재정의하는 방식, 즉 민주공화주의의 원칙을 진실로 현실화하는 것이다.

　법이 통과되자 정부 간행물은 이를 승리로 환호하였다. 그 법은 혁신적이었으며, '과거와의 단절'을 의미했다. 한 팸플릿은 "역사상 처음으로 프랑스는 같은 수의 여성과 남성으로 선출의회가 구성될 것을 촉구하는 법률을 채택했다"고 알렸다.[2] 이런 식의 자축(自祝)은 법이 통과되기 이전에는 기대할 수 없던 것이었다. '남녀동수' 법이라는 발상이 처음 도입되고 법안 통과를 위한 캠페인이 일어났던 기간 동안 그 법은 엄청난, 그리고 종종 심각한 논쟁을 야기했다. 지식인들과 정치인들은 페미니즘과 공화주의의 미래를 위하여 이와 같은 법이 갖는 의미에 관해 오랫동안 논쟁하였다. 성차와 공화주의 시민권의 관계는 이러한 10년간 이어진 기나긴 논쟁의 핵심이었다. 성차는 얼마나 근본적인가? '남녀동수' 지지자들은 생물학과 정치 간의 관계에 관한 본질주의적 주장을 하고 있는 것인가? 혹은 그들은 단지 젠더가 문화적 구성물이라는 점이 고려되어야 한다고 주장하고 있는 것인가? 만약 그들이 비난했던 것처럼 중성으로 가정되는 개인이 항상 남성성으로 코드화되어 왔다면 개인들이 두 개의 성으로 되어 있음을 인정하는 것은 여성에 대한 차별을 영속시킬 것인가, 아니면 차별을 종식시킬 것인가? 그리고 차별의 본질은 무엇인가?

　　프랑스 여성들은 1944년에 투표권을 쟁취한 결과 진작부터 시민으로 호명되고 있었다. 하지만 '남녀동수' 지지자들은 폐쇄적인 남성 사교 클럽으로 기능하는 정당구조로 인해 여성들이 선출직 의원의 지위로부터 체계적으로 배제되고 있음에 항의하였다. '남녀동수' 지지자들은 정책결정에 여성의 접근이 부정되는 것이 단지 불공평할 뿐만 아니라 비민주적이라고 주장했다. 그들이 비(非)대표성을 비민주적인 것으로 의미화하기는 했지만 공평한 대의제의 의미가 완전히 분명한 것은 아니었다. 그것은 단지 여성이 대표의 지위를 갖는 것, 즉 국가의 이름으로 입법권을 행사하는 기구의 구성원이 되는 것을 요구하는 것인가? 아니면 그 이상의 어떤 것, 즉 일상적으로 여성들을 무시했던 입법가들이 여성의 목소리와 이해관계를 명백하게 고려하는 것을 의미하는가? 그러나 여성들의 이해관계가 별도의 대표를 요구하기에 충분할 정도로 동질적이고 구별되는 것인가? 그리고 여성은 이러한 이해관계를 대변할 수 있는 유일한 존재인가? 또 이것은 선출 공직자들이 사회 내의 특수한 집단들을 대변한다는 개념을—적어도 원칙적으로는—거부하는 공화주의 체제 내에서 그럴 듯한 정치적 주장이었나? 여기서 권력을 잡는 여성의 수를 증가시킨다는 목표는 대의제에 대한 일반적인 논리, 즉 선출 공직자들은 특정한 유권자들을 반영하는 것이 아니라 전체로서의 국가의 이름으로 법을 제정한다는 논리에 직면했다. 그러면 만약 더 많은 여성들이 선출된다면 어떤 차이가 있을까? 그리고 프랑스 공화주의의 기반이 되었던 대의제에 이의를 제기하지 않고 어떻게 더 많은 여성들을 선출하기 위한 근거를 마련할 것인가? 혹은 그것은 가능한가?

　　이러한 질문들은 1990년대에 '남녀동수' 캠페인이 전개되었을 때 나의 관심을 끌었다. 나는 1993년에 '남녀동수' 운동에 관해 처음 알았는데, 그 당시 프랑스 페미니즘의 역사에 관한 책을 쓰고 있었다. 뉴욕타임즈(*New York Times*)는 운동의 지도자들 중 한 명인 클로드 세르방-슈레이버(Claude Servan-Schreiber)가 자신들의 목표가 '조금은 유토피아적'일지라도 '남녀동수' 지지자들의 목적은 근본적인 변화를 획득하는 것이라고 언급한 이야기를 실었다. 그녀는 "여성의 배제가 대혁명 이래로 프랑스 정치철학의 일부를 차지해 왔다"고 하면서 '남녀동수'의 핵심은 여성의 배제를 묵인했던 그 철학과 실천을 바꾸는 것이라고 말했다.[3] 이론과 실천 모두를 변화시키려는 욕망에서 본다면 '남녀동수' 운동은 이전 세대 페미니스트 운동과 닮아 있었고, 당시 나는 이 점에 관한 글을 쓰고 있었다. 그러나 나는 이에 대해 더 자세히 이해해야 할 필요가 있었다. 프랑스 공화주의를 불변의 것으로 받아들였던 페미니스트 선배들의 초기 운동과는 달리 '남녀동수' 운동은 내가 생각했던 바로 그 문제, 즉 성차의 문제는 다루기 어렵다는 점을 제기함으로써 공화주의의 개념을 변화시키려는 시도였다. 내가 『페미니즘 위대한 역설(*Only Paradoxes to Offer*)』에서 기술한 운동가들이 여성과 남성의 평등을 주장하면서 '같음 대 다름'의 논리에 몰두했다면, '남녀동수' 지지자들은 내가 페미니즘의 구조적 모순 중의 하나로 묘사했던 역설을 벗어날 방법을 구상하는 것으로 보였다.[4] 여성은 남성과 같고, 그래서 정치에 동등하게 참여할 권리를 주어야 한다거나 여성과 남성은 다르고, 그래서 정치영역에서 부족한 부분을 제공해야 한다고 주장하는 대신에 '남녀동수' 지지자들은 젠더 정형(stereotype)을 다루길 아예 거부했다. 동시에 그들은 진정한 평등이 확산되려면 성(sex)이 추상적 개인주의의 개념에 포함되어야 한다고 주장했다. 종교, 직업, 사회적 지위, 인종, 민족성 등과 관계없이 보편주의가 의존했던 중립적 형상인 추상적 개인은 성적인 특징을 가진 존재로 인식되어야 했다. 바로 여기에 혁신이 있었다. 이전 페미니즘들과는 달리 여성들은 역사적으로 남성으로 상상된 중립적 모습에 더 이상 끼워맞추고 있지 않았고, 여성성이라는 분리된 구현체(incarnation)에 도달하려고 애쓰고 있지도 않았다. 그 대신에 추상적 개인 그 자체가 여성을 수용하도록 재형상화하고 있었다. '남녀동수' 지지자들이 논했던 것처럼 만약 인간 개인이 양성(sexes) 중 하나로 이해된다면 성차를 더 이상 보편주의의 안티테제로 취하지 않을 것이고, 보편주의의 영향은 여성에게까지 뻗칠 것이다. 그러나 이것은 추상성(abstraction)을 부정하는 것이 아니었을까? '남녀동수' 지지자들은 그렇지 않다고 응답했는데, 해부학적 이원론이 성차와 구별될 수 있는 것은 본성이 문화와 구별될 수 있기 때문이 아니라 추상적인 것(the abstract)이 구체적인 것(the concrete)과 구별될 수 있기 때문이었다. '남녀동수' 주장은 처음부터 본질주의적이지도 분리주의적이지도 않았다. 그것은 정치를 변화시킬 여성들의 특별한 자질에 관한 것도, 여성 고유의 이해관계를 대변할 필요에 관한 것도 아니었다. 대신에 '남녀동수'의 근본적인 주장은 엄밀히 말해 보편주의적이었으며, 이 점이 바로 나의 호기심을 자극했다.

이전부터 나는 해부학적 이원론과 성차 간의 구분을 분명하게 이해하기가 어렵다는 점을 발견해 왔는데, 많은 미국 독자들도 그럴 것이라 생각한다. 차별과 민주주의에 관한 우리의 사고방식은 정치를 이해관계의 갈등, 다시 말해 집단과 그들의 대표자들에 관한 것이라고 본다. 적극적 조치의 비평가들이 개인의 권리를 주장하고 개인을 집단의 구성원으로서만 사고하는 것이 가지고 있는 위험성을 제기했다 하더라도 미국에서 개인 대 집단의 구분은 추상성에 관한 것이 아니다. 오히려 그것은 구체성의 차원으로 우리가 사회와 정치를 인식하는 방식에 관한 것이다. 즉 그것을 다양한 개인들의 집합 혹은 다양하게 위치해 있는 경쟁집단의 아말감, 다원주의적(pluralist) 혼합 혹은 집단적인 권력투쟁으로 표상되는 힘의 장(場)으로 인식하는 것이다. 대의제와 시민의 권리에 관하여 말할 때 우리가 마음에 두는 것은 특정한 개인들과 집단들이다. 우리에게 정치와 사회는 상호 연관된 제도이며, 하나는 다른 하나를 반영하고 조직화하는 것으로 여겨진다. '아메리카(America)'는 그것들이 상호작용한 결과인 것이다.[5]

프랑스에서 때로 '사회적인 것(the social)'과 '정치적인 것(the political)'으로 대치되기도 하는 사회(society)와 정치(politics)는 서로 긴장상태에 있는 분리된 실체로 간주된다. 공화주의 정치철학에 대한 지배적인 해석에 따르면, 국가와 개인은 사회집단 혹은 사람들의 반영이 아니라 이 둘 모두 추상적 개념이다. 이것은 내가 앞으로 이어질 장들에서 설명할 것처럼 프랑스의 독특한 보편주의 주장에서 핵심적인 것이다. 프랑스 보편주의는 추상성을 성공적인 정치의 토대로 취한다. 여러 세대의 페미니스트들이 직면한 딜레마는 성차가 추상성의 장애물로 여겨질 때, 그리고 여성들이 성차의 체현(embodiment)으로 인식될 때 시민으로서, 투표자로서, 선출 대표로서 여성을 포함하기 위해 어떤 주장이 가능한가였다. 결국 체현은 추상의 반대였고, 따라서 여성들은 추상적 개인들이 될 수 없었다. 초기 페미니즘 운동이 몸(body)은 추상과 관계가 없다고 주장하거나 추상의 필요조건을 공격함으로써 추상성과 체현의 쟁점을 회피한 반면, '남녀동수' 운동은 성차가 추상성에 귀착할 수 있게 하려 했다. 근원적이면서 역설적인 조치로 '남녀동수' 지지자들은 **개인들이 남성과 여성으로 이루어져 있음을 드러냄으로써**(sexing) 대의제에 전제되었던 **남성성이라는 성적 특성을 없애려**(unsex) 했다.

그 과정에서 그들이 마주친 어려움은 매우 컸는데, 그것은 적어도 비평가들과 운동의 일부 지지자들이 운동의 토대가 되는 관념을 완전히 이해하지 못했기 때문은 아니었다. 해부학적 이원성의 추상성과 성적 신체(sexed bodies)에 부착된 의미의 구체적인 문화적 속성(대개 '성차'로 언급되는 것), 이 둘을 구분하는 것은 복잡한 작업이었다. 이는 지지층을 형성하고 정치인들을 압박하는 일상적 작업이 소요되는 정치운동이기 때문에 더욱 복잡했다. 더욱이 캠페인의 결정적인 순간에 '남녀동수'를 위한 요구는 동성애자들의 정치적 인정을 위한 요구와 동시에 일어났다. 그리고 뒤이어 일어난 논쟁은 원래의 '남녀동수' 법 청원의 논지를 변화시켰다. 그럼에도 '남녀동수'는 대중운동이 되어왔는데, 대규모의 지지자 네트워크에 의해서 뿐만 아니라 열렬한 일반 대중이 이를 뒷받침하고 있었다. 그리고 이 운동의 투사들은 여성들이 대의민주주의에 완전하게 참여하는 것을 보편주의의 이름으로 한 세기 이상 배제해 온 정치인들의 행위를 조금이라도 제한할 수 있는 법을 통과시키는 데 성공했다.

이 책은 놀랍도록 짧은 기간(1992-2000) 동안에 있었던 '남녀동수' 운동과 그것이 불러일으킨 논쟁들, 운동이 결집시킨 지지자들을 다루고 있다. 이 책은 '남녀동수' 운동을 프랑스 정치철학과 프랑스 현실정치에 대한 비평으로 간주한다. 프랑스 정치철학과 현실정치는 다르지만, 이 경우에 그 둘 간의 결탁은 매우 흥미롭다. 실제로 '남녀동수' 운동의 의미와 이를 넘어 미국과 프랑스 모두에서 제2물결 페미니즘에 의해 제기된 주요 질문들의 의미를 궁극적으로 이해하게 하는 것은 바로 정치철학과 현실정치 간의 연관이다. 해부학적 이원론은 추상성을 받아들일 수 있는가? 심리적·문화적·정치적 의미를 가진 속성으로 이해되는 성차는 고정된 현상인가 아니면 변화하는 현상인가? 성차의 상징들은 그 의미의 탈각, 즉 **탈상징화**(desymbolized)될 수 있는가? 아니면 재상징화만이 가능한 것인가? (철학자들과 정신분석학자들에게는 말할 것도 없고) 많은 페미니스트들에게 그러한 질문들은 "철학을 경유하는 필수적 우회(an obligatory detour via philosophy)"를 요구하는 것이었다.[6] 나의 접근은 조금 다른 길을 취하고 있는데, 나의 학문적 경향뿐만 아니라 '남녀동수' 운동에 대한 느낌(hunch)을 따르고 있으며, 철학보다는 역사적 통찰을 추구하고 있다.

* * *

　나는 '역사'를 통해 자기충족적 여성 역사의 한 장(章)으로서 그 운동에 대해 서술적인 설명을 하려는 것이 아니다. 스스로를 여성 권리의 옹호자로 생각하는 사람들 사이에 심각한 의견 차이가 있기는 했지만 '남녀동수' 운동은 당연히 페미니즘 캠페인이었다. 그러나 그 운동을 페미니즘 캠페인이라는 용어로만 다루는 것은 잘못된 생각일 것이다. 그보다 '남녀동수' 운동은 프랑스 정치라는 거대한 체제 안에서, 그리고 이를 넘어 20세기 말 서구 민주주의 국가들이 직면한 주요한 변화의 맥락 안에서 일어난 발전으로 이해되어야만 한다.

　선출 공직에 여성들이 평등하게 접근할 수 있어야 한다는 요구는 대의제의 개념과 실행이 위기에 놓였다고 인식되었던 순간에 출현했다. 우리가 본문에서 보게 될 것처럼 대의제의 위기가 프랑스에서 특별한 형태를 띠고 있기는 했지만, 이는 과거든 현재든 많은 서구 민주국가들에서도 분명한, 보다 일반적인 현상이다. 1989년 공산주의가 몰락하고 민주주의가 정치조직의 규범적 형태가 될 것으로 예고된 바로 그때에 사회적 차이에 기반한 배제를 다루는 문제가 표면화되었다. 이러한 배제는 종종 여성의 지위와 여성에 대한 대우에 초점이 맞추어지거나 그것을 암시하고 있었다. 18세기에 고안된 대의민주주의 체제는 조합주의(corporatism)라는 새로운 형식의 출현을 수용할 수 없었다. 다시 말해 인종, 민족, 종교 등등의 차이들이 한때는 통합을 이루었던 국가적 프로젝트에 골치 아픈 정치적 도전을 제기했다. 클리포드 기어츠(Clifford Geertz)는 "조각난 세계(world in pieces)"를 강력하게 언급했다. 이것은 대규모 이

주현상, 그리고 융합과 동질화가 국가 경계를 가로지르고 그로 인해 국가가 대부분의 국민들에게 더 이상 1차적 충성을 요구하지 않는 현상을 특징으로 한다. 그는 "이질성(heterogeneity)이 규범이고 갈등이 질서를 유지하는 힘이다"라고 지적하였다.[7]

　　문화적·국가적 결속을 손상시키는 내부 압력은 전 지구적 시장들, 국제기구들, 유럽연합의 출현과 같은 외부 압력과 혼합된다. 여기서 전 지구적 시장들은 반드시 국가 이해관계의 측면에서 작동하는 것이 아니다. 그리고 국제사법재판소, 세계은행, 국제통화기금, 유엔과 같은 국제기구들이 형식적으로 국가 주권의 개념을 존중할 때조차도 이 기구들의 통치와 정책은 바로 그 주권 개념에 도전하게 된다. 또한 유럽연합의 출현은 한 국가를 다른 국가와 오랫동안 구분지어 온 국가 경계(국경정책, 여권, 재정정책, 통화) 및 사회정책(복지국가, 노동시장 규제, 젠더 관계)을 해체하기 시작했다. 공식적 수사 및 여론 모두 창설 회원 국가들을 넘어서는 유럽공동체의 팽창뿐만 아니라 유럽 단일화도 진보와 동일시하고 있었지만, 국가 주권의 손상 혹은 타협이 무엇을 의미하게 될지에 대한 심각한 우려 또한 분명히 존재한다. 이러한 우려가 채택한 하나의 형식은 국내 정치의 절차와 과정에 몰두하는 것이다. 마치 그 절차와 과정이 국민국가에 대한 외부 압력과 떨어져 존재하는 것처럼 말이다. 나는 정치이론가들과 정치인들이 국가의 문제로서 '시민사회'에 주의를 기울이는 태도는 이런 식의 환치(displacement)라고 생각한다. 공적인 것과 사적인 것, 정치적인 것과 가족적인 것 사이를 중재하는 기구들에 대한 관심이 증가하는 것은 공산주의가 몰락한 결과와 무관하지 않으며, 또한 구소련권 국가들에 민주주의를 심고자 하는 욕망과도 관련이 있다. 하지만 '시민사회'를 언급하는 것은 개별 서구 유럽 민주주의 체제들의 건강성에 대한 여러 논의의 일부이기도 하다. 그리고 이러한 언급들은 국가 정치 체제 작동의 내부적 척도로 기능하는 경향이 있다. 오직 시민사회에 더 많은 관심을 기울일 때만이 국가 체제와 주권적 국민국가가 확립될 수 있을 것처럼 말이다. 어쨌든 시민사회에 관한 담론에서는 그 문제가 이런 종류의 지역적 해결책을 넘어서 있다는 것에 대한 인식이 거의 없다.

차이와 시민사회에 관한 물음은 적어도 두 가지 논리와 관련되어 있다. 첫째, 시민사회 기구들은 차이의 목소리가 정치영역에 전달될 수 있는 장소라고 가정된다. 둘째, 시민사회의 힘과 대표성에 관한 갈등들, 그리고 이러한 차이들을 위해 대의제를 인정할지 혹은 어떻게 인정할지에 관한 갈등들이 민주적 국민국가의 결속을 약화시키는 징후이자 원인으로 여겨질 수 있다.

프랑스대혁명 200주년 기념을 맞이하는 시점이었던 1988-1989년, 프랑스에서는 전문가들과 정치인들에 의해 '대의제의 위기'가 선언되었다. 1988년 대통령 선거 1차 투표에서 극우파 대통령 후보[투표자 14%의 지지를 받은 국민전선당(National Front) 장-마리 르 펭(Jean-Marie Le Pen)]의 놀랄 만큼 강력한 부상으로 촉발된 위기론은 '정치계급(the political class)'이 국가를 대표하도록 위임받은 임무를 수행하는 데 실패했다는 점에 초점을 맞추었다. 정치인들은 선출 공직자가 특정 사회집단들의 이해관계를 옹호한다는 견해를 부인하고는 있었지만, 국가체를 구성하고 있는 다양한 유권자를 의미하는 '시민사회'에 보다 관심을 기울일 필요가 있다는 점은 진지하게 인정했다. 집단들 간의 차이를 대표하는 것에 대한 저항은 북아프리카 집단의 요구가 증가하면서 특히 맹렬해졌다. 프랑스의 대도시에 정착한 북아프리카 사람들은 프랑스적 기준과 반대된다고 간주되는 문화적·종교적 실천에 기반한 차별, 즉 자신들에 대한 차별을 인정하고 교정할 것을 요구했다. 실제로 프랑스대혁명 200주년 기념은 프랑스 공화주의의 영속적인 원칙이라고 말해지는 대표성의 불가분성(不可分性, indivisibility)과 이를 통한 프랑스의 통합을 다시금 강하게 확인하는 것으로 특징지어졌다. 이러한 관점에서 프랑스 체제는 보편주의의 독특한 현실화에 기반을 두고 있었는데, 보편주의의 핵심은 바로 차이를 대표하는 것에 대한 명백한 거부를 의미하는 추상적 개인이었다. 나는 1장에서 이 이론의 견지를 보다 상세히 검토할 것이다. 여기서 나는 프랑스 보편주의의 역사적 전통과 독창성에 대한 관심이 국내의 문화적 의견 대립이 뚜렷이 증가했을 때뿐만 아니라, 프랑스 국가 주권의 특징적인 표상들을 상당수 박탈할 수 있는 위협인 유럽 단일화가 가차없이 전진해 나갔을 때에도 등장했음을 지적하고자 한다.

'남녀동수' 운동은 두 개의 대립하는 힘이 접합하는 지점에서 발생했다. 하나는 프랑스 보편주의의 보다 완전한 전망을 현실화(차이의 인정이 문화적 응집성의 상실은 아니라는 것)함으로써 국가를 강화시키고자 하는 힘이고, 다른 하나는 유럽 기구들의 세력이 프랑스 정치의 방향에 영향을 미치게 함으로써 국가의 자율권에 도전하는 힘이다. 프랑스의 **'남녀동수' 운동**은 유럽공동체 내 의사결정 과정에서 여성들이 보다 중요한 역할을 하기 위해 페미니스트들이 로비한 결과물이자, 동시에 선출 공직 접근에 대한 뿌리 깊은 남성 지배를 전복시킬 법을 마련하기 위해 프랑스의 정치적 여성들이 들고 일어난 국내 캠페인이었다. 이 캠페인의 실체, 즉 그것의 이론적 공식화와 전술적 개입이 이 책의 초점이다. 이 운동이 20세기 말의 프랑스 정치에 제공한 통찰력 역시 이 책의 초점을 이룬다. '남녀동수' 지지자들은 프랑스가 유럽연합의 지시와 정책에 순순히 따를 것을 주장하면서도 자신들의 요구를 정당화하기 위해 프랑스 공화주의의 독자성에 호소했다. 핵심은 이러한 요구가 서로 보완적이기보다는 갈등적이었다는 것이다. 그것은 바로 주권 축소의 위협을 불러일으키면서도 동시에 그 운동이 만들어낸 새로운 방식으로 국가 통합을 지지함으로써 주권 축소 위협을 저지하려 했기 때문이었다. 운동의 전략적 성공과 취약성은 일련의 이중적 움직임이라는 말로 가장 잘 이해될 수 있는데, 이 움직임은 프랑스 국민국가의 역사에서 나타난 모순의 순간을 드러내고 동시에 그것을 이용하는 것이었다.

만약 '남녀동수'가 모순을 분명하게 보여주고 그 모순이 가진 힘을 이해할 수 있게 해준다면, 그것은 양성의 차이에 개입하는 갈등들이 고립되거나 주변적인 현상이어서가 아니라, 개별 국가 및 국제적 수준에서 권력이 조정되고 재조정되는 데에 주된 쟁점이거나 적어도 핵심적인 요소이기 때문일 것이다. 사실 성차에 대한 물음들, 특히 여성의 지위, 여성의 섹슈얼리티에 대한 통제, 여성의 정치참여 문제는 점차 국제적 관심의 초점이 되어왔다. 이런 의미에서 프랑스는 프랑스적 독특함에도 불구하고 보다 일반적인 현상에 대한 통찰력을 제공하고 있다. '남녀동수' 운동은 정치에서 성차의 중요성이 증가하고 있음을 보여주는 매우 강력한 사례이다. 왜냐하면 그 운동이 젠더를 문자 그대로 프랑스적 정치의식에 영속적이고 부정할 수 없는 요소로 만드는 법을 통과시켜냈기 때문이다. 그러나 '남녀동수'가 갖는 의미는 성차와 정치가 분리될 수 없음을 증명했다는 점에서 법 그 자체를 넘어서 있다. 프랑스는 공화주의와 특정 유형의 이성애적 상호작용이 매우 얽혀 있어서 하나에 대한 비판이 다른 하나에 대한 공격으로 여겨지는 국가인데, '남녀동수'는 바로 이러한 프랑스의 특징을 보여준다. 하지만 나는 또한 프랑스가 보다 일반적인 명제에 속하는 특수한 사례라고 주장할 것이다. 즉 성차에 초점을 맞추는 역사는 정치사 속에서 형성되고 또 정치사를 구체화하기 때문에 정치사와 분리되어 쓰일 수 없는 것이다. 반면 정치사들은 페미니즘 비평으로 인해 종종 명확해지는데, 이는 페미니즘 비평이 정치의 현상유지 속성을 변화시키고자 모순을 드러내고 그 모순을 한층 격화시키기 때문이다.

제1장 대의제의 위기

'남녀동수' 요구는 이전 페미니즘에서의 평등에 대한 요구들과는 달랐다. 1944년까지는 참정권 문제가 가장 중요했으며, 무엇보다 동등한 시민권은 동등한 투표권으로 인식되었다. 물론 많은 페미니스트들은 투표행위가 여성이 공직에 입후보하고 선출될 수 있을 것이라는 의미 또한 가진다고 보았다. 즉 그들은 시민이 되는 것은 곧 대표자로서 복무할 가능성을 갖는 것이라고 여겼다. 1849년에 잔느 드로앵(Jeanne Deroin)은 제2공화정이 여성들에게 투표권을 허용해야 한다고 주장하면서 그 일환으로 입법부의 의석을 요구하는 운동을 일으켰다. 그리고 1885년에 위베르틴 오클레르(Hubertine Auclert)는 여성과 남성 모두가 투표권을 행사해야 한다고 요구하는 선거 프로그램을 만들었는데, 이때 "여성과 남성이 동일한 수로 구성된" 입법부를 계획하기도 했다.[1] 그러나 여성들이 투표권을 획득했을 당시 그들은 공직에 거의 접근할 수 없었다. 투표권 대신, 또는 투표권과 함께 공직 자격이 여성에게 확장되어야 할지에 대해서 드 골(de Gaulle) 임시정부 구성원 간의 논쟁이 있은 후에―이 논쟁에서 몇몇 보수 정치인들은 남성들이 전쟁에 나가거나 감옥에 있거나 죽었기 때문에 해방 이후 첫 번째 투표에서 여성의 투표가 유권자의 불균형을 초래할 거라고 우려했다―"남성과 동일한 조건 하에서 여성은 유권자이자 공직의 적임자이다"라고 결정되었다.[2] 그러나 원칙상으로는 권리가 부여되었지만 실제로는 거의 실행되지 않았으며, 여성은 20세기 후반에서야 이따금씩 공직 선거에 지명되거나 선출되었다. 1997년까지 여성은 하원의원의 6%에 지나지 않았고 상원에서는 3%에 머물렀다.[3] 여성이 대표가 되는 것을 막는 어떠한 법률이나 헌법조항이 없었다 하더라도 이를 방해하는 암묵적인 동의가 있었던 것 같다. 정치권력 바로 그 중심부에서의 남성 독점의 징후로 여겨지는 이 암묵적 동의야말로 '남녀동수'가 폭로하고 전복하려 했던 것이었다. '남녀동수' 지지자들의 목표는 여성이 프랑스라는 국가의 대표자로서 동등한 접근권을 갖는 것이었다. 오클레르와 마찬가지로 그들은 프랑스의 선출 공직에 남성과 동일한 수의 여성이 있기를 원했다. '남녀동수' 지지자들이 오클레르와 다른 점은 여성들이 이미 투표할 권리를 갖고 있는 상황에 초점을 맞추었다는 점이었다. 즉 '남녀동수'란 대표하게 되는 권리가 아니라 대표자가 될 권리에 관한 것이었다.

여성 대표자의 수를 증가시켜야 한다는 요청은 1980년대에 특히 정당 내에서 타진되곤 했다. 하지만 평등을 위한 '운동'으로 발전하지 못하다가 1990년대 초가 되어서야 명확하게 이론적으로 정당화되었다. 이 시점에 대의제에 관한 본격적인 논의, 실제로는 논쟁이 진전되었다. 언어는 절박했고, 상황은 위기로 간주되었다. 국제적인 압력과 유럽화에 대한 직접적인 언급이 거의 없었지만 국가 주권의 핵심이 도전받고 있다는 인식은 (적어도 언론과 정치집단 내에서는) 지배적이었다. 도전은 두 가지 방향에서 나타났다. 첫 번째는 북아프리카 출신 인구가 증가한 데서 기인했는데, 이는 프랑스 시민권을 획득하기 위한 경로로 문화적 동화(同化)가 부적당하다는 점을 드러내는 탈식민적 현상이었다. 두 번째 도전은 정치체제 그 자체에 내재해 있었다. 정치인들은 자신들에게 위임권을 부여한 시민들과의 접촉을 단절하고 있는 것처럼 보였다. 그들은 '시민사회'의 요구와 분리되어 있고 어떤 영향도 받지 않는 것처럼 보이는 폐쇄적인 직업층이었다. 그리고 그들은 부패했다. 1980년대 후반에 있었던 일련의 스캔들은 대중영합적 우파 정당인 국민전선당이 인상적인 선거성과를 보인 것과 동시에 나타났는데, 이 정당의 강령은 이민자 문제에서 프랑스를 자유롭게 하는 데 집중되어 있었다. 1988-1989년에 이민자들의 문제와 정치가들의 문제는 20세기 후반의 국가 통치에서 대의체제의 적절성에 관한 논쟁과 결합되었다.

대의제의 주체

1988-1989년 논쟁은 프랑스대혁명과 관련한 주장들에 근거해서 혁명의 지속성과 불변성을 신화화했다. 당시의 논쟁은 프랑스대혁명을 회고하면서 오랜 기간의 역사를 무시하고 프랑스 공화주의를 추상적 개인주의에 대한 불변의 책무와 동일시했다. 여기에서 1980년대와 1990년대에 대의제 개념이 어떻게 구체화되고 사용되었는지 알기 위하여 프랑스대혁명 당시의 대의제 개념을 논의하는 것이 중요하다.

혁명론자들은 공화국 개념을 개인의 공화국과 국가의 공화국이라는 두 가지 추상적 개념으로 인식했다. 1789년 봉건체제를 해체하면서 그들은 집합적 권리체제를 개인의 권리에 기초한 체제로 대체했다. 그 당시 주권은 왕이 아닌 '인민', 즉 국가를 구성하는 시민에게 귀속된 것으로 여겨졌다. 이러한 변화는 주권이 왕에서 인민으로 재배치되는 것뿐만 아니라 [역사학자인 폴 프리드랜드(Paul Friedland)에 따르면] 대의제 그 자체의 개념에 대한 근본적인 전환을 수반하는 것이었다. 더 이상 대의제는 마치 성찬식(Eucharist)에서 그리스도의 살과 피를 '헌정' 하듯이 국왕의 신체에 국가를 '헌정' 하는 것을 상징하지 않게 되었으며, 이제 대표자들은 단지 국가라는 추상적 실체를 대변할 뿐이었다. 국가의 은유적 신체로서의 하원은 국왕의 실제 신체를 대체했다.[4] 이제 국가가 인민의 체현이며, 국가의 법은 인민 의지의 표출이다. [루소(Rousseau)가 그토록 예찬했던 그리스 도시국가에서의 최초 민주주의와 같이] 시민들이 한데 모이기에 프랑스는 너무나 큰 영토를 가진 나라이기 때문에 혁명론자들은 인민의 이름으로 말할 수 있는 사람들에게 주권권력을 위임해야 한다는 데에 동의하였다. 이러한 대표자들은 구체제(Old Regime)에서 그랬듯이 별개의 집합적인 이해관계를 위한 대변인이 되는 것이 아니라, 대표자 각각이 하나의 전체로서의 집단이 가지고 있는 일반적인 이해관계를 대표했다. 미국 체제—이는 동시에 정교화되고 있었는데, 「연방주의 논고(Federalist Papers)」에 실린 제임스 매디슨(James Madison)의 주장이 가장 유명하다—의 입안자들이 입법부를 갈등하는 이해관계의 장(場)으로 보고 대표자를 특정한 사회적·경제적 집단 또는 특정 파벌을 위한 대변자로 정의했던 것과 달리, 프랑스 혁명론자들은 국가의 추상성이 대의제를 지시하는 것이라 여겼다. 대표자들은 전체로서의 국가, 즉 '단일하고 분할할 수 없는' 하나의 국가에 대한 실체적 체현이었다.

국가를 대리하거나 대표하는 시민의 능력은 정치적 개인을 부, 가족, 일, 종교, 직업과 같은 사회적 특성으로부터 분리된 존재로 이해하는 것에서 비롯되었다. 이에 대해 시에예(Sièyes) 신부는 "민주주의는 공화국(res publica)에 대한 개인의 전적인 희생, 즉 추상적 존재에 대한 구체적 존재의 희생"이라고 간결하게 말한 바 있다.[5] 그리고 자코뱅당(Jacobin)의 대표인 막시밀리앙 로베스피에르(Maximilien Robespierre)는 후에 다음과 같이 동의하였다. "선(善)을 위해서는 공직자(magistrat)가 인민을 위해 스스로를 희생하는 것이 필수적이다."[6] 정치적 삶이 의존한다고 여겨지는 그 자율적인 합리성만을 공통으로 소유한 추상적 개인들은 통약가능하고 교환가능한 단위였다. 그들이 구성하는 국가는 똑같이 추상적이었으며, 상이하고 분절된 사회현실의 반영이 아니라 통합된 전체, 즉 '인민'의 체현이라는 가상적 실체였다. 시에예가 주장한 바와 같이 '인민' 내에서는 정치적으로 의미 있는 어떠한 차이도 존재하지 않는데, 그는 다음과 같이 단언하였다. "대의제는 모두에게 공통적이고 평등한 것이기 때문에 국가 내에는 오직 하나의 질서만 존재하며, 좀 더 정확히 말하면 더 이상 다른 어떤 질서도 존재하지 않는다. 어떠한 계급의 시민도 그 자체로 부분적이고 단절적이며 불평등한 대의제를 기대할 수 없다. 그것은 정치적으로 기괴한 일이 될 것이며, 지속적으로 좌절되어 왔다."[7] 이러한 견해는 1791년의 헌법에 담겨 있었는데, 당시 법은 대표자들을 지리적으로 구분하는 것조차 받아들이지 않았다. "각 지역에서 선출된 대표자들은 특정 지역을 대표하는 것이 아니라 전체 국가를 대표할 것이다. 그들은 특정 지역으로부터 어떠한 특별한 권한도 위임받지 않는다."[8] 정의(定義)상 누구든지 대표가 될 수 있었지만 특별히 유능한 남자—이 시기와 19세기 거의 내내 이들은 주로 법관이었다—를 선출하는 것은 자유공화주의 이론과 전혀 충돌하지 않았다. 그렇다면 만약 추상적 개인들이 상호 교환가능하다면 왜 국가의 의지를 가장 잘 표현할 수 있는 사람들을 선택하지 않았을까?

혁명론자들에게 어려운 문제는 능력이나 자질에 있는 것이 아니라 개별 대표자들과 국가 간의 관계에 집중되어 있었다. 대표자들이 국가를 구성했는가, 아니면 국가가 그 주권을 대표자들에게 위임했던 것인가? 첫 번째 가능성에 따르면 개인은 오직 자기 자신에게만 책임이 있는데, 일단 선출되고 나면 그들의 행위는 정의상 일반의지(general will)의 표현이었다. 두 번째 가능성에 따르면, 대표자들은 기존에 존재하고 있는 의지를 반영하는 것으로 이해되었다. 즉 그들의 행위가 인민의 기대에 부응하지 않을 때 그들의 위임권은 철회될 수 있었다. 대표자의 역할에 대한 두 가지 견해 간의 차이는 대혁명 기간 동안 지롱드당(Gironde)과 자코뱅당 간에 있었던 투쟁의 핵심에 놓여 있었다.[9] 정치인이자 수학자인 콩도르세(Condorcet)와 같은 자유주의자들은 국가가 단지 대표자들을 통해서만 존재한다는 관념을 고수했다. "인민의 대표자로서 나는 인민의 이익이라고 판단되는 것을 행할 것이다. 그들은 나에게 그들의 생각이 아닌 내 생각을 표현하도록 해주었다. 내 의견의 절대적인 독립성은 그들을 향한 나의 첫 번째 의무이다."[10] 이와 대조적으로 로베스피에르는 국가는 이를 대표하기 위해 선출된 사람들 이전에 존재한다고 믿었다. "모든 개념들이 이상하게 역전되어 마치 공직자들이 공적 이성을 통제하도록 본래 운명지어진 존재로 간주되어 왔다. 그러나 오히려 그 반대이다. 즉 공직자들을 지배하고 심판해야만 하는 것이 바로 공적 이성인 것이다. … 아무리 고결한 공직자라 할지라도 전체 국가만큼 고결할 수는 없다."[11] 자코뱅당의 강압적인 공포정치로 인해 이러한 견해 차이가 일시적으로 해소되기는 했지만 완전히 사라지지는 않았다. 오늘날까지—자율적 행위자이든 인민의 위임자이든 간에—대표자에 대한 견해들이 이와 같이 경합하는 양상은 정치개혁을 위한 제안들에서 발견될 수 있다.

프리드랜드는 대표자에 대한 이러한 견해 차이에도 불구하고 대의 민주주의 정치조직이 "결코 민주적이려고 하지 않았다"고 주장한다. 대신에 이 조직은 "정부가 통치권을 주장하기 위해 불러오는 이름인 바로 그 인민들의 적극적인 정치권력을 배제하는 데 입각해 있었다." 시대라는 극장 속에서 시민들은 배우와 관객으로 나뉘었다. "침묵 속에서 정치적 배우는 연기했고 정치적 관객은 관람했다."[12] 추상적 개인주의는 이러한 효과적인 권력 분리를 정당화하는 전제였다. 즉 그것은 공민권 박탈까지는 아니더라도 정치적 관객을 무력화시키는 방식들을 보이지 않게 만드는 작용을 했다. 입법가들은 바로 그들이 개인이기 때문에 시민들과 국가를 대표할 수 있었으며, 그 상징(synecdoche) 효과는 정치적 불평등으로부터 관심을 분산시켰다.

개인과 국가라는 추상적 개념들은 대의제 이론이 만들어진 바로 그 기초였다. 또한 그 개념들은 보편주의에 대한 독특한 프랑스적 개념의 핵심이었는데, 이 프랑스적 보편주의는 정치적인 것과 사회적인 것 간의 대립, 추상적인 것과 구체적인 것 간의 대립에 기대고 있었다. 혁명론자들은 추상적 개념 덕분에 구체제의 집합적 위계제를 형식적인 정치적 평등이라는 관념으로 대체할 수 있었고, 국왕의 지배를 공화주의적 통합으로 대체할 수 있었다. 그리고 이 개념들은 정치적 삶에 보편적으로 포섭되리라는 약속을 해주었다. 결국 추상적 개념은 일상적 삶을 살아가는 사람들을 구별해내는 속성을 무시하는 것을 의미했으며, 이러한 기준에 의해 어떤 개인도 시민으로 간주될 수 있었다. 실제로 에티엔느 발리바르(Etienne Balibar)가 지적했듯이 추상적 개인주의는 스스로를 **허구적** 보편성으로 이해한다. 구체적으로 말하자면 이 허구적 보편성은 "개인의 공통적인 본성이 주어지거나 이미 존재한다는 관념이 아니라, 특정한 정체성들이 우월하고 보다 추상적인 목표를 현실화하기 위해 상대화되고 조정되기 때문에 개인의 공통적인 본성이 만들어진다는 사실"에 기대어 있다.[13] 이러한 점에서 보편성은 특정한 것의 배제에 의존하는 것이 아니라 어떠한 특정성들에 대한 (사회적이거나 정치적으로) 합의된 무관심에 의존하는 것이다. 추상적인 것이 구체적인 사회적 특성들을 도외시하면 좋겠지만 바로 그 특성들을 항상 고려해야만 하기에 추상적인 것은 추상성에 한계가 있을 수 있는지, 이러한 한계가 무엇을 구성하는지에 관한 논쟁의 장이 된다. 자크 랑시에르(Jacques Rancière)는 이를 다른 식으로 해석한다. 그는 민주주의란 '인민'이라는 추상적 개념과 그러한 추상적 개념을 모호하게 만드는 사회적 현실 간의 필연적인 긴장에 의존한다고 주장한다. 민주정치는 인민으로서 대표하거나 대표되는 다양한 유권자들이 제기하는 주장들을 판결하는 것이다.[14]

순수한 추상성이 프랑스 공화주의의 영속적인 본질이라고 가정하는 신화—1980년대와 1990년대의 증거가 많이 있다—에도 불구하고 대혁명 시기부터 있어온 정치적 논쟁에는 정치적 추상성과 사회적 구체성 간의 긴장이 존재했다. 혁명 시대 정치인들은 자신들의 수사가 암시하는 논리에 직면하고, (사회에 무익한 문맹자, 무산자들을 포함하여) 모든 성인에게 공민권을 부여하는 것이 가져올 실제 결과를 우려하면서 곧바로 보편주의를 제한하게 되었다. 그들은 공통성을 추상성의 결과라기보다 추상성을 위한 전제로 삼았고, 추상성에 수용되지 못하는 차이를 가진 사람들, 즉 대의제의 순수성과 투명성을 다소 오염시킬 여지가 있는 사람들을 배제했다. 1790년대에 유대인들은 그들의 '국가'에 대한 충성을 포기하고 종교를 사적인 문제로 받아들이는 개인이 될 때에만 시민권을 인정받았다. 이러한 원칙에 관해 클레르몽-토네르(Clermont-Tonnerre)가 했던 고전적인 표현은 다음과 같다. "한 국가로서의 유대인들에게 어떤 것도 허용하지 말고 개인으로서의 유대인에게는 모든 것을 허용하라."[15] 자율성은 개인성을 위한 또 다른 요건이었다. 따라서 자신이 처한 환경으로 인해 의존적이게 된 사람들―임금근로자와 여성들―은 처음부터 시민으로서 통치받기에 부적당했다. 그러나 의존성이 배제를 위한 유일한 근거는 아니었다. 시민권을 위한 재산자격이 없어졌던 1793년과 1848년에 여성들은 그들의 성차로 인해 시민권을 향유하지 못했다.

여성들이 배제된 것은 그들이 여성이어서가 아니라 성차의 체현에 의해서였다. 루소의 주장에 따르면, 많은 혁명론자들은 성차가 보다 일반적으로 구별과 분리를 만들어내는 원형이라고 보았다. 루소는 『에밀 (Emile)』에서 "성(sex)의 결과로서의 양성(two sexes)은 동등하지 않다"고 말했다.[16] 여성들이 있는 곳에는 질투와 경쟁심, 남성들 속에서의 열정과 통제력 상실이 있었다. 여성들이 없는 곳에는 그와 같이 위험한 갈등들이 없었다. 루소는 "양성은 때때로 만나야 하지만 대개는 떨어져서 살아야 한다"고 충고했다. "너무 친밀하게 교제하게 되면 … 우리 남성들은 도덕과 기질 모두를 잃게 된다. … 여성들은 우리를 여성으로 만들어 버린다."[17] 여성의 목소리가 이미 가족 내 남성에 의해 대표되고 있기에 여성에게 투표권을 주는 것은 불필요할 것이라고 생각하는 사람들도 있었다. 한 논평가에 따르자면, "남편과 아내는 하나의 정치적 개인이므로 그들이 두 명의 시민이라 할지라도 나뉠 수 없다. … 한 명의 투표는 두 명 모두를 의미한다. 즉 아내의 투표는 실질적으로 남편에게 포함된다."[18] 시민권으로부터 여성을 배제하는 근거들은 여성을 구체적인 것, 감정적인 것, 자연적인 것—따라서 추상성에 부적격한 것—이라는 항목에 위치시키고 남성을 이성과 정치—따라서 추상성의 영역에서 전적으로 작동하는 것—라는 항목에 위치시키는 이원적인 대립 속에서 제공되었다. 다른 혁명론자들과 마찬가지로 성차를 자명하고 자연적인 차이로 가정했던 피에르 로장발롱(Pierre Rosanvallon)은 ('유일한 사회적 구성물'이 아닌) 성차는 추상성으로 수용될 수 없다고 암시한다. "개인 남성과 개인 여성이 등가(等價)이면서 동시에 상위(相違)한 상태는 정치적으로 인지될 수가 없다."[19] 따라서 여성이라는 인간 안에 있는 성차는 시민권이라는 목적을 위해 추출될 수 있는 특성의 목록에 포함될 수 없었다. 여성을 배제하는 것은 단지 여성의 영향력을 제거하려는 것이 아니었다. 이는 또한 환원할 수 없는 차이를 가진 존재임을 상기시키는 주요한 상징적 기능을 수행했는데, 이 차이는 국가체(national body) 내부에서 해결할 수 없는 대립이며, 이 점이 추상성에 대한 위협, 즉 국가 통합이라는 바로 그 존재에 대한 위협을 불러일으켰다.[20]

보편성의 정의(定義)는 환원적 공통성이라는 가능성에 의존했다. 콩도르세를 포함한 몇몇 사람들은 여성이 남성과 마찬가지로 이성을 가지고 있다는 점에서 보았을 때 여성은 시민권을 지향하는 데 있어 남성에 필적할 만한 개인이라고 주장했다. "인권은 도덕적 개념을 습득할 수 있고 그것을 논리적으로 사유할 수 있는 지각 있는 모든 존재에게 속한다. 여성은 이러한 자질을 가졌으므로 필연적으로 동등한 권리를 가진다. 인간 종의 어떤 개인도 권리가 전혀 없거나 아니면 모두가 권리를 가지거나 둘 중 하나여야 한다. 여성이 시민의 권리를 갖지 못한다는 점을 증명하는 것은 어려울 것이다."[21] 그러나 대다수의 혁명론자들은 공통성이 성취되기 위해서는 성차로 대표되는 환원할 수 없는 차이가 억제되어야만 한다고 강력히 주장했다. 자코뱅당의 피에르-가스파르 쇼메트(Pierre-Gaspard Chaumette)는 "언제부터 자신의 성(sex)을 포기하는 것이 허용되는가?"라며 국민공회(Convention)에 들어가려 시도했던 여성집단을 격렬하게 비난했다. "자연이 가사 일을 맡긴 대상이 남성인가? 자연이 아이를 젖먹일 가슴을 남성에게 주었나?"[22] 피에르-조지프 프루동(Pierre-Joseph Proudhon)은 1849년에 페미니스트 잔느 드로앵이 공직에 진출하려는 것에 반대하면서 이러한 관점을 되풀이했다. 그는 여성 입법가란 남성 유모만큼이나 웃긴 일이라고 빈정댔다. 이에 대해 "어떤 신체 기관이 입법가로서의 역할에 필요한지 나에게 보여주면 논쟁을 중지하겠다"라는 드로앵의 대답은 프루동의 주장에 내포된 상징적 외피를 드러냈다. 즉 여성의 실제 능력과 재능에 대한 논리적 기준 또는 실재적 논의를 넘어서 성차는 차이 그 자체를 의미했다.[23] 여기서 차이란 너무나 근본적이고 자연에 뿌리박혀 있으며, 또한 가시적이어서 추상성에 포섭될 수가 없었다.

그러나 무산자, 노동자, 여성과 같은 특정 집단을 배제하는 것은 보편적 권리라고 명시된 약속과 모순됐고, 추상성을 추구하는 과정에 미치는 사회적 영향력에 관한—허구적 보편주의에 항상 고유하게 존재하는—질문을 제기했다. 추상성이 이행되고 있던 방법에 결함이 있었나, 아니면 추상적 개인은 국가를 대표하는 잘못된 방법이었나? 대의제는 추상적 양식을 따라야 하는가 아니면 구체적 양식을 따라야 하는가, 즉 국가는 상호 교환가능한 개인들로 구성되어 있다고 인식되어야 하는가,

아니면 사회적으로 구별된 단위의 구성원들로 이루어져 있다고 인식되어야 하는가? 대의제의 추상적 양식과 구체적 양식 간의 긴장은 오늘날까지 지속되어 왔다. 추상적 양식을 옹호하는 사람들은 추상성 그 자체만으로도 보편적인 평등이 보장된다고 주장한다. 반면, 구체적 양식을 옹호하는 사람들은 보편주의를 거부하는 것은 아니지만 평등이 사회적 차이를 무시하기보다는 그것에 주목함으로써 성취된다고 생각한다. 이 논쟁은 차이의 상태에 초점을 맞추고 있는데, 종종 **대표성**(representativity)으로 언급되는 구체적 양식을 옹호하는 입장에서는 권리가 문자 그대로 모두에 의해 행사되는 것으로 여겨질 수 있도록 차이가 가시화될 것을 요구한다. 반면, 종종 **대의제**(representation)로 언급되는 추상적 양식을 옹호하는 입장에서는 차이로 인해 배제된 사람들의 동화(同化)를 요구하는데, 이전에 배제되었던 사람들이 구체적 속성이 삭제되고 오로지 개인으로서 가시화될 경우에만 (차이의 부재와 갈등의 종식을 나타내는) 진정한 보편주의가 널리 보급될 것이라고 본다. 프랑스 역사에서 대표성은 그 한계와 불충분함을 드러내고 원칙적으로 불가능하다고 간주되어 온 타협들을 실제로 강제하면서 대의제에 지속적인 압력을 행사해 왔다. 그 압력이 매우 강력해지고 대표성이 대의제를 압도하는 것으로 여겨질 때 대의체제는 위기에 처한 것으로 보인다.

이러한 위기의 순간은 계급의 문제가 제3공화국의 정치조직을 위협했던 19세기 말에 한 번 나타났고, 차이(이 시기에는 민족성의 차이와 성의 차이)를 어떻게 대표할 것인가에 관한 문제가 국가를 분열시켰던 20세기 말에 다시 한 번 나타났다. 로장발롱은 첫 번째 위기의 경우 19세기 노동자 계급 운동이 제기한 도전으로 인해 특수한 사회적 이해관계에 기반한 정당이 출현하게 되었다고 설명한다. (그는 같은 시기에 있었던 페미니스트들의 유사한 주장은 무시하는데, 아마도 그 주장이 훨씬 작은 규모의 운동이었고 성공하지 못했기 때문일 것이다. 그러나 주장의 용어들은 거의 같았다.)[24] 로장발롱은 제기되었던 주장의 성격이 항상 모호했다고 지적한다. 구체적 양식을 옹호하는 몇몇 지도자들은 노동자나 여성에게는 그들의 특수한 경험 때문에 대변자가 필요하다고 단언했으며, 19세기 말에는 그들 자신의 정당이 필요함을 주장했다.[25] 추상적 양식을 옹호하는 다른 지도자들은 역사적으로 마르크스 사상에서 보편적 계급으로 운명지어진 노동자들 또는 자신들의 이해관계가 이미 보다 큰 공동체와 동일시된 여성들을 포함하는 것은 차이를 궁극적으로 삭제하고, 그럼으로써 진정한 보편주의의 실현을 보여줄 것이라고 주장했다. 위베르틴 오클레르가 여성이 포함되는 것을 정당화했던 것은 바로 그와 같은 맥락에서였다. "프랑스 여성들은 공리주의적(utilitarian) 민주주의에 대해 알고 있다. 그들이 투표자가 되고 후보자가 된다면 인간이 가지고 있는 요구를 이해하고 이를 충족시킬 수 있도록 행정부와 의회에 압박을 가할 것이다."[26]

　남성들의 참정권이 1848년에 확립되자 **어떻게** 노동자들을 대표할 것인지가 쟁점으로 부각되었다(이들이 개인이든 이익집단의 구성원이든 말이다). 반면, 여전히 시민으로 포함되지 못했던 여성들은 진정한 보편적 참정권을 강하게 주장하였다. 1864년에는 런던 만국박람회(Universal Exposition of London, 1862)에 참석했던 60명의 사회주의 노동자 대표들이 성명서를 통해 선출 공직자가 '모두'를 대표할 자격이 있는가라는 문제를 제기하였다. 그들은 '사회적으로 근시안적인' 부르주아들이 노동자에게 말을 걸고 노동자를 대변할 수 있는 방법은 전혀 없다고 단언했다. "우리는 대표되고 있지 않다. 이것이야말로 우리가 노동자 계급 후보자를 제청하는 이유이다."27) (오클레르를 비롯하여 페미니스트들이 제기한 이와 유사한 주장들은 입법자들의 남성적 편견을 비판했다. "남성이면서 동시에 여성일 수는 없다. 남성이 가족 내에서 아버지와 어머니 역할을 모두 수행하는 것은 이상하게 여겨지지만 남성들이 입법부 내에서 이러한 이중 역할을 수행하는 것은 허용된다.")28) 이러한 주장에는 노동자 집단은 노동자만이 혹은 여성 집단은 여성만이 대표할 수 있다는 생각이 담겨 있다. 그러나 다른 가능성도 있었다. 즉 노동자와 여성은 어떤 특수한 이해관계를 대표하지 않는 개인으로서 역할을 수행할 수 있으며, 또는 이들의 이해관계가 그 집단에 속한 구성원이 아니라 특별하게 위임받은 개인들에 의해 대표될 수 있었던 것이다. (여기에는 자율적 개인으로서의 양 대표자 간에, 또는 인민의 특정한 일부 대리인으로서의 양 대표자 간에 긴장이 있었다. 또한 구체적인 사회현실과 정치적 추상성 간의 긴장도 있었다.) 명백하게 이해관계에 기반한 정치조직으로서 1880년대 후반에 결성된 노동자 정당은 권한의 위임이 가능한 대의제를 채택했는데, 이는 두 가지 방식으로 나타났다. 노동자 하원의원인 크리스토프 티브리에(Christophe Thivrier)는 자신의 계급을 상징하는 작업복을 입고 등원한 반면, 마찬가지로 노동자 정당에서 선출되었지만 부르주아인 장 조레스(Jean Jaurès)는 그의 계급을 상징하는 정장을 갖춰 입었다.29) 이러한 복장 차이는 사회적인 것의 구체적 현실(티브리에가 노동자로서 태도를 취한 것)과 정치적인 것의 추상성(조레스가 특정 관점을 가진 개인인 것) 간의 계속되는 긴장, 그리고 정체성이 한 개인의 정치를 정의한다는 본질주의와 정치적 입장이 한 개인의 귀속성을 확립한다는 정치 간의 계속되는 긴장을 예증했다. 이미 입법부에서 노동자 계급 이해관계를 [최초로 노동자 인터내셔널 프랑스 지부(Section française de l'internationale ouvrière, SFIO)를 통해, 그리고 1920년 이후엔 공산당

(Communist Party)을 통해] 포함하는 것이 당연한 일이 되었을 때조차도 말이다. 이와 같이 노동자 계급 이해관계를 포함하는 것은 노동자 계급 하원들을 정치인의 반열에 올림으로써 결국 긴장을 감소시켰고, 이제 그들은 국가의 대표자가 될 수 있는 개인으로서의 자격을 갖게 되었다.

공식적인 정당체제는 제3공화국 기간 동안에 강화되었으며, 프랑스 정치의 안정성에 대한 척도가 되었다. 그러나 이러한 안정성은 계급 갈등이 한때 '단일하고 분할할 수 없는' 것으로 형상화된 국가를 분열시킨다는 것을 인정하고 나서야 성취되었다. 대표자가 되는 것은 이제 한 개인의 출신에 관계없이 사회적·경제적 이익을 위한 대변인이 되는 것을 의미했다. 정치가 보다 직접적으로 정치적 (그리고 사회적) 다양성을 반영할 수 있도록 하기 위하여 선거체제에 비례대표제를 도입하려는 시도가 주기적으로 있었다. 그러나 이러한 시도들은 추상적 개인주의의 이름으로 거부되었는데, 이 추상적 개인주의는 위태로워지긴 했지만 여전히 법 앞에서의 형식적 평등을 가장 잘 보증하는 것이라고 여겨졌다. 선출 공직자가 투표자의 이해관계를 위임받고 경합적 이데올로기들을 대변했을지라도 대의제의 주체는 여전히 국가였다. 그 국가가 비록 계급갈등에 의해 분열되어 있더라도 말이다. 역설적으로 다른 적대적인 대표자들을 통약가능하고 상호 교환가능한 단위로, 즉 '프랑스'를 구현할 수 있는 추상적 개인으로 만드는 하나의 구체적인 특성이 있었는데, 그것은 바로 그들이 공유하고 있는 남성성이었다. 이는 프랑스대혁명 이래로 계속되어 왔는데, 성차는 보편주의가 우세하려면 배제되어야만 하는 환원될 수 없는 차이를 상징했다.

1944년에 여성에게 투표권이 인정되었을 때 드 골 장군은 심각하게 분열된 국가의 새롭게 재건된 통합을 보여주기 위해 여성을 포함시키는 것을 이용했고, [나치에 협력했던 부끄러운 비시(Vichy) 체제 이후] 프랑스를 국제적인 민주주의 진영에 복귀시키기 위해 자신의 공헌을 활용했다. 1944년 여성의 참정권은 영국과 미국의 '선진' 민주국가와 결합되어 있었다. 그러나 여성이 이제 투표할 권리뿐만 아니라 공직에 출마할 권리를 가졌음에도 불구하고 막상 대표자로서 선출될 계제(階梯)가 되면 그들은 다소 부족한 존재로 여겨졌다. 투표를 한다는 것과 국가를 대표한다는 것은 엄연히 다른 것처럼 보였다. (국가가 상징적으로 분열되는 것을 허용하지 않기 위해) 여성을 국가 외부에 두려는 압력은 20세기 말, 즉 이 장의 주제이기도 한 대의제의 또 다른 위기의 순간까지 거대한 영향력을 행사했다.

20세기 동안 정치는 점차 배타적인 영역이 되었다. 정당들은 공직자를 위한 훈련장이었고, 입후보하기 위한 진입로를 통제했다. 정치인들은 겸직(예컨대 시장 및 하원의원을 겸하는 것)이 가능했고, 따라서 지역적·전국적 권력기반을 결합하고 독점했다. 제5공화국 동안 [국립행정학교(Ecole nationale d'adminstration)에서의 훈련을 포함한] 형식적인 자격인증은 대표직을 한층 더 전문화시켰다. 국가 대의제가 전문가 출신의 관리자, 즉 관료부대의 수중에 놓여 있다는 사실은 대의제의 개념을 적어도 두 가지 방식으로 왜곡시켰다. 개인이 시민권의 기본 단위라고 믿었던 사람들이 보기에 정치인들은 너무나 집합적인(corporate) 특정 정체성을 가지고 있었고, 이러한 사실은 그들이 추상적으로 대변할 수 없게 하였다. 초기 혁명론자들의 관점에서 보자면 그들은 더 이상 일반의지를 대변하는 것이 아니기 때문에 대표자로서는 부적격했다. 사회적 다양성이 보다 직접적으로 정치에 반영되어야 한다고 믿었던 사람들이 보기에는 이 남성들이 영향력과 재선(再選)문제에 너무나 몰두해 있어서 유권자들의 요구와 동떨어져 있었다. 만약 투표가 권한의 위임(잠정적으로 대표자에게 부여되는 주권)이라고 한다면, 직업 정치인들은 보다 보편적인 전망을 자신들의 이기적인 집합적 이해관계로 대체함으로써 투표자들의 신뢰를 저버리고 있었다. 1980년대까지 선출 공직자들과 국가 대의제 간의 불균형은 정치인, 언론인, 몇몇 학자들에 의하여 위기의 한 측면으로 여겨지기에 이르렀다.

이러한 위기는 차이를 인정할 것을 주장하는 사회운동의 출현으로 복잡해졌다. 계급이 1848년에서 1970년대까지 대략 한 세기에 걸쳐 중요한 차이로 여겨졌던 반면, 이제는 젠더, 인종, 종교, 민족성과 같은 다른 종류의 차이들이 주의를 끌기 시작하여 1980년대에 대의제 논쟁의 중심에 있었다. 이 논쟁들은 19세기 말에 노동자 계급 대의(代議)에 관해 표출되었던 우려를 여러 방식으로 반복하였다. 비록 많은 논평가들이 그 사실을 인정하지는 않았지만 말이다.[30] 대신에 그들은 이전 식민지의 국민과 여성이 제기한 문제들을 통합이 아닌 다양성이라는 견지에서 국가를 재표상하기 위한 전적으로 새로운 시도라고 여겼다. 젠더와 인종에 근거한 차별의 세월을 종식시키기 위한 정책으로 적극적 조치를 시행하는 미국과 달리, 프랑스는 공화주의적 보편주의의 추상적 개인주의라는 명분 하에 '차이주의(differentialism)'를 거부했다. 추상성은 모든 차이를 극복할 수 있다고 주장되었는데, 이것이 바로 프랑스 정치사의 독특한 교훈이었다. (계급에 대한 인정이 보여주었던 것과 같이) 이 교훈이 진실은 아닐지라도 불변하는 혁명적 유산이라는 신화는 차이를 대표하려는 압력이 증가함에 따라 강화되었다. '인종차별주의적 표현(propos racistes)'을 처벌하는 반(反)차별법이 1970년대에 통과되었지만 적극적인 개선 조치가 수반되지는 않았다. 특별한 대우를 위해 집단을 골라내는 것은 분열을 심화시키고 그러한 분리를 사회와 정치분야의 영속적 특질로 만들어 버린다는 점에서 역효과를 낳을 뿐만 아니라 반공화주의적으로 여겨졌다. 왜냐하면 그것이 프랑스 정치체제의 결정적인 특질이라고 선전된 보편주의(추상적 개인, 통합된 국가의 추상성)를 손상시킬 것이기 때문이었다.[31] 예를 들어 소수자를 공식적으로 인정하길 거부하는 태도는 인구조사에서 발표된 통계 분석표까지 영향을 미쳤다.[32] 그리고 다른 정부 통계들도 젠더를 고려하지 않았다. 이러한 방식으로 국가 통합이라는 환상은 모든 사람을 개인으로 취급함으로써만 유지되었다. 그러나 (신체를 표상하고, 집단 정체성으로 생각되며, 차별에 의해 만들어진 이해를 공유하는) 인종과 젠더라는 특수한 차이가 개인과 국가라는 보편주의적 추상성에 흡수될 수 있었을까? 이는 다양성을 가진 국가를 대표하는 것보다 더 바람직했던 것인가? 그리고 대표자로서의 (대부분 백인 남성인) 직업 정치인에 대한 신뢰를 떨어뜨린 1980년대 후반의 재정 스캔들 국면에서 국가 통합에 적합한 구성원은 누구였나? 만약 부패가 청렴함을 대체하고 탐욕이 이성을 대체했다면 개인의 자율성이라는 개념은 대표자로서의 품행에 관해 생각하는 데에 적합한 것이었던가? 정치인들과 지식인들은 보편주의가 정치적 위기에 대한 유일한 해결책이라고 주장함으로써 사회적인 것과 정치적인 것 간의 긴장을 악화시켰고, 그 다음에는 국가라는 통합체의 외부에 있으면서 본래 또는 어쩔 수 없이 분열을 일으키는 존재로 정의되는 그러한 '타자들'을 통합하면서 보편주의의 한계를 드러냈다. 이는 1980년대와 1990년대에 집중적인 관심을 받게 되었던 두 집단에게 해당되는데, 그들의 차이는 환원될 수 없는 것, 즉 동화 또는 추상성에 받아들여질 수 없는 것으로 간주되었다. 이들은 비유럽국가, 특히 (지배문화와 충돌하는 공동체적·종교적 충성심을 가진) 북아프리카 출신의 '이주민들(immigrants)'과 (내부 분열과 돌이킬 수 없는 적대심의 상징인) 여성이었다. '외부'의 문화 공동체에 속한다고 규정되는 사람들이 일반의지라는 이름으로 말할 수 있을까? 육체화되고 성적 특성이 부여된 여성이 된다는 것은 추상적 개인이 되는 것과 정반대되는 것인가? 만약 이러한 종류의 차이들이 통합될 수 없었다면, 이 실패는 대의제라는 추상적 양식이 고갈되었음을 나타내는 신호였던가? 보편주의가 특정한 형태의 배제에 의존함으로써 정의될 수밖에 없다면, 환원할 수 없는 차이는 프랑스 보편주의의 아킬레스건이란 말인가? 이러한 질문들에 대한 다양한 대답들 속에는 구체제의 조합주의에 대한 대안으로 기획된 추상적 개인주의 체제가 급변하는 20세기 후반(탈식민, 다민족, 포스트모던)에도 여전히 유용하다는 평가를 내포하고 있었다. 보편주의에 대한 이러한 개념은 후기 근대 프랑스의 정치현실을 담아내기에 충분했을까? 이러한 질문들은 처음에는 북아프리카 출신 '이주민들'의 시민권 문제가, 그 다음에는 정치에서 여성의 동수 참여라는 주제가 제기되는 일련의 점증하는 대립들 가운데서 제기되었다.

북아프리카 출신 '이주민'을 위한 시민권의 조건들

오랜 기간 동안 끓어오르던 '이주민' 문제는 1980년대에 와서야 폭발하게 되었다. '이주민'이라는 용어는 잘못된 것이었는데, 이전에 식민지 국민이었던 북아프리카 출신들이 이 논쟁의 중심에 있었기 때문이었다. 더구나 '외국인'으로 간주된 많은 사람들이 사실상 프랑스에서 태어났다. 이슬람과 관련된 이질적인 공동체 문화와 종교적 실천에 대한 그들의 의식적인 충성은 그들의 시민권을 문제적인 것으로 정의하게 하였다. 식민지 정착 초기부터 프랑스 행정관료들은 동화가능한 알제리인들과 그렇지 않은 사람들—무슬림들—을 구분했었다. 캐 드 생트 아이무르(Caix de Saint Aymour) 자작은 "우리가 알제리에서 수행할 유일한 임무가 있다면 이슬람이 모습을 드러내는 모든 곳에서 우리의 영원한 적인 바로 그 이슬람과 싸우는 것이다"라고 기록한 바 있다.[33] 프랑스의 '문명화 임무'는 한때는 유럽이었으나 이전 몇 세기 동안 이슬람에게 빼앗겼던 영토를 개간하면서 북아프리카에 비종교적인 가치를 가지고 가는 것에 있었다. 프랑스 식민주의를 정의했던 이러한 견해는 탈식민 시기에도 지속되었는데, 과거보다는 덜 치밀하게 이루어졌다. 독립 이후 대중매체에서든 정치인들 사이에서든 간에 종교가 없는 북아프리카인들과 '아랍인'들 간의 구분은 거의 없었으며, 종교 여부에 관계없이 모두 이슬람 추종자라고 여겨졌다. 많은 프랑스인에게 이슬람은 '영원한 적'은 아니라 할지라도 적어도 프랑스 공화주의적 가치에 반하는 것으로 남아있다. 성차에 대한 이슬람의 매우 다른 태도(여성과 남성은 공적 영역에서 정숙해야 한다는 규범, 성적 관계를 사적 영역에 제한하는 것)는 공공장소에서 섹슈얼리티를 표출하는 것에 허용적이거나 심지어 이를 환영하는 프랑스인의 감수성에 이질적인 것으로 인식되었다.[34] 따라서 이슬람 추종자로 여겨지는 사람들은 정의상 어쩔 수 없이 다르고, 국가 외부에 위치하며, 따라서 시민권자로서 부적절하다. '이주민'이라는 용어는 이슬람 추종자로 여겨지는 모든 북아프리카인들을 가리킬 뿐만 아니라 그들을 영원히 '외국인'으로 정의한다.[35]

1980년대에 이러한 이주민들을 어떻게 다룰 것인지에 대해 맹렬한 논쟁들이 나타났는데, 이 논쟁은 같은 계파 또는 정당 내 구성원들이 전례 없는 적대감을 가지고 서로 싸우게 만들었다. 어떤 논평가들은 이러한 상황을 두고 세기 전환기에 프랑스를 양 극단으로 몰아갔던 드레퓌스 사건—유대계 프랑스 장교를 반역죄로 잘못 고발한 사건—에 비유하기도 했다.[36] (극우파의 민족주의적인 인종차별주의와 좌파의 다문화주의에 반대하여) 공화주의적 보편주의 원칙을 반복하는 일련의 정부 정책이라는 형식 속에서 이러한 논쟁의 해법은 이주민 처우에 대한 조항을 만들고 '남녀동수'가 진척시킬 주장을 위한 환경을 마련하는 것이었다.

프랑스는 외국인들을 통합하려는 오랜 역사를 가지고 있긴 하지만—역사학자 제라르 느와리엘(Gerard Noiriel)은 19세기와 20세기에 외국 출신들을 동화시켜 프랑스 본국 출신들과 문화적으로 구별될 수 없게 하려던 '용광로(melting pot)'[37]가 실재했었다고 지적했다—1980년대에 논쟁의 초점이 되는 사람들은 이슬람 추종자들 중에서도 바로 북아프리카인들이었다. 리바 카스토리아노(Riva Kastoryano)는 "프랑스에서 정체성 또는 어떤 공동체에 대해 언급하는 모든 것은 이슬람을 의미한다"고 기록한 바 있다.[38] 초기 이주자들(migrants)과는 달리 북아프리카인들은 프랑스가 '문명화'하려 했던 이전 식민지 국민들이었으며, 그들은 동화될 수 있을 것 같지 않았다. 특히 종교는 느와리엘이 설명하는 대규모 유럽 이주의 오랜 역사를 비가시화시켜 왔던 문화적 통합을 방해했다. 그러한 (아마도) 응집된 소수자 공동체의 존재가 프랑스 통합을 위협했던 것인가? 그들의 집단적인 종교적·문화적 참여, 즉 공동체적 정체성이 그들이 개인으로서 행동하는 것을 방해했던 것인가? 이 특정한 이방인들의 통합은 어떻게 성취될 수 있었을까? 1980년대에 이러한 거대한 철학적 쟁점들은 외국인 노동자들의 실질적인 요구에 초점을 맞추었던 초기의 실용주의적 노력을 대체하면서 논의를 지배하는 경향이 있었다.

　프랑스에서 외국인, 특히 북아프리카 출신의 갈등적인 현실은 탈식민지적 현상이었다. 1962년 알제리 전쟁을 종식시켰던 에비앙 협정(Evian Accords) 조항의 영향으로 알제리인들은 특별한 권리를 부여받았고, 프랑스에서 출생한 아동들은 자동적으로 프랑스 시민이 되었다. [이는 대부분의 다른 프랑스 식민지들과는 달리 알제리가 국가의 필수 단위인 '데파르트망'^{역주}으로 규정되어 왔던 것에 기인한다.] 1970년에 알제리인들은 프랑스에서 가장 큰 이주민 집단을 이루었다. 그들 대부분은 남성이었는데, 그들은 본국에 있는 가족을 부양하기 위해서 또는 귀국할 충분한 돈을 모으기 위해서 일했다. 1970년대에 이민 제한 조치들이 취해지면서 새로운 이민 노동자들은 입국허가를 받지 못하게 되었다. 하지만 노동자의 가족에 대한 권리를 옹호했던 유럽연합 협정의 영향으로 초기 이주자들의 가족들이 함께 살기 위해 이주하면서 전체 이주민의 숫자는 증가했다. 1980년대에 프랑스 대도시에 정착하게 된 알제리인과 다른 북아프리카인들(튀니지와 모로코 출신) 인구가 점점 증가했다는 점은 분명하다. 이들은 전체 이주민의 39%를 차지했다. 이러한 수치는 모든 아랍인들을 이슬람으로 보는 논평가들로 하여금 이슬람이 프랑스의 주요한 두 번째 종교가 되었다고 예견하게 할 정도였다. 이들 가족들은 주요 도시 외곽에 있는 빈민가에 모여 살았는데, 빈곤과 그들의 특이한 복장, 언어, 그리

---

* [역주] 데파르트망(département)은 주 단위인 권역(région)의 하급 단위로서 한국의 광역시/특별시/도에 해당된다. 프랑스 행정구역은 2007년 말을 기준으로 22개의 권역, 96개의 데파르트망, 329개의 아롱디스망(arrondissement), 3,879개의 칸통(canton), 36,571개의 코뮌(commune)으로 구성되어 있다.

고 종교적·문화적 관행들은 그들을 이질적으로 보이게 했고, 경제적 불안정과 범죄의 온상으로 지목하기 쉽게 만들었다.

초기에 북아프리카인들의 문화적 차이는 프랑스 정부에 의해 장려되었는데, 정부는 외국인들을 값싼 노동력, 보다 중요하게는 임시적인 노동력으로 여겼다. 1970년대 **동화**(insertion) 정책을 따라 종종 공립학교에서는 아랍어 및 터키어 과정이 개설되었을 뿐만 아니라 일련의 사회복지 서비스들이 제공되었다. 이러한 조치들은 관용이라는 미명 하에 노동자들의 본국과 지속적으로 결속을 유지하는 것을 지향했는데, 이들의 본국은 종종 교사 및 종교 지도자들을 고용하고 제공했으며, 노동자들은 종국에는 본국에 돌아갈 것으로 기대되었다.[39] 이 노동자들의 최후 송환을 예상했기에 프랑스 정부는 시민의 지위에 적용되는 본국의 법, 특히 가족법을 존중했다. 실제로 1977년과 1978년의 경제위기 동안 발레리 지스카르 데스탱(Valéry Giscard d'Estaing) 대통령의 보수 정부는 실업을 완화하려는 노력의 일환으로 수천 명의 북아프리카 출신 노동자들에게 고향으로 돌아갈 비용을 지불했다.[40]

1981년 사회주의자인 프랑소와 미테랑(François Mitterrand)이 대통령으로 당선되자 프랑스에 거주하는 외국인들에 대한 처우에 변화가 일어났다. 미테랑은 탈식민화된 제3세계 국가들의 투쟁과 연대할 것을 공표하고, 거주 외국인 중에서 합법자와 불법자를 분명히 구별하는 조치 등을 통해 프랑스에서 외국인의 지위를 정식화하고자 했다. 신규 입국에는 제한을 두었지만 본국 송환은 중지되었다. 그리고 외국인들이 비록 시민은 아닐지라도 그들에게 시의회 선거권을 부여하자는 제안이 잠시 있었다. 이것은 유럽연합의 권고에 따라 비시민권자의 권리를 인정하고 민주주의의 실천 속에서 그들을 교육시키는 방법이었다. (이 제안은 반대의견이 너무 많아서 기각되었다.) 미테랑 정부는 공립학교의 아랍어 과정 개설을 계속 지원했는데, 이는 문화부 장관인 잭 랭(Jack Lang)이 1982년에 도입했으며 지금은 '다를 수 있는 권리'라 불리고 있는 포괄적 정책이다. 랭이 차이에 대한 권리를 승인한 것은 처음에는 국가 내 다양한 문화적 소수자들(바스크인, 브르타뉴인, 카탈로니아인, 코르시카인, 옥시탄인, 집시)에게 적용되었는데, 이는 도시와 산업 발전을 동질화하는 효과에 맞서 프랑스 내 지역 언어와 기타 다른 유산들을 보존하려는 미테랑 정부 목표의 일부가 되었다. 그 제안자들이 '협소한 국가주의(micronationa-lisms)'[41]의 위험에 대해 경고하고 소수의 문화 정체성은 항상 국가 정체성에 포섭된다고 주장하더라도, 차이에 대한 권리는 이것이 특히 북아프리카 무슬림으로 확대될 때 국가 통합체에 대한 위협으로 보일 수 있었다.

소수자들을 인정한 미테랑 정부의 방침은 오래 지속되지 않았다. 소수자들은 1983년 시의회 선거에서 극우파 선동가인 장-마리 르 펜에 의해 심각하게 도전받게 되었는데, 이주에 반대했던 그의 입장은 프랑스 정치의 새 시대를 열면서 많은 추종자들을 이끌어냈다. 르 펜의 당과 연합한 우파가 드뢰(Dreux) 시(市)를 점령하고 사회주의적 입장을 가진 시장이었던 프랑소와즈 가스파르(Françoise Gaspard)를 공직에서 물러나게 했을 때 많은 사람들은 공화국의 미래를 걱정하였다. 르 펜과 그가 소속되어 있던 국민전선당은 이주민들이 프랑스 자국민 노동자들로부터 일자리를 빼앗고 이주민 복지비용이 국가 및 지역 재정을 좀먹으면서 시의 온전한 상태를 파괴하고 있다고 주장하였다. 그는 이주민들을 독일점령에 빗대어 새로운 침략자로 묘사했다. 그는 이들이 "토끼처럼 증식한다"고 말했고, 그의 지지자들은 이주민들이 "생물학적 평형상태"를 전복시킬 것이라고 경고했다.[42] 해결책은 '프랑스인을 위한 프랑스', 즉 외국인들을 내쫓는 것이었다. 몇몇 도시에서 전통 우파들은 르 펭이 신봉하는 극단적인 인종차별적 사고를 거부한다고 공언하면서도 좌파를 성공적으로 타파하기 위한 노력으로 국민전선당과 연합했다.[43] 대규모의 이주민들이 거주하는 도시에서 투표자들을 동원해내어 (노동자 계급 지지자들을 놓치지 않으려는 의도에서 이 기간 동안 이주민에 반대하는 입장을 취했던) 공산당으로부터 표를 끌어오고 폭넓은 대중적 지지를 이끌어낸 르 펭의 능력은 이민문제를 당시의 정치적 쟁점으로 만들었다. 그러나 보편주의 가치에 대한 거듭된 주장은 르 펭의 호소력에 맞서는 데 거의 영향을 미치지 못했다.

　　미국에서 다문화주의로 불리던 문제에 관한 논의는 프랑스에서 매우 다른 양상을 띠고 있었는데, 이는 양국이 상이한 정치사를 가지고 있었기 때문이다. 19세기 후반 이래로 국가의 순수성을 보호하기 위해 인종 차이가 인정되어야 한다고 주장하는 민주주의의 반대자들(민주주의의 가장 혹독한 비평가들과 극심한 적대자들)이 있었다. 그들의 주장에 따르면 다양성을 부정하는 것은 기만적인 보편주의를 받아들이는 것이었는데, 이러한 보편주의는 평등이라는 환상과 그것으로부터 비롯되는 결과, 즉 인종적 혼합, 고유 혈통의 약화, 국가의 여성화를 약속하는 것이었다. 19세기부터 우파의 인종차별주의는 좌파의 보편주의를 공격했다. 보편주의—역설적으로 특히 프랑스 보편주의—라는 이름 하에 좌파는 공화국을 외부에서 유입된 차별의 희생자들을 위한 피난처로 만들었다.[44] 그러나 이와 같이 피난민들에게 호의적인 보편주의는 프랑스 문화규범에 동화될 것을 전제로 하고 있었다.[45] 에른스트 르낭(Ernest Renan)은 1882년에 이미 다음과 같이 쓴 적이 있다. "순수한 마음과 따뜻한 가슴을 지니고 있는 많은 집단의 사람들이 우리가 국가에 요구하는 도덕적 양심을 창조한다. 이러한 도덕적 양심은 공동체의 선을 위해 개인을 양도할 것을 요구하는 희생에 의하여 그것이 가지고 있는 힘을 증명해 보이기 때문에 이는 정당하고 존재할 만한 가치가 있다."[46] 르낭에게 '공동체'란 공통의 과거와 미래를 가진 단일하고 공유된 문화를 의미했다. 르낭에게 있어 존재하는 유일한 공동체는 바로 프랑스였다.

　　1980년대의 환경이 인종차별주의와 보편주의의 첨예한 대립을 약화시키기는 했지만—혹은 그랬기 때문에—이러한 입장들은 여전히 많은 논쟁을 만들어냈다. 이에 우파 성향을 가진《르피가로 매거진(*Le Figaro Magazine*)》의 편집자인 루이 포웰(Louis Pauwels)은 보편주의자가 되는 것은 "다른 민족을 인정하고 유지하고자 하는 것, 그리하여 특별한 문화 및 사회의 존재를 인정하고 지속시키기를 바라는 것이다. 이는 인간 다양성을 인정하고 그에 찬사를 바치며 보장하는 것이다. 인종차별주의자가 되는 것은 이러한 다양성을 부인하거나 거부하는 것이며, 이는 인류의 단일성(singularity)을 복구하는 일에 착수하는 것이다"라고 썼다.[47] 그는 일반적 관념을 역전시키고 인종차별주의를 좌파의 보편주의와 같은 것으로, 그리고 다양성을 진정한 보편주의로 만들었으며, 이주민 자녀가 프랑스인이 되는 것을 허용하는 것이 가져올 결과에 대해 경고하기 시작했다. "그것이 프랑크 왕국 침략 이래로 우리가 알고 있었던 가장 큰 생물학적 붕괴로 나타나게 될 것이라는 점을 안다면 우리는 그에 대해 질문할 권리가 있다." 르 펭은 인종 차이를 인정할 필요성에 대해 이와 유사한 주장을 했다. "나는 유럽 백인이 미묘한 차이의 연금술에 의해 특징지어진다고 믿는다. … 우리는 같은 인종과 같은 정신에 속해 있다. … 우리는 또한 외국인을 각각의 인간, 각각의 집단과 국가, 구별된 존재를 구성

하는 인류 보편성의 일부로서 존중한다."[48] '구별된 존재(Distinct being)'
란 동화 또는 추상성에 허용되지 않음을 의미했다.

　1980년대에 대다수의 공화주의자들은 포웰과 르 펭의 주장을 거
부했지만 르낭이 사용했던 개념인 문화적 동화에 대해서는 그렇게 하지
않았다. 대신에 그들은 '통합(intégration)'이라는 관념을 지향했는데, 이
는 새로운 방식으로 문화적 차이와 국가 통합의 균형을 맞추려는 것이
었다. '통합'에 대한 몇 가지 정의가 있었다. 이후 '남녀동수' 지도자가
되는 프랑소와즈 가스파르와 클로드 세르방–슈레이버가 제안한 소수
견해에서는 사회적 차이가 말소되는 것이 아니라 인정되어야 한다는 입
장을 취했다. 이는 미국의 다문화주의적 관점에 가까운 것이었다. 이주
민들은 자신들이 머무는 곳이 바로 프랑스라고 강조하면서, 여전히 이주
민으로 불리는 그들 중 많은 수가 10년 이상 프랑스에서 거주해 왔으며
(다른 곳에서는 살아본 적도 없는) 그들의 아이들은 절대 이주민이 아니라
고 말했다. 그들은 프랑스와 북아프리카의 영향을 혼합하면서 혼종적
(hybrid) 문화를 창조했다. 이러한 문화는 존재 그 자체로 인정될 필요가
있었는데, 이는 프랑스적 삶이 갖는 현실의 일부, 즉 국가에 적대적인 것
이 아니라 국가를 구성하는 것이었다. 그리고 그들은 정치적 삶에서 목
소리를 낼 수 있어야 한다. "맞습니다. 이 젊은이들은 독특합니다. 그들
은 그들의 정체성을 강조함으로써 자신의 존재를 긍정합니다. 이것은 우
리들로 하여금 그들의 통합이 우리에게는 의무인 데 비해 그들에게는
덜 문제적이라는 점을 이해시키는 그들의 방식입니다. … 그들은 동화되
기보다는 인정받기를 원합니다."[49] 가스파르와 세르방–슈레이버는 '통
합'을 차이에 대한 사회적·정치적 인정으로 정의했다. 그들이 보기에
이러한 이주민들이 프랑스인이 되는 것에는 어떠한 의문의 여지도 없었

다. 그들은 이미 프랑스인이었다. '단일하고 분할할 수 없는' 통합된 국가라는 추상성은 국가의 다양성이라는 현실에도 불구하고 이러한 인구에 의해 제기되는 구체적인 문제에도 부응하지 못했다.

그러나 이는 르 펭에 대한 공식 대응이 된 '통합'에 대한 견해가 아니었다. 대신에 1980년대의 정치인들과 철학자들은 문화적 차이가 일련의 사적인 행위로서 존재할 권리를 인정하고—더 이상 시민권에 대한 필요조건으로 문화적 순응성을 요구하지는 않았다—그러면서도 시민은 대의제를 위해 개인으로만 여겨져야 한다고 요구하는 타협안을, 소위 공화주의라는 영속적 원칙에 근거하여 도출해냈다. 놀랄 것도 없이 '통합'은 추상적 개인주의에 전제되어 있었다.[50]

이러한 '통합' 이론은 1980년대 후반과 1990년대 초반에 정교화되었다. [보수정부의 내무부 장관 이름을 따서 파스키아(Pasqua) 법으로 불리던] 외국인통제강화법과 함께 1986년과 1993년에 국적법(Code of Nationality) 개정이 이행되었다. '통합'에 대한 공식적인 견해—국적법 개정 문제, 르 펭과 그 추종자들의 지속적인 호전성, 음핵절제 또는 일부다처에 관한 열띤 토론, 비(非)프랑스인 가족법 등은 계속해서 용인되어야 한다—를 견고하게 한 많은 사건들 중에서 가장 극적인 것은 아마도 '히잡 사건(l'affaire du foulard)'일 것이다. 이 사건은 1989년에 프랑스대혁명 200주년 기념에 대한 일종의 왜곡으로서 분출되었다(이는 심지어 보다 극적인 형태로 오늘날까지 지속되고 있다).[51] 사건의 발단은 히잡 착용을 주장한 세 명의 무슬림 소녀들이 공립학교에서 쫓겨난 것인데, 교장의 말에 따르면 그들의 스카프는 종교에 대한 공적인 표현이므로 교회와 국가 분리 원칙에 어긋난다는 것이었다. 그는 "우리 학교는 프랑스 학교입니다"라고 강조했다. "우리 학교는 크레이(Creil) 시(市) 내에 있으며, 이곳은

비종교 지역입니다. 우리는 우리 자신이 종교문제에 시달리도록 내버려
두지는 않을 겁니다." [에르네 쉐니에르(Ernest Chénière) 교장이 이슬람에 관
해 무엇보다 우려했던 것은 그가 후에 "교활한 지하드(jihad)"를 끝장내겠다고
약속하면서 하원에 출마했을 때 분명해졌다.][52] 거대한 논쟁이 잇달아 발생
했다. 극우파에서는 이 사건이 이러한 외국인들의 통합불가능성, 즉 그
들이 영원한 프랑스인이 되는 것은 불가능하다는 점을 증명한다고 주장
했다. 우파와는 반대로 종교(가톨릭교, 유대교, 개신교) 지도자들은 종교적
제휴를 의미하는 관용은 비종교 학교가 갖는 임무의 일부라고 주장했다.
몇몇 공화주의자들은 공립학교의 세속적 속성은 어떠한 종교적 표식도
배제한다고 단언했다. 그들은 특정한 공동체적 정체성은 사적인 문제이
며, 공적 행동이나 공적 가시성과 궁극적으로 관계가 없다고 말했다. 오
직 이러한 방식으로만 법 앞에서 개인의 평등이 보장될 것 같았다. "프랑
스 민주주의의 형태는 공화국이다. 이는 모두를 위한 자유가 가장 강한
자의 법을 은폐하는 게토의 모자이크가 아니다."[53] 1960년대에 체 게바
라(Che Guevara)와 함께 했던 급진주의자인 레지 드브레(Régis Debray)는
이런 식으로 표현했다. "보편적인 것은 추상적이고 지역적인 것은 구체
적이다. 이로 인해 그것들 각각은 위대함과 한계를 갖게 된다. 이성은 공
화주의 국가에서 가장 우월한 준거가 되기 때문에 공화주의 국가는 본성
상 단일하며 중앙집권화되어 있다."[54] 역사학자 자크 르 고프(Jacques Le
Goff)는 보다 온건한 입장을 취했다. 그는 히잡을 허용하는 것이 여성 종
속에 기여하는 것은 아닌지, 여학생들을 내쫓는 것이 '외국' 학생들, 특
히 무슬림에게 프랑스적 가치(비종교적인 보편주의의 가치)를 전달하려는
공립학교의 임무를 궁극적으로 좌절시키는 것은 아닌지, 그가 명명한
'유연한 다원주의'를 따르는 것이 국가 통합의 토대를 침식하는 것은 아

닌지 등 여러 가지 사항들에 대해 고뇌했다. 그가 생각하기에 몇몇 차이들은 환원될 수 없는 것이어서 정의(定義)상 프랑스 공화주의 체제를 위해 고려될 수 없었다. "우리는 존중되어야 할 차이와 인정할 수 없는 차이를 구분해야 한다. 특히 후자는 사회 및 국가의 필수적인 응집력을 위태롭게 한다. … 다원주의는 분열과 혼란이 아니다."55) 히잡에 관한 논쟁 (1989, 1994, 2003)에서 여성은 이슬람을 대표하는 상징이 되었는데, 이는 르 고프가 "… 국가의 필수적인 응집력을 위태롭게" 할 것이라고 우려했던 바로 그 "인정할 수 없는 차이들" 때문이었다. 이러한 방식으로 성차를 분열적인 것으로 보는 오랫동안 지속되어 온 관점은 무슬림에 대한 것으로 대체되었고, 동시에 모든 여성에 관한 것으로 강화되었다. 무슬림의 종교행위에 대한 우려를 표현하기 위해, 그리고 성차가 보편주의에 적대적이라는 국가 정체성에 대한 특수한 견해를 떠받치기 위해 성적 차이가 사용되었다.

히잡 사건은 교육부 장관인 리오넬 조스팽(Lionel Jospin)이 참사원 (Conseil d'etát, 최고행정법원)의 판단을 요청했을 때 일시적으로 가라앉았다. (프랑스의 최고행정법원으로서 공공기관들이 취한 조치의 적법성을 다루는) 참사원에서는 히잡 착용이 교회와 국가의 분리 원칙에 위배되지 않는다고 밝혔는데, 법이 건물과 교과과정에는 적용되지만 학생들이 평화를 방해하는 활동에 개입하지 않는 한 이들에게는 적용되지 않는다고 보았기 때문이었다. 이에 따라 학교 교장들은 교실 질서가 붕괴되거나 학생들이 개종하려 한다고 판단될 경우에 한해서만 히잡을 금지시키는 선택지를 가지게 되었다. 그러나 이 판정은 프랑스 사회에서 이주민의 위치에 대한 폭발적인 우려를 가라앉히는 데에는 어떤 기여도 하지 못했다. 논란은 줄어들지 않았다. 1990년에 사회주의자인 미셸 로카르(Michel Rocard) 수상은 미테랑 대통령이 초기에 승인했던 차이의 권리를 철회하도록 요구했다. 그는 정부 정책은 단지 "공평함에 대한 권리(a right to indifference)"만을 지원해야 한다고 단언했다.[56] 그리고 1993년에 보수주의자들이 다시 정권을 잡았을 때 '통합'에 대한 이러한 개념은 실행으로 옮겨졌다.

1986년의 개정 국적법(1998년 재개정시까지 효력이 유지됨)에 따라 프랑스에서 태어난 외국인 부모의 자녀들에게 더 이상 시민권이 자동적으로 부여되지 않았다. 대신에 그들이 성인이 되면 '사회계약'에 진입하기 위하여 개인 자격으로 자신의 열망을 표명함으로써 시민이 되기를 요청해야 했다. '사회계약'이란 누군가가 정치적 정체성을 갖기 위해서는 배타적인 공동체적 충성을 무시할 수 있어야 한다는 것이었다. 게다가 (알제리가 여전히 프랑스령이었던) 독립 이전에 태어난 알제리 출신 아동들의 경우 시민자격을 위해 필요한 거주 기간이 길어졌고, 심지어 '정착(enracinement)' 여부를 증명할 것도 요구되었다. 아드리엥 파벨(Adrien Favell)은 이러한 변화가 내포하는 의미를 다음과 같이 묘사했다. "프랑스 국적을 취득하려는 이주민의 '의향(volonté)'을 상징적으로 강조하는 것은 … 프랑스 내에 '사회계약(contrat social)'이라는 새롭고 개인주의적인 개념을 확립하는 것으로 향하는 첫 걸음이다. 사회계약은 정치적 실체로서 프랑스의 정치적·사회적 질서를 보증하는 것이다. 새로운 구성원들은 자발적으로 국가 구성원이 되려는 것을 설명하는 과정에서 그들이 채택한 국가와 새로운 도덕적 관계를 맺으며, 그 국가는 그들의 개인적 권리와 책임을 강조한다."[57] 1993년에 논쟁이 되었던 통합정책고등심의회(Haut conseil à l'intégration)의 보고서에 따르면, 시민이 된다는 것은 사적인 공동체 결사의 완전한 자유를 향유하지만 "구별된 민족적 또는 문화적 소수자들이 존재한다는 논리를 거부하고 그 대신에 인간 개인의 평등에 기반한 논리를 추구하는 것"을 의미했다.[58] 프랑스는 문화적으로 다양할지 모르지만(결사의 자유가 이를 보장한다) 정치적으로는 동질적이었다. 개인들은 법 앞에 평등했고, 그들의 권리는 국법으로 부여되고 보호되었다. 파벨은 프랑스에서 태어난 이주민 자녀들이 시민이 되고자 하는 자신의 열망을 선언해야 한다는 요건은 개인의 자격으로 그들의 자율성과 그들의 도덕적 행위성을 구성하려는 것으로 여겨지며, 이는 정치영역에서 용인되는 유일한 집단적 정체성은 프랑스인이 되는 정체성뿐임을 함의하고 있었다고 주장한다.[59] '통합'은 문화적 동화라는 낡은 기준을 고수하려는 것은 아니었지만 단일한 국가 정체성을 분명히 요구했다. 정치적 참여라는 목적을 위해서는 오직 개인들만이 존재할 뿐이며, 그들은 법의 체현일 뿐만 아니라 국가의 체현이었다.[60] 국가 정체성은 차이에 대한 어떠한 대표성에도 반대되는 것이었다.

반차별주의 단체인 'SOS 인종차별주의'(SOS Racisme, 히잡을 착용하는 여학생들에 대한 퇴학조치에 항의해 온 단체)의 설립자이면서 자신이 [서인도 앤티가(Antigua)와 프랑스 본토 출신 부모 간의] 혼혈인 아를렘 데지르(Harlem Désir)는 청중을 사로잡을 만큼 능숙한 말솜씨로 다원주의를 옹호했지만 그도 역시 국가의 단일한 정치적 정체성에 우선권을 두어야 한다고 단언했다. 그는 '통합'이 국가가 "정체성이 아닌 시민권에 근거하고, 혈통, 인종, 종교가 아니라 원칙, 사회계약, 보편적 가치에 근거한 것"이라는 개념을 필연적으로 재확인시킨다고 말했다.[61] 그는 차이를 인정하는 것이 집단적, 즉 정치적 삶을 방해해서는 안 된다고 주장했다.[62] 끝으로 그는 이주민들이 다른 사람들과 다르게 취급되거나 그들이 가진 차이 때문에 뚜렷이 구별되는 자리를 할당받는 것이 아니라 개인으로서 대우받아야 한다고 촉구하였다. 데지르의 요점은 "다양성을 부인하는 것이 아니라 개인이 자신의 출신에 따라 제한당하는 것을 거부하는 것"이었다.[63] 이는 사실상 궁극적인 동화를 옹호하는 것이며, 모든 측면의 프랑스 부르주아 문화에 대해서는 아닐지라도 보편적이라고 간주되는 정치적(비종교적·공화주의적) 가치에 대한 동화를 주장하는 것이었다. [알제리 정부를 훼손하려 하고 살만 루시디에게 사형선고(fatwas)[역주]를 내리는 근본주의자들, 그리고 (덜 극단적으로는) 젠더와 섹슈얼리티에 대한 다른 이해(理解)가 보여주듯이] 위협적인 이슬람 세력이라고 인식되는 많은 것들은 프랑스 내의 공화주의적 교육과 공동체적 정체성에 대한 프랑스 국가 정체성의─개개인에 따른─최후의 승리에 의해 천천히 침식될 것이다. 파벨이 언급한 바와 같이 새로운 문화적 통합의 장은 이제 **정치적** 영역이 되었다.[64]

　　'통합'이라는 새로운 계획은 모든 강조점을 개인의 권리와 보편적 가치에 둠으로써 프랑스 사회 내의 '이주민' 문제를 해결하는 데에 거의

---

* **[역주]** 살만 루시디(Ahmed Salman Rushdie, 1947-)는 뭄바이(옛 봄베이) 출신의 수필가이자 소설가로서, 1988년에 출판한 『악마의 시』에서 예언자 무함마드에 대한 불경스러운 묘사로 인해 원리주의 이슬람 세계로부터 많은 비난을 불러일으켰다. 1989년 이슬람 시아파인 루홀라 호메이니가 그의 책을 "이슬람에 불손한" 것으로 규정하며 모든 "독실한 무슬림들"에게 공개적으로 루시디뿐 아니라 책을 출판한 이도 처형할 것을 요구하였고, 루시디의 목에 300만 달러의 현상금을 내걸었다. 이후로 루시디는 영국의 보호 아래 숨어 살았으며, 1998년 호메이니 죽음 이후 이란 정부가 공개적으로 루시디에 대한 사형선고를 "집행하지 않을 것"을 천명했음에도 불구하고 일부 이슬람 원리주의 집단들의 위협을 받고 있다. 출처 : 위키피디아(www.wikipedia. org).
　fatwas는 이슬람 고위 지도자들이 특정 사안에 대해 내놓는 권위 있는 율법적 결정을 의미한다. 출처 : 두산백과사전.

도움을 주지 못했다. 사실상 이는 프랑스에 살고 있는 북아프리카인들이 직면한 사회적·경제적 현실로부터 관심을 철회하는 것이었고, 그들의 다른 문화적 실천들과 그들이 '프랑스식' 생활방식을 위협한다는 부정적 평가에 기초한 차별을 지속시켰다. 개인적 행위로 용인된다 하더라도 이러한 행위들은 무엇이 '프랑스적'인가를 정의하는 보편적 원칙에 어긋나는 것으로 여겨졌다. 따라서 그들이 공식적으로 시민이 되었을 때조차도 무슬림들[그리고 '이슬람적' 특성을 가졌을 것이라 여겨진 많은 비(非)무슬림 북아프리카인들]은 그들의 민족성으로 인하여 이방인으로 남아 있었고, '이주민들'의 이해관계는 '프랑스'의 집단적 이해관계와 관계없거나 부적절하거나 위험한 것으로 인식되었다. 말할 것도 없이 그러한 사람들은 국가를 대표하기에 적합하지 않다고 여겨졌다. 법 아래에서는 완전한 프랑스인이라 할지라도 이러한 '이주민들'은 추상화될 수 없는 차이와 계속해서 연관되었다.

　　1980년대와 1990년대 초에 일어났던 이민문제의 맥락 속에서 공화주의적 보편주의에 대한 재확인은 (편리하게도 노동자 계급 대표에 대한 화해의 역사는 잊힌 채) 신화화된 용어로 명확히 표명되었다. 대혁명의 영속적인 원칙을 재확인하면서 보편주의는 점점 증가하고 있는 프랑스 인구의 문화적 다양성으로 인해 제기되는 문제에 대한 유일한 해결책으로 제시되었다. 모두를 포함하고 구별짓지 않으며 추상화한다는 원칙인 보편주의에 의거하여 국가 통합은 이와 같은 다양성에도 불구하고 유지될 수 있었다. 어떠한 대표성도 있어서는 안 되고 오직 대의제만이 존재해야 했다. 그러면 만약 보편주의, 즉 법 앞에서 개인들이 평등하다면 어떻게 차별이 있을 수 있는가? 반대로 집단 정체성에 근거하여 차별이 존재한다면 '전통적인' 프랑스 공화주의라는 새로운 신화에 의해 요구되는 개념 내에서 그러한 차별은 어떻게 시정될 수 있을까? 한때 환원될 수 없다고 여겨졌던 차이를 추상성이 포함하도록 하기 위해 개인이라는 개념의 포용력을 확장하면서 이 개념을 변화시키는 방안들이 있는가? 이것이 바로 '남녀동수' 운동을 시작한 페미니스트들이 제기했던 도전이었다.

"대의제의 위기"

이주민들에 대한 지속적이고 격렬한 논쟁들은 1988년 대통령 선거에서 정점을 이루었다.[65] 미테랑이 재선에 성공했지만 국민전선당의 후보자인 장-마리 르 펭은 1차 투표에서 전체의 14%인 약 450만 표를 획득했다. 프랑스대혁명 200주년 전야제에서 몇몇 학자들과 언론인들은 공화정의 미래가 위기에 처한 것은 아닌지 우려했다. 심각한 불만이 제기되었고, 일상의 정치는 그것을 다루지 못하는 것처럼 보였다. 그들의 우려는 다른 지표에서도 확인되었는데, 투표권자들의 기권비율 증가, 투표권자들을 움직였던 정당과 노동조합 활동의 쇠퇴, 정당 내부의 분열, "정계의 이미지를 추락시킨" 일련의 재정 스캔들이 그러했다.[66] 1989년에 의회가 스캔들에 연루된 정치인들의 사면을 공표하면서 상황은 더욱 악화되었다.

문제의 원인은 다양하게 진단되었다. 그러나 내부의 구조적인 문제를 강조하는 경향이 주를 이루었으며, 모두 민주주의와 국민국가의 약화를 암시하고 있었다. 드 골 하에서 시작되고 미테랑에 의해 계속된 '대통령 권한 강화(presidentialization)'는 권력과 경의를 국가의 수장에게 이전함으로써 이미 의회민주주의를 흔들어 왔다. 드 골 행정부는 의회가 통과시킨 법을 뒤집을 수 있는 헌법위원회(Constitutional Council)를 이용하기도 하면서 입법부를 더욱 약화시켰다. 이제 진정한 권력은 정부에게 주어졌는데, 정부기관의 구성원들이 반드시 선출 공직자인 것은 아니었기 때문이다. 또한 언론은 의회 바깥에 있는 '지도자들'의 의견에 초점을 맞추면서 하원에서의 논쟁에는 관심을 기울이지 않았다.[67] 신문 사설과 여론조사는 입법 포럼에서 발생한 어떤 것보다도 '일반의지'를 더 잘 보여주는 지표로 여겨졌다. 결과적으로 선출의회는 모든 측면에서 권위와 권력을 상실했다.

더욱 문제가 되는 것은 프랑스 공화주의를 특징짓는 제도가 제대로 작동하지 않는다는 것이었다. 선출 정치의 세계는 유권자들과 괴리되어 있었으며, 정치인들과 '시민사회' 간의 간극은 깊었다. '시민사회'는 19세기와 20세기의 담론인 '사회적인 것'을 대체한 개념이었다. 이는 일상생활에서의 시민들의 관계를 말하는 것이며, 정치적인 것—개인들이 국가를 대표할 수 있도록 그들에게서 사회적 정체성을 제거함으로써 추상성이 지배하는 영역—에 반대되는 것으로 구체적인 연대와 상호작용의 영역을 의미하였다. 정치인들은 시민사회와 더 많이 접촉해야 한다는 생각이 추상적 개인의 가치를 반드시 부인하는 것은 아니었다. 그렇지만 이는 국가의 필요에 대해 더 많은 책임과 더 많은 관심이 있어야 할 것을 의미했다. 정치인들이 자신의 이성을 실천하든 인민으로부터 권한을 위임받든지 간에 그들은 일반의지의 체현이라고 가정되었다. 그러나 이는 더 이상 사실인 것처럼 여겨지지 않았다. 그들은 국가를 대변하지 않았다. 다시 말해 그들은 추상적 개인이 아니라 그들 스스로가 차이와 분열의 사례일 뿐이었다. 입법부의 약화는 곧 '대통령 권한 강화'의 징후이자 스스로 몰락하게 된 원인이 되었다.

　게다가 '사회적인 것'을 대표하도록 제3공화국 시기 동안 발전했고 입법부에 압력을 가할 수 있었던 제도들이 쇠퇴하였다. 정당들은 더 이상 안정적인 지지기반을 확보할 수 없었고, 노동조합의 조합원 수는 급격하게 감소했다. 몇몇 논평가들은 분절되고 개인화된 제휴의 형태가 그 자리를 차지하게 되었다고 보았다. '사회적 영향력'에 대한 분석 대신 정치인들의 개인적 특성이 국가적 문제의 원인으로 비난받았다.

　정계는 그 위신(威信)이 너무나 떨어져서 대통령의 권력에 도전하고 싶어도 그렇게 할 수 없었다. '정치계급'은 복수 공직—정치인들은 하원의원과 시장을 겸임할 수 있었다—과 행정의 전문성을 고수하는 일에 몰두한 채 더 이상 대의제의 기능을 충족시키지 못하는 폐쇄적인 체제였다. 관료들과 전문가 출신의 고위공직자들은 낡은 이데올로기적 용사들의 자리를 점령했다. 그리고 그들이 가지고 있는 가치와 이해관계의 차이는 그들을 전체로서의 국가와 멀어지게 했다. 그들은 (완전함과 고결한 행동양식으로 간주되는) 프랑스의 온전함을 구현하기보다는 그들 자신만을 대표했는데, 이는 개인으로서가 아니라 이익집단의 구성원으로서였다. 그들은 추상적으로 대표할 능력을 상실했다. 그 결과 투표가 국가의 주권적 의지의 위임이라는 환상은 점차 심화되고 있는 냉소주의에 의해 사라졌다. 즉 정치인들은 시대에 뒤떨어지고 부패하여 국가를 반영하거나 구성하기에 부적절한 존재로 여겨졌다. (르 펭에 대한 지지표와 더불어) 투표 기권율이 증가하게 됨으로써 투표자들로부터 선출 공직으로의 권한 위임과정에 이의가 제기되었다. 이 권한 위임은 대표자의 핵심적 기능을 정당화하는 것이었다. 전체 의회체제, 사실상 국가주권에 대한 전반적인 개념은 이러한 정당성에 기반하고 있었다.[68]

르 펭에 대한 지지표는 고조되고 있는 대중영합주의의 징후로서 경제적 불안정, 실업, 불확실한 미래로 인해 고군분투하고 있는 사람들에 대한 정치인들의 무감각함이 낳은 결과로 여겨졌다. 로장발롱은 "실제 생활과 정치체제의 관심사 간의 간극"을 지적하였다.[69] 사회당 지도자인 미셸 로카르는 국가기구가 "시민사회로부터 너무나 멀어지게 되었다"고 결론지었다. 그리고 미테랑 대통령은 그의 재임(再任) 기간에 자신의 정부는 '시민사회'에 보다 열려 있을 것이라고 선언했다.[70] 그러나 '시민사회'가 정확히 무엇을 의미하는지는 불분명했다. 로장발롱과 같은 사람들은 사회 자체가 너무나 분열되어 있고 개인적 정체성은 너무나 유동적이어서 정치인들이 대표할 어떤 분명한 집단적 이해관계도 존재하지 않는다고 주장했다. "오늘날 자신들의 불만족을 표현하는 것은 개인이 속한 모임이지 더 이상 계급이나 전문직종이 아니다."[71] 만약 구분이 존재한다 하더라도 그것은 더 이상 인식가능한 사회적 또는 정치적 형태를 취하지 않았다는 것이다. "점점 대중과 엘리트 집단 간의 구분이 좌파와 우파 간의 구분보다 더 믿을 만해진다."[72] 마르셀 고셰(Marcel Gauchet)는 다음과 같이 반어적인 향수를 불러일으키는 표현을 덧붙였다. "되돌아보면 계급투쟁은 얼마나 재미있었고 내전은 얼마나 아름다웠던가."[73] 계급 간의 분명한 구분이 '일반의지'라는 개념 속에서 입법상 주장되었지만 그와 같은 명료함은 고도로 개인주의화된 의지의 세계에서 가능하지 않았다. 따라서 정치인들은 설사 부패하지 않았다 하더라도 '시민사회'를 대변하거나 '시민사회'와 소통할 기회가 거의 없었다.

물론 다른 사람들은 집단화를 '시민사회' 내부에서 이해했으며, '소수자들'이 대의제를 향해 제기한 문제들에 대해 논의했다. 그러나 그들

성적 차이, 민주주의에 도전하다

은 북아프리카인을 대변하는 사람들과 페미니스트들이 1980년대에 제기했던 차별의 문제나 문화적 차이의 문제에 관해서는 직접적인 검토를 거의 하지 않았다. 대신에 '시민사회'라는 용어가 인구의 이질성(분절화, 개인화)을 표명하면서 '소수자들'을 향해 손짓했다. 하지만 이는 어떻게 정치인들이 소수자들의 요구에 더 잘 반응하고 그들을 더 잘 대표할 것인지에 대한 질문을 제기하는 것은 아니었다. 이는 아마도 부분적으로는 이전에 정치체제 내에서 합법화와 대의(代議)의 성과를 거두었던 '차이'가 이제는 의미를 상실한 채 계급범주와 동격으로 인식되지 않았기 때문이었을 것이다. 물론 이는 또한 개인을 정치적 대표와 동일시하는 것에서부터, 즉 프랑스 공화주의는 대표성이 아니라 대의제에 관한 것이라는 주장에서부터 나온 것이었다. 그러나 이러한 전제들은 단지 맹목적인 것일 뿐이었다. 왜냐하면 차이에 대한 질문, 그리고 다르게 표상된 집단들이 정치적 영향력에 접근하는 것에 관한 질문이 위기에 대한 이러한 분석에서 놀랍게도 누락되었기 때문이었다. 이에 대하여 베르나르 라크로아(Bernard Lacroix)는 '위기' 논의가 한편의 구태의연한 정치인들과 다른 한편의 신진 언론인 및 사회학자들 사이에 새로운 세력 전선을 구축하면서 사실상 정치계급 내부에 있었기 때문이라고 주장했다.[74] 그의 견해에 따르면 민주주의의 진정한 문제—도대체 선거가 인구의 다양성을 위한 진정한 대의제를 제공해 줄 수 있는 것인지—는 논쟁에서 빠져 있었다.[75] 나는 정치계급과 국가 간의 괴리, 그리고 의회 권력의 약화 모두에 초점을 맞추는 것은 적어도 '이주민 문제'가 제기했던 환원할 수 없는 차이를 대표하는 것에 관한 질문들을 대체하는 한 방법이었다고 덧붙이고자 한다. '시민사회'는 분명히 그러한 질문들을 인식하는 간접적인 방법이긴 했지만, 이는 대의제 대(對) 대표성의 문제를 모호하게 만들기도 했다. 시민사회는 정치인들이 법을 제정할 때 명분으로 삼는 일반의지와 유사한 것인가? 아니면 대표되어야만 하는 다루기 힘든 다양성의 영역이었나? '시민사회'를 실체로 인식하는 것은 보다 급진적인 대표성 개념으로부터 주의를 흩뜨려 놓았다. 그리고 그것은 영원한 공화주의라는 신화를 그 자리에 남겼다. 그러나 이는 또한 다음과 같이 골치 아픈 새로운 문제들을 제기하였다. 정치인이라는 폐쇄적인 카스트가 추상적으로 대표할 수 없기 때문에 국가를 제대로 대표하지 않는다면 진정한 대의제에 도달하기 위해서는 어떻게 해야 하는가? 시민사회와 정치 간의 정당한 구분이 더 이상 존재하는가? 그렇다면 이 구분을 깨뜨리는 것이 유일한 개선책인가? 시민사회에 대한 정의가 아무리 모호하더라도 일단 운동 지도자(protagonist)라고 언급되고 나면 시민사회는 자신의 이름으로 발언권을 얻었다. 정당에서의 더 큰 역할과 선출 공직에서의 진출 증가를 오랫동안 요구해 온 여성들은 그 지도자들 중에서도 탁월했다.

제2장 할당제 거부

언론인들과 정치인들이 대의제의 위기를 분석하고 있을 때 페미니스트들은 정치영역에서 더 큰 역할을 요구할 기회를 포착했다. 이들은 자신들이 직면한 차별을 종식시키기 위해 정당 내부와 의회에서 여러 해 동안 여론을 환기시켜 왔던 여성들이었다. 그들의 목표는 의사 결정 과정에 보다 더 많이 진입하는 것이었다. 한편에서 그들의 주장은 이 대의제의 위기를 재촉한 문제인 시민사회와 정치인과의 관계, 그리고 북아프리카 출신의 시민권에 대한 질문과는 관련이 없었다. 여성은 이미 시민이었고, 문제는 북아프리카인이 시민일 수 있는가였다. 더구나 북아프리카인과 관련된 문제는 귀화 여부와 상관없이 그들이 공동체에 가지고 있는 충성심의 문제로 간주되었다. 이 충성심은 그것이 용인될 수 있는 사적 영역에서 용인될 수 없는 공적 영역으로 넘쳐흘러서 부작용을 일으키는 것으로 여겨졌다. 여성과 관련된 문제는 그들이 프랑스인이 될 수 있는가가 아니라 그들의 성(sex), 즉 '자연적인' 속성이었는데, 이는 버리겠다고 선택할 수 없는 것이었으며, 처음에는 시민으로서 다음에는 대표자로서 여성들이 정치에 참여하는 데 오랫동안 방해물로 여겨져 온 것이었다. 그런데 이 두 집단 사이에는 공통점이 있었다. 그것은 바로 그 집단들이 가지고 있는 차이였는데, 이것은 추상성을 방해하는 것으로 간주되었고, 그래서 국가 분열이라는 망령을 불러냈다. 페미니스트들은 국적법이 외국인들, 특히 알제리인들과 그 외 북아프리카인들을 그들의 공동체적 차이로부터 추상화할 가능성을 허용했다는 사실에 착안하여 여성을 성차로부터 추상화하려고 했다. 하지만 그들은 정치 게임의 규칙을 바꾸려는 시도에 성공하지 못한 채 20여 년을 보내고 나서야 비로소 이러한 전략에 도달할 수 있었다.

정당 내 여성 활동가들

1970년대와 1980년대에 여성 활동가들은 대중적인 페미니즘 운동의 일환으로 정당 내부에서 보다 많은 지도부 자리를 확보하고 선출 공직에 보다 폭넓게 진입하기 위해 지속적인 압력을 가했다. 조직화된 페미니즘 운동은 공식적인 정당정치 기구를 달갑게 여기지 않았으며, 이에 참여하는 것을 비난하는 경향이 있었다. 그러나 정당 내의 여성들, 특히 좌파 정당 진영의 여성들은 성에 기반한 차별을 종식시키기 위한 요구를 하는 데에 있어 마찬가지로 페미니즘적이었다. 정당 활동가들의 쟁점은 공평함의 문제로 정의되었고, 목표는 수적인 것이었다. 즉 선출 공직과 당내 지도부에 여성의 수가 증가해야 한다는 것이었다. 정치인들은 선출 공직에 보다 많은 여성들을 진출시키는 계획과 관련하여 최소한의 수사적인 공약을 내걸었는데, 여성 활동가들은 그러한 선거공약을 이행하도록 압력을 가했다. 그러나 여성 대표들의 숫자를 증가시키겠다는 기획은 골치 아픈 문제들을 제기했다. 예컨대 어떤 기준으로 평등을 향한 진보를 가늠할 수 있는가? 얼마나 많은 여성들이 대표가 될 것인가? 또한 이 숫자는 무엇을 의미하는가? 할당제는 공직에 여성의 수를 증가시키고 차별을 영원히 파기하는 과업을 이루어낼 것인가? 또한 할당제의 존재는 대의제 내에 차이화라는 받아들이기 어려운 개념을 도입하도록 했는가? 구체적인 사회적 차이들이 대의제에 필수적인 추상적 질서를 붕괴시키고 있었는가? 대표성이 대의제를 대체하고 있었는가? 이 기간 중에 제기된 '여성문제'는 차별이 자유민주주의에 제기하는 하나의 고전적인 질문을 보여준다. 즉 집단 정체성을 포함의 근거로 삼지 않으면서 어떻게 그러한 정체성에 기반한 배제를 교정할 것인가? 추상적 대의제의 양식에서 보자면 이 질문은 여성이 '개인'이 되기 위해 성차와의 연계로부터 충분히 분리될 수 있는가 여부에 관한 것이다. 1970년대와 1980년대에 여성에 대한 차별을 교정하기 위한 분투의 역사는 성적 차이가 추상적 개인주의라는 전통적 개념이 압도할 수 없는 방해물로서의 위험을 지녔다는 것을 보여준다.

우선 여성이 처한 상황에 대한 관심, 특히 정치영역에서 여성의 참여를 증가시키려는 시도는 '근대성'이라는 기치 아래 진행되었다.[1] 1965년에 프랑소와 미테랑은 자신과 자신이 속한 당을 프랑스의 '근대화'와 연결시킴으로써 드골주의자들로부터 좌파의 지도부 자리를 확보하기 위한 기나긴 정치적 여정을 시작하였다.[2] 드 골이 이미 근대화를 내세운 바 있었지만 그의 근대화는 국가와 대통령의 비호 아래 경제적·산업적 발전을 이룩하는 것을 의미했다. 그의 관점에서 근대화는 결국 사회적·

정치적 분열—국가적 합의를 통하기보다는 권력기구를 설치하는 것—을 요구하거나 그것으로 귀결되는 것이었다. 미테랑도 경제적 성장을 근대화와 동일시했지만 그는 '민주주의' 또한 강조했다. 경제적 성장이 있어야만 한다면 그것은 '평등'을 통해 성취되어야 할 뿐만 아니라, 노동자와 노동조합을 정책결정에 포함시키고 정치에서 정당이 보다 큰 영향력을 발휘하며 시민의 자유를 확대하고 개인들의 권리를 인정하는 것—그 예로 여성이 자신의 몸을 통제할 권리를 들 수 있는데, 미테랑은 피임과 낙태의 합법화 요구를 받아들였다—을 통해 이루어져야 하는 것이었다.

지지표를 확보하려는 과정에서 미테랑은 그가 세우고 있었던 좌파 정당들의 정치적 제휴를 위해 새로운 유권자들을 동원해내고자 하였다. 이들 중에서 확실한 표적은 바로 여성이었다. 여성들은 유권자 중 52%에 해당했으며, 향상된 교육적·직업적 성취와 낮은 임금 및 시민적 지위 사이의 모순을 경험하고 있었기 때문이다. 1960년대까지 고등교육을 받은 여성들은 공적·사적 영역에서 교사, 간호사, 사회복지사, 사무직 노동자로서의 경력을 추구했다. 법적으로는 동등한 대우가 보장되어 있었지만 여성들의 임금은 항상 남성들보다 낮았다—1968년에는 대략 34%가 낮았다.[3] 게다가 1965년에 결혼법이 개정된 이후에도 부권이 가정을 지배했다. 자녀에 대한 권리는 아버지가 가졌으며, 부부가 어디서 살 것인지를 결정하는 것도 남편의 독점적인 권리였다. 그리고 1804년 이래로 그래왔던 것처럼 여성의 혼외정사는 남성의 혼외정사보다 더 무겁게 처벌되었다. 성적인 실천들은 변화하기 시작했지만 피임과 낙태를 금지한 1920년의 법은 여전히 유효했다. '평등'이 '근대성'의 신호라면 여성의 지위는 후진성의 척도였다. 1965년 미테랑은 《20세기 여성》[*La Femme du 20e siècle*, 민주여성운동단체 〈여성 세포(cell of women)〉[4]의 저널]과의 인터뷰에서 여성에 대한 처우를 개선하겠다는 공약을 천명했다. 그는 "여성들 자신도 잘 모르지만 여성들은 근대 정치의 중심에 있다"라고 말했다. "여성들은 정치가 그들의 미래에 영향을 미친다는 것을 알아야만 한다."[5] 이 진술은 여성이 개인으로서 체제에 흡수될 수 있다는 것을 가정함과 동시에 다음의 두 가지 방식으로 정치가 가지고 있는 젠더화된 본질을 드러낸다. 첫째, 전형적으로 여성 [삶, 죽음, 성(sex), 생식, 건강 등 마르셀 고셰가 '생명의 이치(l'ordre vital)'라고 언급한 것들]과 관련된 문제의 정치적인 중요성이 증가하고 있다는 것을 인식하고 있다.[6] 둘째, 무엇이 행해져야 하는지를 아는 사람은 여성이 아니라 미테랑이라는 것이다. 여성은 하나의 집단이지만 미테랑은 "후견자적인 아버지"[7]이자 개인인 지도자이다. 그는 자신의 목표가 비공산주의 좌파의 중심에 여성을 위한 장(場)을 여는 것이라는 내용의 논평을 잡지에 실을 때조차도 "여성들 자신은 잘 모르지만" 여성이 근대 정치의 중심에 있다고 쓴 바 있다.

여성이 '근대 정치의 중심'이라는 미테랑의 주장은 우파 정치인들 사이에서 반향을 불러일으켰는데, 특히 1974년 대통령으로 선출된 발레리 지스카르 데스탱에게 그러했다. 이 당시 선거는 팽팽한 접전 속에 이루어졌는데, 정치인들은 '젠더 격차'라고 명명되기도 전에 그것을 인지했으며,[8] 1970년대 여성해방운동의 절정기에는 여성들이 (희망이 전혀 없는 가부장적인 것으로 간주되는) 정치를 완전히 그만두거나 여성들 자신의 정당을 만들라는 주목할 만한 압력도 있었다. 이러한 선거전에서 여성들은 보다 적절한 대의제에 대한 약속과 함께 정치인들로부터 구애를 받았고, 여성들을 위한 몇몇 이권도 허용되었다. 이 선거에서 20% 이상의 득표를 할 수 있었던 공산당에서는 '여성화' 실천이 제2차 세계대전 이

후부터 시작되었다. 그리고 공산당이 여성에게 지도부 역할과 공직 출마를 허용하는 것에 보인 분명한 관심은 의심할 여지없이 다른 정당들로 하여금 조치를 취하도록 자극했다. 그래서 미테랑은 당 내에서 여성들을 전국 지도부에 진출하도록 독려하고 여성문제를 파악하고 조치를 취할 위원회를 구성하도록 장려했다. 반면, 지스카르와 그의 수상인 자크 시라크는 처음으로 여성 장관직인 여성 지위 담당 정무차관[9] 자리를 만들어 그 자리에 [장-자크 세르방-슈레이버(Jean-Jacques Servan-Schreiber)와 함께 뉴스 잡지《렉스프레스(*L'Express*)》를 창간한] 언론인 프랑소와즈 지루(Françoise Giroud)를 임명했다. 그리고 낙태를 합법화하는 논쟁을 성공적으로 이끈 시몬느 베이유(Simone Veil)를 보건부 장관으로 임명했다.[10] 장관 임명에 관한 대통령의 특권은 정당 내부에 존재하는 여성들에 대한 강력한 저항을 피해갈 수 있는 효과적인 방법이었다. (미테랑 또한 1981년 당선되었을 때 이런 전략을 구사했다.) 대통령에 의한 임명은 선출 공직에의 여성 진입을 장려하는 데에 그다지 큰 역할을 하지는 않았지만 여성이 정치 게임을 할 수 있는 개인이라는 것을 보여주었고, 미래 정부를 위한 기준을 마련하였다. 그럼에도 불구하고 지스카르는 이러한 조치에 대한 정치인들의 조직화된 저항을 잘 알고 있었다. 그리고 보다 일반적으로는 여성들을 위한 몇몇 자리를 따로 마련해 두는 것이 가지고 있는 한계 또한 잘 알고 있었다. 그는 "자리는 제한되어 있고 공약은 넘쳐난다. 정치 풍토는 여성 장관들을 위한 자리를 따로 준비하는 것으로 인해 이 문제를 더 복잡하게 만들 이유가 없다고 본다"고 썼다.[11] '정치 풍토'는 정의상 오랫동안 남성집단이었으며 대표자로서의 지위는 자동적으로 남성적인 것이었다.

정치인들이 여성에게 호소하는 데에 다양한 동기를 표현했다고 하더라도 그들은 한결같이 정의(正義)와 평등을 불러낸다. 평등은 차별을 종식시키는 것으로 느슨하게 정의되었고, 근대성 혹은 근대화와 결합하여 대개 공평함(fairness), 여성문제로 정의(定義)된 것에 대한 더 많은 관심, 임금 노동자, 아내, 어머니, 정당 구성원으로서의 여성에 대한 더 나은 대우, 그리고 정치적 몫을 여성에게 더 많이 할당하는 것을 의미했다. 그러나 만일 평등이 여성도 추상적인 개인으로 간주될 수 있다는 것을 의미하게 된다면 성차는 정치인들의 계산과 결코 다르지 않았을 것이다. 예컨대 지스카르는 선구적인 여성 장관 임명을 정당화하는 방식으로 남성과 다른 여성의 집단적 차이를 강조하면서 여성이 정치영역에서 뚜렷하게 구별되는 공헌을 한다고 말했다. 그는 정치적 여성은 "우리의 공적 삶에 있어 지금 부족한 것, 즉 더 광범위한 현실주의, 판단을 내리기까지의 섬세함, 일상의 현실에 대한 더 정확한 감각을 가져다 줄 수 있을 것이다"12)라고 말했다. 이러한 진술은 여성이 체현하고 있는 차이가 정치적 삶에 유용한 점이 있다고 암시하지만 다른 이들을 대표할 수 있는 여성들의 능력, 즉 개인이라는 보편적 원형(原型)으로서의 그들의 지위를 암시하지는 않는다. 오히려 여성은 일련의 특유한 속성을 가지고 남성이 수행하는 (보편적) 직분을 보충한다는 것이다. 미테랑은 상대적으로 덜 본질주의적인 생각을 갖고 있었는데, 여성의 경제적 착취를 종식시킬 필요성을 강조했고, 1982년에는 이미 10여 년 전 패션 잡지 《엘르(Elle)》가 후원한 〈전국여성대표자회의(Estates General of Woman)〉에서 제안했던 정치적 포함이라는 목표를 승인했다. 하원의원들은 여성이 입법부 내에서 주목할 만하게 모습을 드러낼 때에야 비로소 여성문제에 관심이 주어질 거라고 주장하면서 "여성 유권자 비율에 상응하는 [여성들을 위한] 대의제"13)를 목표로 삼았다. 미테랑은 여성 유권자들과 사회당 내에 있는 호전적인 페미니스트들에게 반향을 일으키면서 "여성들은 완전하게, 그리고 그들의 사회적 역할 및 인구에서 차지하는 비율과 더 밀접한 연관 속에서 시민적 책임에 접근해야 한다"[14]고 언급했다. 이 지점에서 대의제에 포함되는 사회적 차이에 대한 생각은 추상적 개인들의 상호 가역성에 대한 공화주의적 사고와 반드시 충돌하지는 않았다. 왜냐하면 비례(proportionality)는 개인들에게 돌아가는 공평함을 평가하는 하나의 방식이지 집단을 대표하는 방식은 아니기 때문이었다. 여하튼 미테랑의 발언은 실제적인 제안이라기보다는 비현실적인 희망이었다. 대의제의 왜곡을 바로 잡는 수단으로 할당제를 활용하여 차별과 맞붙을 것을 제안한 이들은 바로 여성 활동가들이었다.

할당제

자발적 또는 강제적 할당제를 실시하는 것이 여성에 대한 차별을 시정할 수 있을 것이라는 생각은 1974년 사회당에 의해 처음 채택되었다. 할당제는 1975년 유엔 여성 10년(United Nations Decade for Women) 회의에서 나온 적극적 조치 권고안 중에 있었다. 또한 프랑스가 1983년 비준한 유엔 여성차별철폐협약(UN international convention on the elimination of discrimination against women, CEDAW)에는 특별한 잠정적 조치들이 구체화되어 있었는데, 이 조치들은 할당제라고 언급되어 있지 않지만 이에 상응하는 것이었다.[15] 할당제에 대한 유엔의 입장은 차이가 배제의 기반으로는 수용될 수 없지만 포함을 달성하기 위한 잠정적인 방법으로는 필요하다는 것이었다. 그래서 할당제를 활용하는 것은 특정 집단의 구성

원을 하나의 집단으로 간주함으로써 궁극적으로는 집단적 정체성으로
부터 추상화시키고 개인으로 대우하기 위한 역설적 의도를 가지고 있었
다. 이는 제안자가 주장했듯이 차별을 종식시킬 기법이자 긍정적인 차별
의 형태였다.

　　1980년대에 프랑스 정치인들 사이에서 이루어졌던 할당제에 대한
토론은 차이 자체에 대한 질문이 아니라 수량에 관한 질문으로 엉망이
되었다. 여성을 대표할 수 있는 적절한 비율은 어느 정도인가? 할당제는
젠더, 많은 수의 여성 당원, 당 활동가, 유권자에 관하여 어떤 현실을 반
영해야만 하는가? 주요 정당들은 보편주의적 철학에 얽매여 차이를 인
정하는 데 반감을 가지고 있었기 때문에 어느 곳에서도 당원에 관한 젠
더 통계를 집계하지 않았고, 이에 할당제가 무엇을 의미하는지는 명확하
지 않았다.[16] 집단마다 각각 다른 준거를 활용하는 것으로 보였고, 어떤
집단들은 임의로 숫자를 정하는 것 같았다. 사회당의 경우 선출 공직 후
보자보다는 당 지도부에 할당제를 도입하고자 하는 요구가 더 컸다. 그
러나 그 준거가 무엇이든 간에 할당제에 대한 모든 토론들은 매우 광범
위하게 여러 가지 수용가능한 한계들을 표현하는 전술적 방법들을 도입
했다. 페미니스트들이 제안한 비율은 완전한 평등의 길로 향하는 출발점
으로서 간신히 받아들여질 만한 최소한을 의미했다. 이때 완전한 평등
은 성차가 더 이상 배제의 근거가 되지 않고 공직에 선출된 남성과 여성
의 수가 거의 같을 때를 말한다. 한편, 당 지도부가 제안한 비율은 상상할
수 있는 최대한의 양보였다. 이는 일종의 상징적인(token) 방식으로 차별
을 교정할 필요성에 대해 마지못해 인정하는 것이었지만, 남성만큼 여성
도 선출 공직자로서 국가를 대표할 능력이 있다는 생각을 허용하는 것
은 아니었다. 할당제를 둘러싼 투쟁은 여성 활동가들에게 차별을 종식시

키겠다고 하는 남성 정치인들의 공약이 갖는 한계와 임의적이며 점진적인 조치의 무익함을 알려주었다. 할당제는 '모욕적'이고 '심지어 해로운' 것으로 거부됨으로써 페미니스트 활동가들에게 환영할 수 없는 것이 되었다. 벨기에 법학자 엘리안 보겔-폴스키(Eliane Vogel-Polsky)는 벨기에와 프랑스의 경험을 반추하면서 "일단 할당제가 성취되면 그것을 넘어서는 것은 불가능해진다. 왜냐하면 그것은 평등에 도달하려는 것으로 인식되지 않기 때문이다"라고 쓴 바 있다. "할당제의 목적은 '받아들여질 만한' 타협점을 찾는 것이지 그 이상은 아니다."[17] 할당제에 대한 정치인들의 태도는 받아들일 수 없는 국가(body politic)의 분열과 여성을 연결짓는 것이 갖는 영속성을 드러냈다. 평등에 대한 모든 긍정적인 발언에도 불구하고 여성의 성차는 여전히 공화주의적 통일체라는 상(像)과 불화하는 대립으로 상징화되었다. 할당제를 둘러싼 투쟁은 몇몇 페미니스트들로 하여금 진정한 평등이 성취되려면 뭔가 더 급진적인 것, 즉 대의제를 탈성화(unsexing)함으로써 이러한 상징에 대처할 수 있는 어떤 것이 필요하다는 확신을 갖게 만들었다.

프랑소와즈 지루는 「여성을 위한 100가지 조치(One Hundred Measures for Women)」(1976)를 통해 지방의회 선거에서 한 성(sex)의 후보자가 85% 이상을 넘지 않도록 해야 한다고 제안하였다. 지방의회 선거는 여성들을 교육하고 더 광범위한 정당활동으로 인도하여 향후 다른 선출 공직에서 경쟁할 수 있는 광범위한 여성 정치인 인력풀을 만드는 첫 걸음으로 여겨졌다. 또한 지방의회 선거는 보다 여성적인 영역으로 간주되었다—지역적이며 가족, 교육, 복지와 관련된 문제를 다루고 지리적으로 가정(home)과 가까운 영역, 즉 어떻게든 안락한 가정(domestic hearth)이 확장된 영역으로 이해되었던 것이다.[18] 한 성의 후보자 수에 제한을 두자는 표현은 유독 한 성을 나머지 다른 성보다 우선적으로 비호하거나 선호하는 현상을 막으려는 의도를 가지고 있었다. 또한 그 표현은 대의제의 적절성에 대한 질문이기도 했다. 대의제가 절대적으로 남성적이라면 이는 제한적이며 따라서 추상적으로 대표하기에는 부적절한 제도가 된다.

지루의 계승자 중 한 명인 모니크 펠레티에(Monique Pelletier)는 1979년 지방의회 선거의 후보자 명부에서 한 성의 후보자를 80%로 제한할 것—이는 여성 20% 할당을 의미했다—을 제안했다. 이듬해 보수당 수상 레이몽 바르(Raymond Barre) 정부는 펠레티에의 제안을 이행하도록 하는 법안을 하원에 제출했다. 그 법안은 검토되기는 했지만 그 다음 단계인 표결에 부쳐지지는 않았다. 이를 두고 르몽드(Le Monde)의 한 논설가는 다가오는 대통령 선거를 위해 여성들의 지지를 강화하기 위한 상징적인 제스처에 불과할 뿐이었다고 단정지었다.[19]

사회당 내에서는 우파에 대항할 필승전략을 찾는 와중에 할당제 문제가 당 지도부와 페미니스트들 간에 중요한 협상 카드가 되었다. 1975년에 여성 활동가들은 평등에 대한 미테랑의 공약과 지난해 당의 10% 할당에 대한 승인을 문자 그대로 믿으면서 당직과 선거 후보자 명부에서 여성들이 더 증가해야 한다고 주장했다. 그러나 1977년까지 얻은 것은 아무 것도 없었다. 이후 당의 베테랑 활동가인 이베트 루디(Yvette Roudy)가 당 서기관이 되자 페미니스트들은 전당대회에 새로운 요구들을 가지고 복귀했는데, 그 중 하나가 이번에는 당 내 여성 숫자를 반영한다고 감안된 20% 할당제였다. 15% 할당 결의안이 어떤 토론도 없이 통과되자 페미니스트들은 연좌시위와 기자회견으로 이러한 과정을 무화시키겠다고 위협했다.[20] 여성 당원들이 가진 불만에 대한 공식적인 조사를 피하기 위해 당 지도부는 루디에게 문제 해결의 전권을 위임했다. 그녀는 페미니스트들과 치열한 협상을 벌였다. 그 결과 15% 할당을 유지하되 루디의 직위를 당 내 최고 수준으로 승격시키고 내년에 열리는 정기총회에서 당이 고려해야 하는 주요한 여성 정책 초안을 마련하도록 요구하자는 타협안이 도출되었다. "협상 결과 여러분들은 지금 15%만 차지하고 있지만 정기총회를 얻게 될 것이다."[21] 사회당은 여성에 대한 처우를 개선할 필요를 인정했지만, (15%를 고수함으로써) 여성들에게 시민을 대표할 수 있는 가능성을 부여하는 것은 거부했다.

　　1977년 3월 지방의회 선거에서 사회당이 승리했지만 공직에 선출된 여성의 숫자는 증가하지 않았다. 이때 사회당에서 배출한 선출직 시장의 1.9%만이 여성이었다. 이런 분위기 속에서 1978년 페미니스트들은 이미 분열된 당 내에 이번에는 〈제3의 흐름(le courant 3)〉이라는 조직을 구성하려고 했다. 〈흐름〉이 공식적인 인정을 받으려면 전당대회에서 적어도 대의원 5%의 지지를 얻어야 했고, 그래야 발의권 및 후보자 명부를 제시할 수 있는 지위를 가질 수 있었다. 당시 미테랑이 이끄는 다수파와 장-피에르 슈베느망(Jean-Pierre Chevènement)이 이끄는 소수파 이렇게 두 개의 주요한 〈흐름〉이 있었다. 세 번째 〈흐름〉을 위한 계획은 여성의 목소리가 사회당 내에서 가장 잘 반영될 수 있는 방법에 대한 강도 높은 논쟁을 유발했다. 예컨대 자신의 의견을 거침없이 개진하는 기존 〈흐름〉의 구성원으로서 모든 부분에 여성문제를 끼워넣는 방식이 나은가, 아니면 분리된 이익집단으로서 그렇게 하는 방식이 나은가? 모든 정당 내에서 여성들의 영향력을 증가시키기 위해 우파쪽 여성들과 공산당 내 여성들을 아우르는 압력집단을 만들려고 했던 시도도 있었다. 프랑소와즈 가스파르는 이러한 시도를 전해들은 미테랑이 낌새를 채고 그녀에게 전화해서 "누구의 이름으로 협상하고 있는 것이오?"라고 물었다고 회상했다. 그녀는 "그 질문은 사회당의 당수가 여성들이 지도자로부터 권한을 위임받지 않고 정치를 할까봐 두려워하고 있음을 보여준다"고 말했다.[22] 결국 페미니스트들은 통합된 채로 남을 것인가 아니면 분리할 것인가를 두고 분열되었다. 다시 한 번 루디가 타협안을 제안했다. 유럽의회 대의원 선출을 위해 예정되어 있는 선거에서 사회당 후보자 명부의 30%를 여성에게 할당한다는 것이었다. 〈제3의 흐름〉 대변인인 가스파르는 "유럽 시민의 절반은 여성"이기 때문에 50% 할당만이 받아들일 수 있는 수치라고 답변했지만, 당 지도부 회의 도중 복도에서 루디와 팽팽한 대화를 나눈 끝에 타협안을 받아들였다. [50%라는 기준은 유권자를 기준으로 한 것이지 당원이나 정당 내 활동가를 기준으로 한 것은 아니었다. 그리고 페미니즘 운동의 평등주의 구호인 "세상의 절반은 여성이다(one of every two men is a woman)"를 반영한 것이었다.][23] 1979년 유럽의회 선거에서 사회당은 30%가 여성인 후보자 명부를 제출했지만 이는 오래가지 못했다. 1984, 1986, 1989년 선거에서 여성 후보자들이 조금이나마 있기는 했지만 이들은 명부의 맨 아래에 있었다.[24] 당 지도부는 할당제가 위헌이라고 한 1982년 헌법위원회의 결정을 강조함으로써 자신들의 나태함을 정당화할 수 있었다.

헌법위원회의 판결

1982년 당시 대통령은 미테랑이었고 사회당원들은 하원에서 다수를 차지하고 있었다. 대통령 선거와 그후에 있었던 하원 선거 기간 동안 여성 대표를 증가시키는 것에 관한 많은 약속이 있었지만 1981년 6월 선출된 491명의 하원의원 중 단 26명만이 여성이었다.[25] 지방의회 선거절차를 개정하는 법안이 할당제에 대한 어떠한 언급도 없이 7월에 하원에 제출되었을 때, 사회당 소속 의원이자 페미니스트 법률가인 지젤 알리미(Gisèle Halimi)는 이의를 제기했다. [그녀는 여성 후보를 천거하기 위해 1978년에 〈선택(Choisir)〉이라는 모임을 만들었으나 1981년에 사회당원으로 출마했었다.] 알리미는 지방의회 의석 수의 70% 이상이 한 성에 의해 점유될 수 없다는 것을 명시한 개정안을 제출했다. 30%라는 수치는 세력균형을 좌우할 수 있는 여성의 임계치(critical mass)를 만들기 위해 필요한 최소치로 여겨졌다.[26] 사회당은 알리미가 제안한 수치를 재빨리 75%로 바꿨다. 의원들은 유권자의 선택의 자유가 제한되지는 않을지, 여성들이 하나의 '범주'로 다루어짐으로써 불이익을 받는 것은 아닐지, 그리고 가장 중요하게는 개정안이 합헌인지에 관해 우려하며 논쟁을 벌였고, 결국 그 법은 2차 심의를 무사히 통과했다.[27] 그 당시에 몇몇 의원들은 할당제와 아무런 관련이 없는 그 법 조항의 합헌성을 판결해달라고 요청했다. 여성 구성원이 없었던 헌법위원회는 회의를 열었고, 통상적인 절차와는 다르게 문제가 된 조항뿐 아니라 법안 전체를 검토했다. 1982년 11월 18일, 할당에 대한 언급이 적법하지 않은 것으로 무효화되었고, 법안의 나머지는 그대로 남았다.[28]

되돌아보면 당시 페미니스트들은 이러한 결정이 좌우파를 막론하고 남성 정치인들이 취하는 위선적인 방식이며 얼마나 분통터지는 일인지를 알았다. 그 법에 대해 논쟁하는 동안 하원의원들이 통과시켜야 한다고 생각은 하면서도 그 조치를 무효화시키기 위해 헌법위원회에 기대를 걸 것이라는 조짐이 분명히 있었다. 법학자 다니엘르 로샥(Danièle

Lochak)은 당시의 많은 하원의원들이―심지어 할당제에 찬성표를 던졌던 하원의원들조차―할당제의 합헌성이 의심스럽다고 언급했음을 지적했다. 할당제가 보편적 참정권을 훼손하고 용납할 수 없는 '범주'에 따라 시민들을 나누고 새로운 형태의 차별을 창안했다는 것이었다. 내무부 장관은 알리미의 개정안이 결국 무효화된 것이 그 법의 나머지 부분을 통과시키는 데 방해가 되지 않도록 하기 위해서는 그 개정안이 별도의 조항으로 마련되어야 한다고 요구하기까지 했다.[29] 그리고 새로이 선출된 하원의원인 프랑소와즈 가스파르는 하원의 사회당 간부회의 수장인 피에르 족스(Pierre Joxe)가 하원의원들이 투표를 하고 있는 중에 반대자들에게 가서 할당제가 결국은 위헌으로 판명날 것이라고 확신시킴으로써 반대표를 지켰다고 기억한다.[30] 문제를 헌법위원회의 결정에 맡김으로써 하원은 할당제를 실행하지 않고서도 페미니스트들의 의제를 지지하는 것으로 보일 수 있었다. 프랑스민주주의연합당(Union for French Democracy, UDF, 1978년 지스카르 데스탱이 설립한 중도 우파 정당)에 속한 한 하원의원은 자신은 법안에 찬성표를 던질 것이지만, 이전의 레이몽 바르 정부가―충분하지는 않았다 하더라도―처음으로 그 문제를 의결했음에도 사회주의자들이 여성들에게 지방의회 의석을 개방한 공로를 인정받을 것이라는 사실이 유감스럽다고 단언했다.[31]

헌법위원회 판결의 근거는 제5공화국 헌법(Constitution of the Fifth Republic, 1958)과 (미국의 권리장전과 비슷한 위상을 갖는) 프랑스인권선언(Declaration of the Rights of Man and Citizen, 1789)이었다. 제5공화국 헌법의 제3조는 국민 주권에 관한 것인데, '보통, 평등, 비밀' 선거권이 양성의 성인 시민 모두에게 ("법에 의해 정해진 조건 하에서") 개방되어 있으며, 이는 부인될 수 없음을 명문화하고 있다. 프랑스인권선언 제6조는 다음과 같이 표명하고 있다. "법은 일반의지의 표현이다. 모든 시민은 직접 또는 대표자를 통하여 법의 제정에 참여할 권리를 갖는다. 법은 보호나 처벌에 있어 모든 사람에게 동일한 것이어야 한다. 모든 시민은 법 앞에 평등하므로 그 능력에 따라서, 그리고 그들의 덕성과 재능에 의한 차별 이외에는 평등하게 공적인 위계, 지위, 직무 등에 취임할 수 있다."[32] 이 두 개의 조항을 결합하여 헌법위원회는 헌법이 이미 여성을 주권을 가진 국민의 일부로 간주하고 있다고 결정했고, 할당제는 용인할 수 없는 성의 구분을 확립하므로 주권을 위한 통합을 위협할 뿐만 아니라 프랑스인권선언 제6조에 명시된, 능력에 따른 직업선택이라는 의미에 위반된다고 판결했다. 이 두 문서를 결합함으로써 위원회는 추상성에 기반한 혁명적 전통의 불변성과 지속성에 기대고 있는 국가상을 승인했다. 즉 추상적 개인이 국민 주권을 구현하고 있다는 것이다. 헌법위원회의 위원들이 판정하기를, 할당제의 목표라고 일컬어지는 것이 정확하게 공직 진출에서의 평등을 실현하려는 것이라 하더라도 헌법의 원칙은 "어떤 범주로 유권자나 후보자를 구분하는 모든 것에 반대한다"는 것이었다.[33]

헌법위원회의 판결에 대하여 비평가들은 할당제가 헌법적인 문제가 아니라 개인으로서의 '덕성과 재능'이 한 세기 이상 비가시화된 채로 남아 있는 여성들이 활동할 수 있는 장(場)을 평등하게 만들기 위해 고안된 정치적인 문제라고 단언했다. 여하튼 프랑스인권선언은 봉건적 특권을 철폐하기 위해 작성되었는데, 인권선언의 저자들은 여성 시민이라는 생각을 받아들이지조차 않았고, 따라서 성(sex)에 기반한 불평등을 다룰 수 없었다. 또한 비평가들은 사법기구가 할당제의 기능을 무시했다는 증거로 헌법위원회의 논리가 갖는 취약함을 지적하였다. 할당은 여성의 권리를 실현하기 위한 실질적인 조치이자 최후의 수단이었다. "이것은 다른 모든 수단이 실패했을 때 상황을 돌파할 궁극적인 수단"인 것이었다.[34] 그리고 할당제는 어느 누구의 투표권도 부정하지 않았다. 이전에도 공직 자격에는 제한이 있었다. 예컨대 친인척들이 같은 지방의회에 소속되어 있을 수는 없었으며, 후보자들은 주거 요건을 충족시켜야만 했다. 게다가 후보자 명부의 존재 그 자체가 유권자의 투표권 행사에서 선택지를 제한하는 것이었다. 법 문구는 한 성보다 다른 한 성을 선호하지 않았다. 단지 후보자 명부에서 어느 한 성이 80% 이상을 차지할 수 없다고 표현했을 뿐이었다. 여성이 인구의 절반이기 때문에 이는 불가능한 수적 요구—수적으로도 소수인 다른 소수자 집단에서는 불가능한 요구로 여겨질 법한 요구—를 제기한 것이 아니었다. 그리고 법은 이미 시민의 특성으로서 성을 인정했기 때문에 새로운 분리가 창안된 것도 아니었다(대조적으로 법은 인종과 종교에 기반한 차별을 금지했지만 인종과 종교를 시민의 특성으로 인정하지는 않았다).[35] 실제로 헌법위원회의 판결에 대하여 많은 비평가들이 성차는 다른 모든 범주들을 가로지르기 때문에 프랑스인권선언의 저자들이 두려워했던 종류의 사회적 분리와는 관련이 없는 사안이라고 주장했다. "엄밀히 말해서 여성은 청소년, 노인, 장애인과 같은 사회적 '범주'를 구성하지 않는다."[36] 다르게 표현하자면 여성은 남성과 다른 성(sex)이지만 개인이라는 것이었다.

이 주장은 법안에 관한 하원에서의 논쟁 당시 이미 제기되었지만 무시되어 온 듯했다. 대신 헌법위원회는 공화국연합당(Rally for the Republic, RPR, 드골주의를 계승한 당)에 속한 하원의원 세르즈 샤를(Serge Charles)과 의견을 같이 했다. 그는 최종 투표에서 기권하면서 시민의 범주가 늘어나는 것이 갖는 위험을 험악하게 경고했다. "시민은 단일하며, 그렇게 남아 있어야만 한다. 당신들이 택하려는 길은 위험하며, 그 길은 내가 감히 상상할 수도 없는 근본과 성질을 지닌 다른 분류를 언젠가 작동시키도록 이끌 것이다."[37] 소위 '위험한 경사(傾斜)' 주장은 여성 혐오적(여성은 프랑스의 온전함에 상상할 수 없이 치명적인 혼돈을 열 것이다)이고 엘리트주의적(사회적 '타자'의 존재가 의회를 더럽히는 효과)이었지만, 이 주장은 혁명적 전통에 포함된 추상적 개인주의의 신성화된 원칙이라는 기준에 기대고 있었다. 시민은 단일한 개인이며 그렇게 남아 있어야만 한다. 따라서 시민(him)을 분리하고 시민의 범주를 증가시키려는 모든 시도는 저지되어야만 한다. 사실상 헌법위원회는 성차가 추상화될 수 없는, 어찌할 수 없는 차이이기 때문에 차별의 원인으로도 인정될 수 없음을 암시했다.

1982년 이후 할당제를 합법화하려는 시도는 더 이상 없었다. 비록 할당제가 1990년대에 선거운동 책략으로 동원되고 '남녀동수'를 허용하지 않으면서도 페미니스트들의 요구를 들어주는 것처럼 보이는 방식으로 이용되었다 하더라도 말이다. 그 당시 정당들은 할당제가 실로 현실적인 정치적 문제로서, 많은 여성들의 표를 얻으면서 몇몇 여성들을 정치에 진출하게 하는 방식이라고 암시하면서 헌법위원회의 논리를 무시했다. 그러나 정당들의 (의협심만 있지 비현실적인) 자기 이익 추구가 여성이 선출 공직에 동등하게 진입하는 것을 보증하는 데 부적절하다고 생각한 사람들에게 합헌성 문제는 하나의 도전으로 남아 있었다. 그들은 오직 법만이 차별을 종식시킬 수 있다고 결론지었다. '남녀동수'를 위한 운동이 1990년대 초에 그 법을 요구하는 것으로 모양을 갖추어 가면서 이 운동은 무엇이 여성에게 동등한 기회인가에 대한 자의적인 제한인 할당제를 명백하게 거부했을 뿐만 아니라 성차와 추상적 개인주의의 관계를 본격적으로 제기했다.

헌법위원회의 판결은 평등이 이행될 수 있는 방식에 중요한 영향을 미쳤다. 왜냐하면 이 판결은 추상적인 철학적 원리의 이름으로 적극적 조치를 위한 구체적인 주장을 계속하기 어렵게 만들었기 때문이었다. 프랑스 공화국의 보편주의라는 이름 하에 사회적 차이는 차별을 시정하기 위한 조치를 취하는 데 있어서 받아들일 수 없는 근거로 간주되었다. 국가의 온전성은 통합에 달려 있었다. 즉 그것은 차이를 인정할 수 없었다. '남녀동수' 전략가들은 법을 통과시키기 위해 공화주의의 경계를 유지하되 그 조건을 바꾸는 방식을 찾아내야만 했다. 이것이 결국 그들이 추상적 개인주의의 원리를 시인하면서 개인의 이원성을 급진적으로 주장한 방식이었다. 그들은 개인이 하나가 아니라 남성과 여성, 이렇게 둘이라고 주장했다.

미테랑 집권기

'남녀동수'의 근거를 마련하는 데 있어서 미테랑이 대통령으로 집권했던 14년은 정당정치의 영역에서는 페미니스트들을 만족시키지 못했지만 이들의 주장이 타당하다는 것을 승인함으로써 큰 공헌을 했다. 1981년 미테랑의 당선은 페미니스트들, 특히 사회당 내에서 오랫동안 변화를 위해 활동해 왔던 이들에게 큰 기대를 품게 했다. 대통령으로서 그가 처음 취한 조치 중 하나는 이베트 루디를 여성 권리 담당 정무차관에 임명한 것이었다. (여러 자리에 여성들이 추천되었음에도 미테랑이 단 한 명만을 선택했던 것은 집권 초기였지만 몇몇 페미니스트들을 주춤거리게 했다.)[38] 루디가 수상에게 직접 직무 보고를 한다는 사실은 그녀가 이전 세대 페미니스트들보다 더 영향력이 있음을 나타냈으며, 크게 증가한 예산 또한 그러한 영향력을 보여주었다. 무엇보다도 예산은 페미니스트 학자들과 활동가들이 여성 이슈를 보다 가시화하는 데 일조했다. 루디는 시민과 가족에 관한 법조항을 수정하고 국가가 낙태하는 여성에게 해당 비용을 지원하도록 하며 성희롱과 직업에서의 차별을 금지하는 법을 제정하도록 강력하게, 그리고 성공적으로 밀어붙였다.[39] 그녀의 부서는 입법부가 개선해야 하는 여성과 남성 간의 불평등에 관한 자료를 제공하면서 임금과 고용에서의 차별에 대한 연구에 예산을 지원했다. 행정부에서의 이러한 진보는 정치분야에서의 지체현상을 더 눈에 띄게 만들었다. 사회당은 여성 후보자 출마와 선출에서 그들과 대항하고 있는 다른 정당들보다 나은 것이 거의 없었다.

사회당이 다른 좌파 정당들과 연합했던 1981년 의원 선거의 경우 여성은 좌파 후보자들 중에서 8.5%를 차지했다. 그리고 모든 정당들을 놓고 보면 여성 후보자 비율은 전체의 11.9%였고, 실제로 선출된 사람들 중에서 여성은 5.3%였다. 1986년에는 후보자 수가 상당히 증가했는데, 그 직전 해의 선거법이 모든 선거에 비례대표제를 도입하는 것으로 바뀌었기 때문이었다.[40] 모든 정당 후보 중에서 여성은 24.7%를 차지했지만 선출된 비율은 5.9%에 불과했다. 여성이 정당 후보자 명부의 아래 순번에 배치되어서 그들이 속한 당이 우세한 경우에도 의석을 확보할 기회를 거의 가질 수 없었던 것이었다.[41] 두 명의 정치학자는 이 선거에 대해 다음과 같이 논평했다. "1986년 3월에 일어난 이중으로 이상한 일은 여성 후보자들의 숫자와 선출되지 않은 여성들의 숫자가 둘 다 기록적이라는 것이다."[42] 미테랑은 비례대표제의 효과에 관한 토론이 있을 때마다 여성이 새로운 절차의 최대 수혜자가 될 것이라는 말을 꺼냈다. (사실이 당시 사회당원들의 관심사는 실질적인 것이었다. 그들은 다수석을 지키고 중도 우파를 약화시키는 것에 관심을 가졌지, 성별을 고려한 대의제에는 거의 관심이 없었다.)[43] 선거결과는 미테랑이 틀렸고 그와 의견을 달리한 루디가 옳았음을 증명했다. "당 지도부가 선거를 좌우하는 조건이 아니라야 비례선거제는 여성에게 좋은 것이다."[44] 지방 당 지도부가 명부를 작성하는 한 여성들이 선출될 가능성은 거의 없었다. 왜냐하면 당의 승리에서 수혜를 입기에는 그들의 이름이 명부에서 너무 아래에 있기 때문이었다. 여하튼 비례대표제는 1986년에 좌파에게는 도움이 되지 않았다. 다시 우파가 권력을 장악했다. 우파 정당들은 1988년 하원의원 선거에서 다수석을 회복했고 여성 후보의 숫자는 이전 수준으로 떨어졌다. 모든 정당을 통틀어 선출된 여성은 5.7%였다. 사회당은 9.4%의 여성 후보를 냈고 6.1%가 당선되었다.

결국 미테랑 집권기는 정당조직의 남성 문화를 깨뜨리려고 노력한 사람들을 실망시켰다. 페미니스트들의 관점에서 1980년대는 정치학자 제인 젠슨(Jane Jenson)과 마리에트 시노(Mariette Sineau)의 표현을 빌리자면 "상실된 약속(un rendez-vous manqué)"의 시대였다. 대통령이 임명한 몇몇 자리는 확실히 인상적이었다. 가장 눈에 띄는 것은 에디트 크레송(Edith Cresson)과 노엘 르노와(Noëlle Lenoir)를 임명한 것이었다. 크레송은 1991년 프랑스 역사상 최초의 여성 수상이 되었고, 르노와는 헌법위원회 최초의 여성 위원이 되었다.[45] 미테랑은 대통령이 가진 특권으로 젊은 여성들을 정부 내 직위에 중용했다. 그는 선출된 정치인을 내각에 임명하는 전형적인 방식에서 벗어나 엘리트 전문학교의 졸업생들을 그의 직속 수하로 뽑았다. 이는 사회당원에 새로운 인물을 추가하는 방식이었다. 그러나 그들의 자격에 비추어 볼 때 전형적인 여성들이 아니라 예외적인 여성들을 추가하는 것이었다.[46] 선출 공직에 출마하는 경우가 아니라면 보다 많은 여성들이 장관직 수행에 요구되는 자격을 갖출 수 있도록 하기 위해 제도적인 수준에서 이루어지는 지원이 그리 많지 않았다. 예컨대 드 골이 고위직 관료 양성을 위한 훈련장으로 설립했던 국립행정학교는 매년 소수의 여성들만을 받아들였고 (1970년대 10%, 1980년대와 1990년대에도 25% 이하) 이러한 상황을 개선시키기 위한 어떠한 시도도 없었다. 더 중요한 것은 정당들이—늘 그랬던 것처럼—여성들을 체제 안으로 들여올 필요성을 언급한 대통령의 발표를 염두에 두지도 않았다는 것이다. 이 시기에 선출된 여성들을 대상으로 한 설문조사는 이들이 경험한 극단적인 적대성을 보고했다. 한 여성은 "사회당 내에서 선출된 여성이 된다는 것은 … 전쟁을 선포하는 것과 같다는 것을 알아야 한다"고 언급했다. 다른 하원의원은 자신이 여성이기 때문에 '진정한' 의원이라는 느낌을 한 번도 받아본 적이 없다고 털어놓았다. 다른 이들은 선거운동을 할 때 자신이 속한 당의 당원들로부터 종종 외설적인 위협과 모욕을 받았다고 말했다.[47] 하지만 그러한 상황이 개선되어야 한다는 인식은 증가하고 있었다. 페미니즘 연구에 대한 재정 지원, 젠더 차별에 맞서기 위해 고안된 법의 통과, 정부 내 고위직에 새로운 여성 임명, 여성 유권자들에 대한 (때로는 전적으로 수단이 되기도 했지만) 의도적인 호소는 정당의 비(非)순응을 한층 분명하고 실망스러운 것으로 만들었다.

프랑스에서의 젠더 차별에 대한 관심은 이 시기 유럽의 다른 기구들에서도 반향을 불러일으키며 관심을 촉구했다. 유럽의회(1949으로 거슬러올라가는 정부 간 조직)와 유럽연합집행위원회(European Commission, 유럽의회가 검토할 안건 준비를 담당하는 유럽연합의 집행기구)가 1989년 이후 구(舊)공산권 국가들의 성원권 요구를 받아들이면서 논의는 민주주의 평가기준으로 흘러갔다. 여성의 권익을 옹호하는 사람들은 그 기준을 마련하고 있는 국가들이 여성에 대한 차별을 명백히 종식시킴으로써 평등을 위해 전념하고 있음을 스스로 증명해야 한다고 주장했다. 이들의 슬로건은 다음과 같았다. "여성이 없는 민주주의는 민주주의가 아니다." 1989년 유럽의회는 '동수의 민주주의(démocratie paritaire)'에 대한 세미나를 조직하였다. 그해 유럽연합집행위원회는 남성과 여성 사이에 지속되고 있는 임금 격차를 조사하기 시작했다. 이 조사가 가져온 한 가지 성과는 교섭과 의사결정 직위에 여성이 거의 없다는 것을 인지하게 된 것이었다. 페미니스트들의 압력에 응하여 여성들의 상황을 조사하고 정책 제안을 만들기 위한 조사집단이 꾸려졌다. 1992년 유럽여성의사결정전문가 네트워크(European Experts' Network on Women in Decision-Making)가 회원국들의 여성에 대한 처우, 특히 여성들의 정치 공직 진입에 대한 정보를 수집하기 위해 설립되었는데, 정치적 영향력 없이는 회원국의 여성들이 처한 경제적·사회적 지위에 거의 변화가 없을 것이라는 견해가 지배적이었다. 1992년 11월 아테네에서 열린 이 네트워크의 첫 번째 회의에서 근본 방침이 공표되었다. 다음의 단호한 표현에 그 의도가 요약되어 있다. "민주주의는 국가의 대표부와 행정부에 '남녀동수'를 요구한다."[48] 아테네 회의는 회원국들로 하여금 그들 나라의 대표자들에게 동기를 부여하고 정보를 제공하는 조치를 취할 것과 유럽의 정치적 맥락에서 여성들을 가시화할 것을 자극하였다. 회원국 내 여성의 정치적 참여에 대한 비교 수치는 프랑스가 지속적으로 거의 바닥 수준—유럽의 '빨간 신호등'—임을 보여주었다. 이러한 낮은 순위는 미테랑의 '근대화' 목표의 한계를 지적한 범유럽적인 포럼에 참여했던 프랑스 정치권 여성들의 슬로건이 되었다.[49] 활동가들은 유럽의 자원을 끌어들이고 유

럽정책을 이행할 것을 요구하면서 프랑스의 정치적 장을 진일보시키기 위한 작업에 본격적으로 착수했다.[50]

　'남녀동수' 운동은 분노와 결단의 표출이라는 바로 이러한 맥락에서 형태를 갖추었다. 분명히 할당제로는 목적을 이룰 수가 없었고, 정치인들이 자발적으로 그들의 자리를 여성들에게 개방하리라는 희망은 헛된 것이었다. 유럽 네트워크의 논의에서는 국제법뿐만 아니라 국내법 제정도 필요하다는 지적이 있었다. 몇몇 페미니스트들은 성차가 개인과 국가라는 추상적 개념과 조화를 이룰 수 없다는 믿음을 완전히 전복시킬 능력을 가진 법만이 프랑스에서 차별을 종식시킬 수 있을 것이라고 결론내렸다. 1988년에 공화주의적 대의체제가 위기에 처해 있다고 선언되었을 때 새로운 페미니즘적 공세를 위한 길이 열렸다.

'대의제의 위기'에 대한 응답

　1988년과 1989년 사이에 페미니스트들은 정치인과 시민사회 간의 간극에 대한 토론에 열중했고, 그 해결책으로 여성을 제시하였다. 이러한 의견을 개진했던 에디트 크레송은 1989년에 유럽 담당 장관이었다. 그녀는 사회당의 고집을 힐책하면서 만일 사회당이 더 많은 여성들을 지도부로 승진시키지 않는다면 정치세계의 다른 부분들과 마찬가지로 "시민사회와 아무런 관련이 없는 … 사회의 일그러진 풍자화(deformed caricature)"가 될 것이라고 경고했다.[51] 여성의 부재는 보통 하나 이상의 공직을 이미 보유하고 있는 사람들에게 우선권을 주는 '당' 정치가 갖는 소수 독재체제의 징후로 여겨졌다. 또한 여성의 부재는 "프랑스의 정치를 일신하고 새롭고 보다 역동적인 집단—젊은이, 여성, 재계 출신의 활동가들—에게 개방하는 데에 매우 불리하게 작용하는 것"으로 인식되었다.[52] 이와 비슷한 맥락에서 프랑소와즈 가스파르는 '남녀동수' 전략의 기초를 설명하면서 위험에 처한 민주주의라는 주제를 선택했다. 그녀는 1992년 페미니즘 세미나에서 발언하면서 그 위기를 재해석했다. 그녀는 "대표자들과 대표되는 자들 간의 단절"의 핵심은 정치에서 여성이 부재하다는 데 있다고 주장했다. "노동자와 젊은 남성만 부재한 것이 아니다. 여성 노동자와 젊은 여성들이 부재하다는 것이 문제다. 여성은 대의제의 위기 전체를 관통한다. 여성의 부재는 정치와 시민사회 간의 단절을 나타내는 징후이다."[53]

여성의 배제 혹은 보다 정확히 성차의 배제는 사회에서 필연적으로 경합하는 다양성과 그것이 국가에 제기하는 도전을 무시하는 것이었다. 크레송과 마찬가지로 가스파르는 여성들이 공통적인 것으로 가정되는 이해관계를 위한 별도의 대의제를 필요로 한다고 주장하지 않았다. 그녀는 여성이 정치의 작동에 다른 시각을 가져올 것이라고도 주장하지 않았다. 또한 여성의 곤경을 이주민의 곤경에 비유하지도 않았다. 그보다 오히려 여성들이 처한 상황은 다른 모든 배제의 징후라고 보았다. 그녀는 진정한 보편주의가 실현된다면, 말하자면 대의제의 왜곡된 성질—거의 배타적인 남성성, 젠더 부(不)동수(dis-parity)—이 수정되고 환원불가능하다고 간주되는 차이가 선출의회에 수용된다면 민주주의가 활성화될 것이고, 대표자와 대표되는 자 사이의 간극이 메워질 것이라고 주장하였다. 핵심은 인구학적인 정확성이 아니라 정치적·사회적 힘이 상호 강화하는 방식, 즉 권력이었다.[54] 시민은 고정된 이익집단에 속한 것이 아니라 다른 경험(일부는 그들의 생득적 집단 정체성에 기반한 경험)을 가진 개인들의 다양한 집합으로 간주되었다. 국가라는 추상적 개념은 계속 남아 있었지만 이제 더 이상 동질적인 것으로 그려지지는 않을 것이다. 보편주의는 그것이 배제했던 타자를 포함하도록 확장될 것이고, 그리하여 진정으로 보편적이 될 것이다. 이러한 재해석에 이르는 것은 새로운 정책을 요구할 뿐만 아니라 기존 체제를 정당화하는 상징구조를 공격할 것을 요구했다. 위기가 인식된 바로 그 순간이야말로 페미니스트들이 요구했던 서막을 열었다. 그것은 일종의 동종 요법적 해결책으로서 위기를 해결하기 위해 위기를 강화하라는 것이었다. 이것이 바로 '남녀동수' 운동이 가지고 있는 전략적 창조성이었다.

제3장

차이의 딜레마

페미니스트들은 1988–1989년에 전개된 대의제의 위기에 대한 토론에서 선출 공직에서의 여성 부재는 위기의 징후이자 원인이라고 지적했다. 그들의 비판에는 최소한 두 가지 측면이 있었다. 그 중 하나는 1988년 이후에 정치가들이 주장했던 바인 정치계급이 '시민사회'와 괴리되어 있다는 논지를 정교화한 것이었다.[1] 여성이 시민사회의 일원이라는 점에서 보면, 여성들이 선출 공직에 부재하다는 사실은—다른 사회집단 구성원의 부재와 마찬가지로—대표자들과 이들이 대표한다고 가정되는 사람들 사이의 간극을 뚜렷이 상기시켜 주었다. 이는 여성들이 (혹은 다른 어떤 집단이든 간에) 그들의 이해를 대변할 대표자를 요구한다는 것이 아니라 오히려 프랑스 인구의 다양성을 선출의회 구성에 반영해야 한다는 것이었다. 현직 정치인들의 극단적인 동질성, 즉 이들이 압도적으로 남성이라는 사실은 특정한 집단에 권력을 귀속시키고, 그 집단의 구성원들이 대표성을 추상적으로 실현하는 것을 불가능하게 만듦으로써 대의제를 왜곡시켰다. 이러한 생각을 가진 페미니스트들은 프랑스가 단일하고 분할할 수 없다는 생각과 다양한 사회적 배경과 인종, 민족, 성별을 가진 사람들로 구성된 대의체라는 생각 사이에는 어떤 모순도 없다고 단언했다. 그들은 민주주의에서 의사결정에 참여하는 것은 모든 형식에 개방되어 있어야 한다고 주장했다. 물론 대표자들은 몇몇 소집단이나 당파가 아니라 공화주의 이론이 가정하듯이 '프랑스'를 대변하기 위한 개인으로 행동하려 했다. 하지만 새로운 법을 양산했던 토론에서 그들이 각기 다른 경험을 가지고 있다는 점은 주목을 받았을 것이다.

페미니스트들은 또한 '개인'과 '시민'이라는 추상적 개념에 담긴 잘못된 보편주의를 공격했다. 이들은 의사 결정자들 중에서 다양성이 부재한 것은 정치계급이 독점적 권력을 향유하고 도모했기 때문이라고 주장했다. 이 계급이 거의 배타적으로 남성으로 구성되었다는 것은 역사적 우연이 아니라, 보편주의와 남성성이 동의어로 여겨졌다는 사실에서 기인했다. 또한 역사학자인 미셸 페로(Michelle Perrot)는 보편적인 것은 "사실 … 국가기구로부터 여성을 배제하는 데 기여한 남성성을 감출 뿐인 한 장의 보잘 것 없는 나뭇잎에 불과하다"[2]고 말했다. 국가의 대표성에서 나타나는 젠더 불균형은 선출 공직자들이 중립적 개인이 아니라 특별한 이익집단, 즉 다른 이들을 배제함으로써 자신들의 독점권을 보호하는 동질적 정치계급임을 의미했다. (이러한 페미니스트들이 인정했던) 대의제에 대한 공화주의 이론은 개인들이 이성적 능력에 의해 동일성을 갖는 상호 교환가능한 단위라고 보는 견해에 기반을 두었다. 여기서 개인들이 가진 어떤 다른 특징도 중요하지 않았다. 19세기 말 동등한 교육을 보장한 법과 1944년의 참정권 부여를 통해 여성의 이성능력은 오랫동안 입증되어 왔지만, 이들이 유권자를 대표할 수 있고 나아가 국가를 대표할 수 있다고는 아직 여겨지지 않았다. 다시 말해 여성은 다른 모든 개인들과 동일하게 간주되지 않았고, 자신의 성차를 초월할 만큼 충분히 보편적이지 않았다. 여성에 대한 배제는 다른 배제 또한 가능할 수 있음을 의미했다. 이는 대표자 개인이 공화주의적 개인으로 상상되는 일반적 추상이 아니라 결국 특정한 이익집단('정치계급')의 구성원이 되는 것이기 때문이었다. 추상적 개인주의의 교훈을 따르고 차이를 무시하는 대신 남성 정치인들은 자신이 가진 차이를 공직을 유지하기 위한 척도로 삼았다. 그리고 그렇게 함으로써 그들은 국가의 추상성을 보증할 것으로 가정되는 보편주의적 원칙을 훼손시켰다. 1996년에 '남녀동수' 법에 대한 지지를 표명했던 여성 정치인 집단은 이 문제를 다음과 같이 진단했다. "대의제의 기능과 그 이행은 매우 소수이면서 지극히 동질적인 지배 집단에 의해 장악되어 있는데, 이는 그들이 그랑제콜(*grandes écoles*)^{역주}에서 훈련받고 일찍이 공직의 상부 및 내각에 편입된 결과였다. 구성이 안정적이고 그 내부로 진입하기 어렵다는 점에서 지배계급은 공화주의적 엘리트임을 빙자하여 '민주적 귀족정치'를 구성하고 있다. 이제는 우리가 이러한 고정관념과 장애물들을 끝장내야 할 때이다."[3]

---

* [역주] 그랑제콜은 프랑스의 고급 국가인력 양성체계이다. 총 300여 개 이상의 학교가 있는데, 이 중 170개의 엔지니어 그랑제콜, 100여 개의 상경계 그랑제콜이 다수를 차지하며, 고등사범학교와 문학계 그랑제콜, 사법과 행정계 그랑제콜 등으로 이루어져 있다. 이 중에서도 국무총리 산하의 국립행정학교(ENA, Ecole nationale d'administration), 폴리테크닉(Ecole polytechnique), 생-시르 사관학교(Ecole militaire de Saint-Cyr), 고등사범학교(ENS, Ecole normale supérieure de la rue d'Ulm), 고등상업학교(ESCP) 등은 프랑스 고위직 진출로 이르는 길이라는 명성을 얻고 있다[곽동준(2003), "프랑스 교육제도 연구," 『한국프랑스학논집』 제42집, p. 396 참조].

'남녀동수' 지지자들은 여성들이 선출 공직에 남성과 같은 수의 자리를 차지할 수 있도록 보장하는 이례적인 방식을 통하여 '고정관념과 장애물'을 종식시킬 것을 제안했다. 여성을 배제하기 위해 사용된 전통적인 주장, 즉 그들의 성(sex)이 추상적 개인이 될 수 있는 능력을 일그러뜨린다는 주장에 대한 반응으로 '남녀동수' 지지자들은 정치 공직의 남성 독점 또한 일그러진 것이라고 역설했다. 하지만 지금 시점에서 문제가 되는 것은 개인이 아니라 국가라는 정치체였다. 개별 여성들이 추상적 대표성을 가질 수 없다고—자신의 성의 특수성에서 분리될 수 없다고—으레 묘사되었던 것과 마찬가지로, 페미니스트들은 그렇다면 압도적 다수의 남성으로 구성된 정치체 역시 추상적으로 대표할 수 없다고 주장했다. 만약 소수의 남성집단이 스스로를 국가라고 선언했다면 그 국가는 더 이상 국민을 대표하는 것이 아니며, 공화국 체제는 위험에 처해지는 것이다. '남녀동수' 지지자들은 주류 정당들의 부패 스캔들뿐만 아니라 우익 대중 정당인 국민전선당의 성장을 그 증거로 들었다.

전국 및 지역 대표자 선출에 존재하는 차별을 끝내기 위해 몇몇 페미니스트들은 선출 공직이 여성과 남성 간에 균등하게 나누어질 것을 요구함으로써 여성의 평등권을 실행할 법을 제정했다.[4] 그들은 1992년에 '남녀동수' 캠페인을 시작했으며, '남녀동수'보다 반차별법의 통과를 요구해야 한다는 제언을 받아들이지 않았다. 반차별법은 전체적인 평등을 증진시키지 않으며, 더욱이 생물학이나 문화에 의해 정의된 소수집단의 존재를 당연하게 여기기 때문이었다.[5] 유럽공동체의 페미니스트들 사이에서 발전된 논의에 따라 '남녀동수' 지지자들은 반차별법이 언제나 불완전하며 반드시 폐지되어야 하는 차이를 단순히 재수립한다고 주장했다. 그보다는 기본적인 평등권에 대한 원칙이 법으로 선언되고 이행되어야 했다. 이 평등이 여성과 남성 **간**(between)의 문제로 인식되지 않아야 했는데, 왜냐하면 그런 식의 개념은 남성이 기준이라고 가정되고 여성은 그 기준에 대립되어 평가되기 때문이었다. 오히려 이 평등은 여성과 남성**의**(of) 평등으로 인식되어야 했다. 바로 이러한 개념이 인간 동등성을 사회조직의 토대로 가정하기 때문이었다.[6] '남녀동수'는 프랑스라는 자유주의 국가가 기대고 있는 여성혐오주의적 전제를 전복하기 위한 것이었다. 인문학자 엘리안 비에노(Eliane Viennot)가 무성성(asexuality)에 대한 남성의 환영적 몽상이라고 언급했던 것이 여성을 정치에서 배제함으로써 실현되어 버렸다.[7] 보댕(Bodin)에서 루소에 이르기까지 이론가들은 공적 영역의 여성들이 이성에 의해 지배되어야만 하는 영역에 성적 차이를 도입하고, 그럼으로써 욕망의 유희를 들여왔다고 주장했었다. '남녀동수'의 핵심은 정치영역에서 여성을 위한 자리를 창조하는 것이었고, 불평등을 오랫동안 정당화해 온 일종의 정치외적 고려, 즉 성별에 대한 문화적 발상 같은 것과 관계없이 정치를 민주화하는 것이었다.[8] 여성과 남성의 평등을 주장함으로써, 어떤 추상적인 개인이라도 성적 특징을 가지고 있음을 인정함으로써 '남녀동수' 지지자들은 국가라는 정치체를 구성하는 추상적인 개인들이라는 덩어리로부터 **성적 특징을 제거하고자**(unsex) 했다. 그 명백한 모순, 즉 대표성을 고려하는 데에서 성(sex)을 제거하기 위하여 추상적 개인들이 성적(sexed)임을 인정하는 모순이 '남녀동수' 운동의 이론적 추진력의 핵심에 놓여 있었다. 프랑소와즈 가스파르는 이에 대해 다음과 같이 말했다. "'남녀동수'를 위한 우리의 싸움은 다른 관점에 서 있다. 그것은 바로 양성의 평등이라는 관점으로, 찬양되는 차이나 부정되는 차이가 아니라 초과된 차이—차이가 불평등을 어디서 만들어내건 간에 보다 잘 처리될 수 있도록 하기 위해 인지되는 차이—에 기초해 있다."[9]

　'남녀동수' 지지자들은 집단 정체성의 한계를 벗어남으로써 개인의 지위를 획득하고자 하는 여성들을 위해서는 바로 완전한 평등이 요구되어야 한다고 믿었다. 이들은 할당제가 평등에 못 미치는 것을 감수하는 것이었기 때문에 이를 부적절한 것으로 치워버리면서 애초에 50/50 의석 분할을 요구했다. '남녀동수' 지지자들이 주장하기를, 50%는 할당이 아니라 어떤 특성을 가지고 있든 간에 개인들은 항상 여성이거나 남성이라는 사실을 반영한 것이었다. 해부학적 차이는 보편적이지만 그것에 부착된 의미들은 사회적이고 문화적이었다. 따라서 철학자 엘리자베트 슬레지예브스키(Elisabeth Sledziewski)는 살아 있는 생명체와 그것의 성적 속성을 구별했다. 즉 주체(남자와 여자)의 존재론적인 정체성과 사회적 관계로 인해 그 주체에 귀속된 특성을 구분한 것이다. "육체적 개별성에 대한 인정과 마찬가지로 성적 정체성에 대한 이러한 인정은 특정 문화가 양성 간의 차이나 인간주체의 개별적 특질에 부착시킨 지위와 가치로부터 독립되어 있다. … 성적 정체성이 없는 인간은 존재할 수 없다는 생각은, 인간의 속성인 인권을 정당하게 정의하기 위해서는 그것이 여성과 남성의 권리라고 말할 수밖에 없음을 의미한다."[10] 귀속된 의미들은 불평등의 근원이었다. '남녀동수' 지지자들은 지금까지 보편적인 추상적 개인이 이성과 추상을 남성성과 연결시키고 정열과 구체를 여성성과 연결시키는 상징의 측면에서 형상화되었다고 판단하였다. 추상의 가능성을 여성에게 확장하기 위하여 해부학적 차이는 그것에 대한 상징화로부터 분리되어야만 했다. 즉 탈상징화되어야 했다. 이것을 가능하게 하는 방법은 양성 간의 차이가 아니라 바로 인간 종의 **이원성**(duality)을 주장하는 것이었다. 다시 말해 보편적 개인은 남성과 여성이었다.

이는 미국의 페미니스트들이 먼저 사용하고 그 뒤에 탈구축했던 자연/문화, 섹스/젠더의 주장과 동일한 것이 아니었다. 왜냐하면 젠더가 구성되거나 그것이 거론되는 데 근거하는 어떤 본래적 의미도 해부학적 이원성에 귀속되지 않았기 때문이다. 실제로 생물학 자체가 '문화적' — 추상적이 아닌 구체적—이라고 이해되었다.[11] 즉 성의 해부학적 차이라는 적나라한 '사실'을 설명하려고 시도하는 담론이었다.

재개념화의 목적은 개인이라는 지위를 여성에게 확장함으로써 남성다움과 개인성 간의 연결을 깨뜨리는 것이었다. 이는 정치적 대의제를 탈성화하기 위해 추상적 개인에게 성적 특징을 부여하는 것을 수반했는데, 이는 여성이 배제되도록 만드는 바로 그 차이의 개념을 거부하는 것이었다. 즉 차이를 부정하는 것이 아니라 동일성과 차이 간의 대립을 거부하는 방식으로 말이다. 엘리안 보겔-폴스키가 지적한 것처럼 "남성 지배사회는 불균형한 사회이다. 유사성과 차이를 포괄하는 '남녀동수'라는 발상은 지배적 패러다임들의 전환을 가능하게 한다."[12] 토마스 쿤 (Thomas Kuhn)이 제시했던 것과 같은 패러다임 전환이 바로 '남녀동수' 지지자들이 마음 속에 두고 있는 것이었다.

양성의 평등은 원칙이었고, 이 원칙의 이행도구는 법이어야 했다. 오직 법만이 정치인들과 정당의 저항을 극복할 수 있는 힘을 가지며, 정치적 장의 상징적이고 실천적인 작동조건들을 재정의할 수 있는 힘 또한 가지고 있었기 때문이다. 이 법이 작동하려면 먼저 통과되어야 했고, 그러려면 정치인들과 여론에 호소해야 했다. 여성을 위한 호소는 성(sex)에서 사회적 특성을 제거하려고 할 때조차도 여성들을 하나의 사회집단으로 병합시켰다. '남녀동수'를 가지고 여성들은 단지 여성 개인이 되려는 것이었고, 또 그들의 개인성에 의해 국가를 구현할 수 있는 대표자가 되려고 한 것이었다. '남녀동수' 지지자들은 여성이 오직 여성만을 대표할 것이라 주장하지 않았고, 공직에 선출된 모든 여성들이 동일한 방식으로 행동할 것이라고 주장하지도 않았다. 오히려 그들은 반대로 주장했다. 즉 여성은 남성처럼 국가를 대표할 수 있는 능력을 가지고 있으며, 남성들만큼이나 여성들 역시 다양한 의견과 판단을 가진다는 것이었다. "이는 여성을 대표하는 여성에 대한 문제가 아니라, 남성들만큼이나 여성들에게도 공동의 운명에 영향을 미칠 수 있는 가능성을 부여하는 것에 대한 문제이다. 다시 말해 여성들이 육아문제뿐 아니라 전 지구적인 사회의 미래를 생각할 수 있도록 허용하는 것, 사회가 남성들 안에 있다는 자체를 인정하는 것처럼 여성들 안에도 있음을 인정하도록 하는 문제이다."13)

'남녀동수'에 대한 이러한 개념은 에티엔느 발리바르가 "이상적 보편성(ideal universality)"이라고 언급한 것의 한 사례가 된다. 그는 "이상적 보편성"을 "어떤 제도의 한계에 대항하여 상징적으로 제기된 절대적 또는 무한한 요구"의 실재로 정의한다.14) 발리바르는 차별에 대항하는 주장은 배제된 집단에 이름 붙이기를 요구하지만, 이는 그 배제를 특정한 권리에 대한 위반이 아니라 인간 보편성 그 자체의 이상(ideal)에 대한 위반으로 정의한다고 강조한다.

동등(parity)을 위해 투쟁하는 여성들이 저항을 정치로 변환시키는 한, 그들은 '여성의 공동체'일 수도 있는 어떤 '공동체'를 위한 특수한 권리를 쟁취하려고 하는 것이 아니다. 해방적 입장에서 볼 때 **젠더는 하나의 공동체가 아니다**(gender is not a community). 남성들이 제도를 세우고 낡은 특권을 지키기 위한 실천을 이어가는 한, 어쩌면 하나의 공동체인 유일한 젠더는 남성이라고 말해져야 하는지도 모른다. 그리고 그렇게 함으로써 남성들은 실제로 '정치사회(Political Society)'를 정서적 공동체, 즉 동질화의 과정이 발생하는 곳으로 변환시킨다는 점도 덧붙여져야 할 것이다. … 민족공동체든 사회적/직업적 공동체든 공동체 문화로 이야기될 수 있다는 의미에서 '여성의 문화'에 필적할 만한 것은 없다. 그러나 다른 한편 **모든** 공동체는 특정 형태의 성적·정서적·경제적 종속을 동반하는 젠더들(genders)의 관계로 구성되어 있다. 그러므로 여성의 지위(활동의 분업과 권력 배분의 측면에서 나타나는 '현실적' 지위와 담론에서 재현되는 '상징적' 지위 모두)는 특정 집단의 문화, 사회운동의 문화, 상속받은 문명화의 역사를 가지고 있는 전체 사회의 문화인 모든 문화의 특징을 결정짓는 구조적인 요소이다. … 비(非)차별적(non-discrimination) 범위 내에서 비(非)무차별화(non-indifferentiation), 즉 차별화를 향한 복잡한 투쟁인 '동등'을 위한 여성의 투쟁은 공동체의 형성 없이도 연대성을 창출하거나 혹은 시민권을 쟁취한다. 장-클로드 밀네(Jean-Claude Milner)에 의하면 여성은 전형적으로 '역설적 계급'이다. 여성은 '자연적인' 친족과 유사한 상상적인 것에 의해 결합되지도, 그들 자신을 '특권' 집단으로 여기도록 하는 어떤 상징적 목소리에 의해 호명되지도 않는다. 오히려 이 투쟁은 실제로 공동체를 변혁시킨다. 그러므로 그것은 직접적으로 보편주의적이며, 이는 우리가 (갑자기 특수주의적인 것으로 등장하는) 권위와 대의제의 형태를 포함하는 정치라는 바로 그 개념을 변혁시킬 수 있다고 사고할 수 있게 해준다.[15)]

이것이 정확히 '남녀동수' 운동의 요구였다. '남녀동수' 운동은 허구적 보편성에서와 같이 사회적 차이를 무시하려는 것이 아니라, 해부학적 이원성을 추상적 개인주의의 첫 번째 원칙으로 만듦으로써 프랑스의 정치체제에서 진정한 보편주의를 실현하고자 했다.

페미니스트들은 '남녀동수' 법의 정당성을 정교히 하면서 내가 [미국 법학자 마사 미노우(Martha Minow)에게서 빌려온 구절인] '차이의 딜레마'라고 불렀던 것과 조우하였다.[16] 여기에서 '차이의 딜레마'는 양성 간의 차이들을 탈상징화하는 어려움, 다시 말해 통상적인 사회적 의미 바깥에서 이러한 차이에 대해 생각하는 것의 어려움을 의미한다. '남녀동수' 지지자들은 사고를 등록하는 두 가지 방식, 즉 추상적인 것과 구체적인 것을 구분했다. 그들이 정말 믿었던 추상성은 공화주의 정치가 따르도록 요구했던 바로 그것이었는데, 이는 구체적인 것은 사회현실에 속해 있다는 것이었다. 그들은 이와 같이 해부학적 이원성과 성차를 구분 지었다. 전자는 추상성으로, 성적 특징을 가진 육체의 중립성, 즉 본질적인 무의미성에 대한 단언이었다. 후자는 실체적인 것으로, 의미를 구축하려는 사회적·문화적·심리적 시도를 가리켰다. 문제는 육체에 부착된 의미로부터 육체를 분리하는 것이 어렵다는 것이었다. 왜냐하면 특히 그 의미들은 대개 정당화를 위한 논리로 자연을 이용했기 때문이었다. 그래서 '남성'과 '여성'에 대한 호소는 '남녀동수' 지지자들이 변화시키고자 했던—해부학적 이원성이 성적 차이가 되는—바로 그 상징화를 불러일으킬 수 있었다. '남녀동수' 지지자들의 공식화가 명확했을지라도 그들의 말은 종종 오해를 샀고 그들의 주장은 왜곡되었다. 몇몇 페미니스트들은 '남녀동수' 지지자들이 자연적 본질과 젠더 간의 연결을 끊으려 한 수십 년간의 시도를 배신하고 있다고 비난했고, 몇몇 공화주의자는 '남녀동수' 지지자들이 프랑스의 보편주의를 미국식 다문화주의로 대체하려 한다며 비난했다. 인본주의적 평등주의의 형식으로 개념화된

'남녀동수'는 비평가들과 일부 지지자들에게 정체성의 정치학 그 이상도 그 이하도 아닌 것으로 이해되었다.

이 장에서는 '남녀동수'가 유발한 논쟁을 차이의 딜레마로서 검토하고자 한다. 나는 '남녀동수'가 여성의 정체성에 관한 운동이었다거나 그 법을 위해 제공된 정당화에 대해 훌륭한 대안이 있었다고 말하려는 것이 아니다. 프랑소와즈 가스파르가 토론에서 주장한 것처럼 50/50 조치가 한시적인 것―그 조치를 대의제의 근본 원칙으로 두기보다는 차별을 위한 일시적인 전략적 교정책으로 정의하는 것―이었다고 하더라도 '남녀동수' 법의 요구는 똑같은 많은 논쟁을 야기했을 것이다. 이는 아무리 신중하게 추상화된다고 하더라도 여성에 대한 언급은 '남녀동수' 지지자들이 피하고자 했던 바로 그 사회적 의미를 불러일으켰기 때문이다. 이 논쟁은 추상(abstraction)에서 구체(embodiment)로 쉽게 미끄러졌다. 그러나 엘리안 비에노가 인정했듯이 정치적 대표자라는 직위로부터의 여성 배제를 종식시키고자 하는 캠페인에서 여성에 대한 언급을 피할 수 있는 방법은 없었다.

결국 '남녀동수'는 개인들의 귀속화(歸屬化)를 위한 주요 기준인 성차를 강화하기보다는 그것을 소멸시키기 위한 싸움에 보다 비중을 둔다. 그러나 법으로 만들어지기 위해서는 먼저 차이가 인정되고 심지어 그것이 심화되는 국면이 있어야 한다. … 아마도 아주 오랜 시간이 걸릴 그 과정의 마지막에, 즉 '남성'과 '여성'이 정치적 사회적 상징적 차이를 표상하기를 멈출 때 우리는 그 법이 더 이상 필요치 않을 것이고 잊힐 수 있을 것이라고 설명해야만 한다. 여성이 남성과 동등해지기 위해서 우리는 먼저 그들이 동등하지 않다는 것을 인정해야 한다.[17]

차별과 싸우기 위해서는 '우리 여성'이라는 **정치적** 정체성을 주장해야 했다. 그 목적은 특정한 공동체의 대표성을 요구하는 것이 아니라, 젠더가 포함과 배제를 정당화하는 데 사용되는 권력관계를 밝혀내고 그 관계를 변화시키기 위한 것이었다.[18] 그러나 용인할 수 없는 차별의 원인으로서의 성차와 포함을 위한 토대로서의 해부학적 이원성 간의 구분을 유지하는 것은 어렵다고 판명되었다. 심지어 '남녀동수' 지지자들 사이에서조차 정치 이론의 추상성과 젠더라는 구체적 개념 사이의 구분이 종종 흐려지곤 했다. 이는 무엇보다 '남녀동수' 운동이 철학적 운동이 아니라 정치적 운동이었고, 그래서 특정한 논쟁적 맥락의 출현으로 부단히 지켜온 그 주장들의 뉘앙스를 계속 유지시키기 어려워졌기 때문이었다. 실제로 해부학적 이원성을 성적 차이에서 나온 문화적 속성을 제거한 추상으로 다루는 것의 어려움은 이 법의 몇몇 초기 지지자들로 하여금 자신들이 양성을 강조한 것이 처음부터 어떤 이론적이거나 철학적인 기반도 없었으며 단지 도구적이었다고 주장하게 만들었다. 1998년에 철학자 쥬느비에브 프레스(Geneviève Fraisse)가 '남녀동수'에 대해 "실천적으로는 정당하지만 이론적으로는 잘못된 것"이라고 했던 논평은 잘 알려져 있었다.[19] 하지만 그녀는 틀렸다! 보편주의적 개념으로 남녀동수를 정당화하고 그것을 성취하기 위한 방법으로 법이라는 전략을 정당화하는 데에는 충분한 이론적 논거가 있었다.[20] 실제로 대부분의 문제를 일으킨 것은 보편주의 이론의 실제적인 이행에서였다.

추상적 개인에 성적 특성 부여하기

'남녀동수' 운동이 일어나기 이전에는 2장에서 서술했던 페미니스트 행동주의와 1980년 후반에서 1990년대 초반에 걸쳐 정치영역에서의 여성에 대한 유럽공동체의 관심이 증가하고 있었다. 그러다가 '남녀동수' 운동의 기초가 서게 된 시점이 1992년이었고, 그 토대가 된 문헌은 『여성 시민들에게 권력을! : 자유, 평등, (남녀)동수(*Au pouvoir citoyennes : Liberté, égalité, parité*)』였다.[21] 이 책의 저자들인 프랑소와즈 가스파르, 클로드 세르방-슈레이버, 앤 르 갈(Anne Le Gall)은 서로 다른 경로에서 출발해서 이 과제에 도달했다. 이 중 누구도 철학자나 이론가로 훈련받지 않았으며, 이들은 모두 정치 활동가들이었다. 하지만 이들의 사고는 명백히 이론적이었다. 아마도 이는 실천 속의 철학 또는 실천적인 철학, 그리고 궁극적으로는 이론과 실천의 분리불가능성에 관한 하나의 사례일 것이다. 가스파르는 사회당에서 오랜 경험을 가지고 있었다. 그녀는 이민정책의 대변자가 되었던 1983년의 선거에서 전통적 우파와 국민전선당의 연합에 의해 자리를 잃기 전까지 드뢰 시(市)의 시장으로 재직했었고, 외르-에-루아르(Eure-et-Loire) 데파르트망의 2선 하원의원을 역임했으며, 1970년대와 1980년대에 사회당 내에서 페미니스트로서 적극적인 정당활동을 했다. 1992년에 그녀는 〈'여성과 의사결정'에 대한 유럽공동체전문가 네트워크〉의 일원이었다. 세르방-슈레이버는 1980년대에 미국 페미니스트 잡지 《미즈(*Ms*)》에 대응하는 《F-매거진(*F-Magazine*)》을 출판한 언론인이었다. 1990년에 그녀는 사회당에 있는 페미니스트 그룹인 〈제3의 흐름(*courant 3*)〉에 대한 연구를 준비하고 있었다.[22] 가스파르와 세르방–슈레이버는 서로 동료였으며, 사회주의 페미니스트 모임에서 르 갈을 알게 되었다. 그녀는 이 모임에서 거침없이 말하는 호전적인 평회원이었다. 세르방–슈레이버는 연구의 일환으로 인터뷰를 하기 위해 르 갈을 드뢰 시 외곽에 있는 자신의 시골집에 초대했다. 르 갈은 이러한 혁신적인 사건에 관해 누구나 가지게 되는 명료함으로 그날의 방문을 아주 상세히 기억한다(날씨, 음식, 그 하루 동안 가스파르의 움직임, 자신의 아이디어에 대해 처음에 조심스러운 반응을 보인 것에 대한 실망 등). 가스파르와 세르방–슈레이버에 따르면 '남녀동수'에 대한 **법**을 주장한 것은 바로 르 갈이었다. 법학을 전공한 그녀는 남성 지배가 사회적인 것의 작용이라기보다는 법적 구조의 작용이라고 주장했다. 따라서 남성 지배는 대의제에 참여하도록 여성의 권리를 이행시키는 법에 의해서만 전복될 수 있다고 보았다. 그들은 여러 날에 걸쳐 대화를 이어나갔고, 바로 이 토론에서 『여성 시민들에게 권력을!』이 발전되었다. 르 갈은 이 저작의 어떤 부분도 쓰지 않았다고 말한다 ― "나는 말했을 뿐 쓰지는 않았다." 하지만 그녀는 이 책의 주장을 체계화하는 데에 중대한 역할을 했다.[23]

　　『여성 시민들에게 권력을!』은 법의 결정적 역할에 관한 강력한 사례를 만들었다. 저자들은 권력 불평등을 성차라는 측면에서 언급했던 남성 지배에 대한 기능주의적·문화주의적·정신분석적 이론들을 거부하면서 자연이 아닌 법이 제정되어야만 그러한 불평등을 폐지할 수 있을 것이라고 주장했다. 그들은 법이 주체들을 구성하며, 주체들 사이의 실제적이고 상징적인 관계를 확립한다고 보았다. 가스파르는 다음과 같이 썼다. "생물학적 성에 기반하여 구성된 구별에서 유래하는 사회적·정치적 편견들이 우리 안에 잔존해 있다. (남성에게 유리한) 권력의 불평등한 균형에서 보는 바와 같이 이는 특히 대의제 영역과 의사결정의 현장에서 모습을 드러낸다. 이 불균형은 무언의 남성적 '질서'가 존재하고 있음을 명백히 보여준다. 그러므로 전국적이든 지역적이든 대의체에서 남성과 여성 간의 엄격한 평등을 성취하는 것은 상당히 상징적인 중요성을 갖는다."[24] 성(sex)으로 인한 구분들은 정치에 도입되었다. 하지만 그 구분이 반드시 생물학에서부터 이어져 온 것은 아니었다. 생물학과 정치의 영역은 분리되어 오직 인간이 만든 법에 의해서만 연관을 맺게 되었다. 법은 구성적 권력을 가지고 있으나 또한 변화가능한 것이었다. 시에예 신부는 프랑스대혁명 기간 동안 이러한 점을 인식하고 "적어도 지금 당장은" 여성이 능동적인 시민으로 간주될 수 없다고 말했었다. 이처럼 여성의 배제는 '자연적인 것'이 아니라 '일시적인 것'이었다.[25] 저자들에 따르면 개인에 대해 혁명론자들이 가지고 있던 개념은 여성의 정치적 권리에 적대적이었다. 여성들의 시민권이 인정된 시기는 1944년이었는데, 이때 드 골은 여성이 시민권을 갖기에 부적격하다는 이전의 주장들을 무시하고 여성들에게 투표권을 부여하는 조항에 일필(一筆)로 서명하였다. 이는 저자들이 여성의 배제를 정당화하기 위해 이용되는 주장들은 "사실상 정치적, 전적으로 정치적"이기 때문에 변하기 쉽다고 했던 바를 논증하였다.[26]

정치에서 여성의 과소대표성은 사적인 것, 가정적인 것, 관계적인 것, 성적인 것을 더 좋아하도록 천성적으로 추구하는 여성의 본성을 반영한 것이 아니라 남성 지배에서 기인하는 차별이 가져온 결과였다. 법은 두 가지 방식에서 차별을 교정할 권력을 가지고 있었다. 하나는 성이 배제의 근거로 타당하지 않다는 것을 표시하는 것이며, 다른 하나는 개인의 지위를 여성에게까지 상징적으로 확대하는 것이다. 진정으로 동등한 지위를 보장하기 위해서는 국가를 대표하는 데 있어서 여성을 남성보다 열등한 존재로 다루는 불공평한 구분이 양성을 동등하게 규정하고, 그래서 대표자의 역할을 하는 여성을 상상할 수 있게 만드는 법으로 대체되어야 한다. 쥬느비에브 프레스는 여성은 통치할 수 있을지는 몰라도 아직은 진정한 대표자로 여겨지지 않는다고 주장했다. "인민에 대한 상징적 대의제는 여성들에게 열려 있지 않다."[27] 철학자 프랑소와즈 콜랭(Françoise Collin)은 '남녀동수' 법에 대한 요구는 이러한 상징적 의미를 변화시키는 것, 즉 "여성이 남성과 마찬가지로 보편적인 것의 대표자라는 점을 명백히 하고 인정하는 것"이라고 덧붙였다.[28]

발리바르가 정의한 허구적 보편성 개념에 따르면,[29] 추상성을 위해 차이를 무시하도록 결정하지 않고는 이런 목적을 성취할 수 없었다. 가스파르는 "민주주의에서 법체제는 평등의 조건을 제도화하기 위해 지속적으로 차이를 고려한다. 그것의 기능은 '자연적으로' 발생하지 않은 것을 강제로 부과하는 것이다. 법은 사회가 만들어낸 불평등을 근절하고자 할 때는 언제나 '차이주의적(differentialist)'이다"[30]라고 지적했다. 법은 전통적으로 권력관계를 직접 표현해 왔다. 이는 차별을 가능하게 하는 행위를 겨냥한 것이 아니라 그러한 장(場)을 겨냥한 것이었다. 다른 지지자들은 '남녀동수' 법 하에서 여성은 '남성'으로서가 아니라 '개인'으로서 인정될 것이라고 말했다. "'남녀동수'를 확립하기 위한 투쟁은 여성의 정치적 정당성에 대한 인정을 위한 것이다."[31] 해부학적인 차이는 배제에 대한 근거가 되는 대신에 "정치적 삶의 정상적인 조건"이 될 것이다.[32] 이런 관점에서 '남녀동수' 법은 단지 평범한 법이 아니라 "법이 입안된 바로 그 조건들을 변화시키게 될 법"이다.[33] "대표성의 권력에서 여성과 남성의 양적인 배분이 '남녀동수' 쪽으로 변화하면 대의제가 질적으로 변화될 것이며, 다시 말해서 일반의지라는 바로 그 개념이 변화될 것이다."[34]

　여성의 대표직 수행이 갖는 정치적 정당성을 인정하는 것은 두 가지 보편을 언급하도록 요구했다. 하나는 추상적인 개인이라는 법적 허구이고, 다른 하나는 성적 차이라는 소위 자연적 사실이다. 성차는 오랫동안 차별에 대한 비난을 무마하기 위해 이용되어 왔고, 표준적인 남성 기준과의 차이인 여성의 특수성은 추상적 개인성과 양립할 수 없는 방식으로 여성들을 표상한다고 이야기되었다. 이런 논리를 반박하는 한 가지 방식은 성(sex)이 부적절한 기준이라는 것, 즉 성은 정치적 개인에 대한 정의(定義)에서 고려하지 않는 육체적·사회적 특성이라고 주장하는 것이었다. 또 다른 방식으로는 대의제를 추상적 개인들의 작용으로서가 아니라 사회적으로 위치지어진 인간 행위자들의 작용이라는 보다 민주적인 개념으로 재정의하는 것이었다. (이러한 두 가지 입장은 매우 전통적인 페미니즘의 두 가지 입장에 대응된다. 젠더를 전적으로 문화적이라고 주장하는 전자는 소위 평등주의 페미니스트를 연상시키며, 여성들이 가져오게 될 특별한 자질을 주장하는 후자는 소위 '차이주의자'로 불린다.) 『여성 시민들에게 권력을!』의 저자들은 제3의 방법을 취했다. 그들은 성이 추상적 개인을 성차나 문화적으로 정의된 일련의 속성들로서가 아니라, 오히려 해부학적 이원성—생식기적으로 구분된 몸이라는 날 것의 사실—으로 정의하는 것과 관련되어 있다고 주장했다. 인간은 모두 두 개의 성(sexes) 중 하나로 태어났기 때문에, 그리고 여성을 부적격자로 판정하는 데에도 남성을 유리하게 하는 데에도 성이 이용되어 왔기 때문에 평등으로 향하는 길은 인간 개인들을 복수적으로, 즉 두 가지 유형으로 재정의하는 것을 통해 가능했다. '남녀동수'의 전략은 보편주의의 위선을 드러내도록 기획되었다. 이는 보편주의가 남성을 이성(理性)에 의해 의미화되는 일반적이고 추상적인 것과 동일시하고, 여성을 성에 의해 의미화되는 특수하고 구체적인 것과 동일시함으로써 남성이라는 성에 역사적으로 특권을 부여했던 측면— '개인', '시민', '대표'를 나타내는 프랑스어는 남성형이다—을 드러내는 것이었다. 이 전략은 또한 이주를 둘러싸고 만들어진 공화주의적 합의가 허용하지 않았던 보다 급진적인 민주적(다문화적) 대안을 회피하도록 고안되었다. 진정으로 포괄적인 개인주의는 인간 종의 필수적 이원성을 주장함으로써만 존재할 수 있었다. 즉 그러한 개인주의에서 성(sex)은 더 이상 문제되지 않는 것이었다. 프랑소와즈 콜랭은 다음과 같이 논평했다. "권력의 성화(sexualization)를 가장 잘 유지했던 것이 바로 보편주의였고, 반대로 '남녀동수'는 보편주의를 양성(sexes) 모두에게로 확장함으로써 권력을 탈성화하려고 시도한다는 주장은 역설적이지만 흥미롭다. 요컨대 '남녀동수'가 진정한 보편주의가 될 것이다."35)

『여성 시민들에게 권력을!』의 저자들은 성적 특징을 가진 육체들(sexed bodies)에 대해 토론하면서 '자연적 본질'이 부과하는 함정에 대해서 깨달았다. 그러나 그들은 일단 법이 발효되면 그러한 함정을 우회할 수 있을 것이라고 기대했다. 하지만 그들은 이 법의 필요를 정당화하는 동안 젠더의 생물학적 결정을 당연하게 생각하는 상식적 이해를 다루어야 했다. 문화 또는 법이 가지고 있는 영향력에 관해 비교적 간단하고 겉으로 보기에 자명한 공식화는 어디에도 없었다. 대신에 '남녀동수' 지지자들은 여성에 대한 차별이 기반하고 있는 본질주의적 관점과 구별될 수 있는 새로운 개념화를 위해 부단히 전진하고 있었다. 한 예로 1992년 10월에 열린 『여성 시민들에게 권력을!』에 관한 한 세미나에서 세르방—

슈레이버는 '남녀동수'가 여성의 '진정한 본성', 즉 그들의 본질적인 '차이'를 인정하기 위한 방법이라는 생각에 반박했다. 그 핵심은 특별한 '여성의 이해관계'를 옹호하거나 입법영역에 독특한 여성적 능력을 끌어오려는 것이 아니라—"그 길은 우리를 차이주의 담론에 빠지게 할 것이다. 나는 차이주의를 결코 수용하지 않는다"[36]—여성을 국가의 그럴 듯한 대표자로 만들려는 것이었다. 인간의 해부학적 이원성을 주장하는 것은 인류를 대표할 수 있는 여성의 동등한 권리를 요구하는 방법이었다. "인간 종은 두 다리로 직립하는 하나의 단일체이며, 하나의 몸의 일부분인 두 다리는 서로 교환할 수 없다. 우리는 이러한 이원성—차이가 아니라 이원성—에 대한 **정치적** 인정을 추구한다. 그것이 바로 '남녀동수'이다."[37] 세르방–슈레이버는 '차이'가 여성과 남성의 불가피한 생물학적 능력과 특성에 관한 모든 유형의 문화적 가정으로 가득 채워진 반면, '이원성'은 그러한 연결을 막는다고 생각했다. 여성과 남성은 어떤 의미에서 상호 교환될 수 없었다. 만약 이들이 상호 교환가능하다면 여성은 지배적인 남성들에 포섭되고 그래서 그 존재가 삭제되었을 것이다. 이러한 삭제—차별—에 맞서는 주장은 여성들이 뚜렷하게 가시화되어야 한다고 요구했다. 평등은 장애물로서의 성(sex)을 제거하면서 여성에게 개인의 자격을 부여하기 위해서는 이원성—인간은 남성과 여성이라는 것—이 인정되어야 함을 의미했다.

하지만 이원성은 상보성에 관한 주장도, 사회의 필수적인 이성애적 토대에 관한 주장도 아니었다[상보성과 이성애적 토대는 추상적 개념이 아니라 문화적 정의(定義)였다]. 오히려 남성과 여성은 단순하게 두 가지 인간의 유형으로 존재했다. 그런데 차별은 여성이 선출의회에서 대표자가 되는 것을 방해해 왔다. 이는 자연적 본질에 대한 위반이 아니라—자연적 본질과는 아무런 관계가 없었다 — 민주주의 원칙에 대한 위반이었다.

> 민주주의는 보편적 열망이며, 보편성은 여성과 남성을 포괄한다. 그러므로 만약 대의제가 동등하지 않으면 — '남녀동수' 적(paritaire)이지 않으면 — 어떤 대의민주주의도 없을 것이다. 오늘날 선출의회에서 나타나는 여성의 과소대표성은 한결같이 너무 불균형해서 사유의 결핍, 결과적으로 법적 결함을 드러낸다. 이러한 불균형 때문에 새로운 민주주의적 계약이 필요하다. '계약'이라는 단어는 계약하는 당사자들이 서로 동등하다고 가정한다. 오직 '남녀동수' 법을 채택하는 것만이 이러한 평등이 허위가 아니라는 것을 보증할 것이다.[38]

저자들은 '남녀동수'를 미국식(à l'américaine) 차이주의적 또는 공동체주의적 빙산의 일각이라고 보는 사람들로부터의 반대를 예상하면서[39] 자신들은 결코 여성을 '계급'이나 '사회적 집단'으로 다루지 않는다고 밝혔다. 그들은 "보편적 참정권의 단일성을 균열시키는 사회적 조합주의"에 반대한다고 말했다. 여성은 모든 이익집단을 가로지르기 때문에 여기에 문제가 되는 '여성의 이해관계'는 전혀 없었다. 여성을 선출하는 것은 별도의 단일한 집단을 입법부에 끼워넣는 것을 의미하는 게 아니라, 이들을 모든 정당에서 그리고 모든 측면의 논쟁적 쟁점들에서 볼 수 있게 되는 것이다. 저자들은 여성을 계급, 사회적 범주, 인종적 공동체와 같은 수준에 두는 것은 '악의적'이라고 말했다. "여성은 어디에서나 존재한다. 여성은 모든 계급들 속에 있으며, 모든 사회적 범주들 속에 존재한다. 여성들은 가톨릭교도이고, 개신교도이며, 유대인이고, 무슬림이고, 무신론자이다. … 그리고 그들은 더 나은 방식으로 대표되기를 요구하는 … 어떤 압력집단과도 비교될 수 없다. … 여성은 하나의 집단도 아니고 하나의 압력단체도 아니다. 여성들은 주권적 인민의 절반, 즉 인간 종의 절반을 구성한다."[40] 블랑딘 크리겔(Blandine Kriegel) 또한 여성을 소수집단과 동일시하는 것을 거부했다. 그녀는 "여성성은 보편적이다. 누군가가 남성일 때 그 사람이 인간인 것처럼 누군가가 여성일 때 그 사람 역시 인간이다"라고 쓴 바 있다.[41] '남녀동수'에 관한 법은 여성을 정의될 수 있는 속성을 가진 하나의 집단으로 보는 차이주의적 시각이 아니라 민주주의의 보편주의적 원칙을 이행하는 의미를 가지고 있었다. 가스파르는 "분명히 '남녀동수'는 여성에 관한 것일 뿐만 아니라 민주주의의 바로 그 구성에 관한 것이기도 하다"라고 단언했다.[42]

본질주의의 미끄러운 비탈

'남녀동수' 지지자들의 주장이 엄밀했음에도 불구하고 그들은 차이의 딜레마를 피할 수 없었다. 그 딜레마는 페미니스트들과 공화주의자들 모두가 제기했던 반론에서 가장 두드러지게 나타났다.[43] (흥미롭게도 '남녀동수' 법의 반대자들과 지지자들은 전통적인 정당 혹은 이데올로기적인 계파를 따라 나누어지지 않았다.) 물론 여성이 대표자가 될 권리를 본질주의적인 용어 이외의 다른 표현으로 주장하는 것을 받아들일 수 없었던 지지자들도 있었다. 이러한 비평가들과 몇몇 지지자들에게 '여성'은 '자연적인' 수준에서 이해되는 사회적 속성으로 가득 찬 영속적인 정체성의 범주였다. 여성이 자연적인 존재라는 것은 상식에 의해 확인되며,

따라서 법의 변화에 의해 추상화되거나 변할 수 없었다. 성차에 관한 한 여성에게 있어서 탈상징화는 불가능했다.

'남녀동수' 지지자들

대표 지위에 대한 여성들의 접근이 가능하도록 하기 위해 '남녀동수' 지지자들이 법의 권력에 관한 추상적인 주장들과 씨름하는 와중에 그들은 종종 자신들의 주장을 실천적인 용어로 정당화하라는 요구를 받았다. 평등은 더할 나위 없는 원칙이었다. 하지만 더 많은 여성들이 선출 공직에 진출한다는 것은 실제로 어떤 변화를 가져오게 되는가? 이러한 질문은 여성의 차이에 대한 몇몇 견해, 즉 사실상 여성들은 공유된 특성을 가진 하나의 집단이고, 이들이 정치영역에서 감지되는 결핍을 채울 것이라는 견해를 내포하고 있었다. 그러나 그러한 견해는 '남녀동수'의 목표—널리 퍼져 있는 가정에 대항하여 여성은 남성과 마찬가지로 개인이다 혹은 개인이 될 수 있다고 주장하는 것—에 대한 근본적인 오해를 드러내는 것이다. '남녀동수' 지지자들이 자신들의 주장을 일관되게 하기 위해서는 법에 의해 이행되는 평등원칙만이 그들의 유일한 목표라고 주장하면서 아마도 이런 질문을 받아들이는 것조차 거부해야만 했을 것이다. 이는 어떠한 '정치 외적인(extrapolitical)' 주장도 하지 말라고 경고했던 벨기에의 철학자 장 보겔(Jean Vogel)의 충고였다. "'남녀동수'는 평등과 민주주의에 관한 것이다. 그러므로 민주주의에 대한 자아비판으로 정당화되어야 하는 민주주의의 내적 작용과 관련된 것이지 정치 외적인 고려와는 관련이 없다."[44] 하지만 때때로 몇몇 논쟁은 대답을 요구했기 때문에 '남녀동수' 지지자들은 불가피하게 응답할 수밖에 없었다.

그리고 그들 중에서도 경험 때문이든 본성 때문이든 간에 여성은 본질적으로 남성과 다르다고 믿는 사람들이 있었다. 그들은 성차가 법이 반영할 수는 있으나 결코 변화시킬 수는 없는, 더 이상 어쩔 수 없는 대립이라고 생각했다.

『여성 시민들에게 권력을!』의 저자들은 양성의 상보성에 관한 어떠한 주장이나 여성적 존재가 입법부의 감수성을 증가시키거나 법 제정에 더 큰 조화를 가져올 방법에 관한 어떠한 주장도 조심스럽게 피해갔다. 하지만 차별은 여성들로 하여금 정치적 과정에 대해 다른 관점을 갖도록 했다는 (내가 보기에 상당히 논리적인) 논지를 폈다. 가스파르는 비아냥과 옹호를 동시에 담아 "여성들은 그들의 특별한 경험의 결과로 특수한 전문지식을 끌어올 것이다"라고 주장했다.[45] 사회당의 투사 장-피에르 슈베느망에 따르면 그 경험은 여성이 권력과 맺는 관계에서 비롯된 것인데, 이는 남성의 경험과는 다르며, 그래서 새로운 관심을 표면화할 것이다. 그는 "이는 여성이 본성상 대안적인 정치적 실천의 열쇠를 쥐고 있다는 의미는 아니지만 그들의 기여는 동요를 일으키는 데 도움이 될 것이다"라고 조심스럽게 덧붙였다.[46] 경험에 대한 이와 같은 견해에 기반하여 세르방-슈레이버는 여성들이 권력을 가진 위치에 있을 때 그들이 "항상 다른 여성의 이해관계에 반대표를 던지는 것은 아니며, 여성문제에 대한 어떤 연대가 존재할 거라고 기꺼이 '장담'한다"고 한 페미니스트 집단에게 말했다. 그녀가 "항상 반대표를 던지는 것은 아닐 것이다"라는 부정적인 어투를 사용하는 것은 여성은 반드시 여성의 이해관계를 대표할 것이라는 본질주의적 주장을 피하는 방식이었다. 이러한 일종의 완곡한 표현은 실제적인 문제와 추상적인 개념화를 조화시키기가 어렵다는 증거이다.[47]

다른 이들은 여성의 다른 경험이 가지고 있는 역사적 혹은 문화적 구성을 당연한 일로 생각했고 여성의 잠재적인 기여를 좀 더 폭넓게 일반화했다. 따라서 이베트 루디는 "고정관념을 넘어서 여성들은 일상에서 사물들을 다르게 보았고, 다른 방식으로 문제를 해결했으며 … 다른 관점으로 정치에 접근했다"고 말했다.[48] 루디와 마찬가지로 '남녀동수' 캠페인의 중요한 인물 중 한 사람이었던 정치학자 자닌 모쉬-라보(Janine Mossuz-Lavau)는 투표자 선호를 주제로 한 자신의 연구결과를 공/사 구분을 불러내는 방식으로 요약했다. 예컨대 여성은 사적인 것에, 남성은 공적인 것에 더 익숙하다는 것이다. "남성들이 정치를 기관이나 정당으로 정의하는 반면, 여성들은 사람들에 대해 이야기하고 그들을 위해 무엇을 수행할 수 있을지에 대해 말한다." 결과적으로 "여성은 실업이라는 현상보다는 실업자라는 사람에 대해서 자신의 견해를 표현한다"는 것이다. 추상적인 것이 아니라 구체적인 것이 여성들의 관심사였다.[49] 1996년에 10명의 주요한 여성 정치인들은 '남녀동수'를 위한 성명서[10인 성명서(Manifesto of Ten)]를 발표하면서 차이에 대한 상식적인 개념에 호소했는데, 아마도 그들이 성차에 의해 상징화된 사회질서를 전복할 의도가 없음을 대중에게 재차 보증하려는, 적어도 부분적으로는 계산된 시도로써 이러한 몇몇 견해가 한층 더 부각되었다. 그 성명서는 공화국 설립 당시 '자코뱅당에 의해' 일어났던 여성 배제가 남성적인 것(virility)—위계적인, 중심화하는, 거만한, 논리적인, 추상적인—과 여성적인 것(femininity)—타인을 '있는 그대로' 이해하는, 민감한, 구체적인, 일상의 돌봄에 주의 깊은—간의 불행하지만 영속적인 대립을 초래했다고 밝혔다. 그들은 이러한 대립을 거부하는 대신에 받아들였고, "여성은 자신이 가진 정체성과 역사로 인해 남성보다 더 좋은 자리를 배정받지는 못하지만 도전에 응해야 하는 자리에는 잘 배정된다"고 주장하면서 당대의 문제들— '정보의 순환, 지식의 유포, 개인 간의 관계들과 집단적인 관계들'—에 여성들이 진입하지 못한 것을 안타까워했다.[50] 여전히 그들은 여성들이 오직 여성만을 대표할 것이라고 주장하지 않았는데, 정확히 말하자면 여성의 진입이 공동의 정치적 토의에 다른 관점을 가져올 것이라고 주장하지 않았다. 다음 단계는 이러한 역사적으로 구성된 대립을 받아들이고 그것을 훨씬 더 영속화시키는 것이었다. 그래서 그것이 바로 녹색당(Green Party) 당수인 도미니크 보이네(Dominique Voynet)가 "삶의 모든 측면에서" 여성과 남성의 상보성이 필요하다고 지적했던 것이었다.[51]

'남녀동수'가 추진력을 얻고 중요하면서도 논쟁적인 운동이 되자 (4장을 참조할 것) 그것은 본질주의의 함정에 덜 신중하며 정체성의 정치학을 거부하면서도 (다른 이들은 법이나 역사에 원인을 돌렸던) 남/녀 대립을 자연화하는 지지자들을 끌어당겼다. '남녀동수' 운동의 창시자들은 해부학적 이원성과 성차를 구분하려고 애썼지만 일부 지지자들은 그 둘을 융합했다. 예를 들면 성차는—생물학적이든 심리학적이든 상징적이든 간에—'근본적이며 환원할 수 없는 것'이라고 오랫동안 믿어온 페미니스트들이 있었다. 줄리아 크리스테바(Julia Kristeva)의 경우, 성적 차이에 대한 인식과 인류문화 간의 관계를 파악하기 위해서는 '친족의 기본 구조'를 고려하기만 하면 되었다. "'남녀동수'는 결국 그것의 구성적 이원성 안에서 재현된 인간성을 반영한다. … 희생의 의미도 생식의 의미도 아닌 성스러운 존재라는 의미를 잃지 않았던 인간성을 말이다."[52] 이 주장(그리고 모성을 여성성의 핵심으로 강조하는 크리스테바의 다른 저작)은 정치에서의 상보성이 이성애 커플의 자연적 질서를 반영할 것이라는 주장에 가까웠다. 이는 철학자 실비안느 아가젠스키(Sylviane Agacinski)가 1998년 그녀의 저서 『성의 정치(*Politique des sexes*)』에서 주장하기 시작했던 바였다.[53] 아가젠스키는 동성애 커플의 권리를 인정하는 법이 논쟁 중이었던 시기에 그 논쟁을 염두에 두고 이 책을 썼는데, 그녀는 항상 문화적이어 왔던 본성에 근거하여 '남녀동수'를 지지했다. 그녀는 양성(two sexes)이 존재할 뿐만 아니라 생식에 기반을 둔 이성애의 필수적인 관계라고 보았다. '남녀동수' 지지자들은 해부학적 이원성의 실재와 이것에 대한 의미부여 사이를 구분하면서 근본적으로 양성 간의 차이를 탈정치화하려고 애썼던 반면, 아가젠스키는 양성에 귀착된 의미들을 생물학, 사회조직, 정치학에 근본적인 것으로 만들었다.

나는 가족법 개정에 관련된 아가젠스키의 주장과 '남녀동수' 논쟁에 그녀의 주장이 미친 영향을 5장에서 논의할 것이다. 이는 '남녀동수' 캠페인에서의 전환점, 즉 본질화가 일어나는 순간이었다. 이 장에서는 그녀의 개입이 차이의 딜레마를 예증하는 방식만 짚고 넘어가고자 한다. '남녀동수' 지지자들은 '여성'이 캠페인의 대상이라고 설명하면서 그의미를 통제하는 데 곤혹을 치렀던 것 같다. 즉 문화적인 속성들로 충만한 여성의 차이가 정치권력의 효과가 아니라 권력이 참조해야만 하는 자연적인 본질로 여겨지게 되었던 것이다. 심지어 '남녀동수' 법을 가장 열렬하게 지지한 사람들 중 몇몇은 가스파르, 세르방-슈레이버, 르 갈이 제안했던 인과관계를 바꾸어 놓으려는 경향이 있었다. 가스파르와 그의 공동저자들에게는 법이 양성 간의 사회적 관계를 변화시킬 수 있는 것이었다. 즉 양성 간의 관계가 어떠해야 하는가를 결정하는 해부학적 이원성 안에는 고유한 어떤 것도 없었다. 아가젠스키에게 있어서 법은 이미 존재하는 자연적 질서에 반응해야만 하는데, 이 질서는 추상적인 이원론이 아니라 의미로 가득 찬 일련의 차이들이었다. 아가젠스키가 생각하기에 남성과 여성은 우연히 성으로 구분되어진(be sexed) 개인들이 아니라 필연적으로 남편과 아내라는 마주보고 있는 한 쌍이었다. 보편적 개인은 복수화될 뿐만 아니라 보편적 커플로 재배치되었다. 아가젠스키의 주장은 가스파르와 그녀의 공동저자들이 추구했던 **개인으로서의** 바로 그 평등을 여성에게는 부인하면서 공화주의적 합의의 틀을 결국 벗어났다.

'남녀동수' 비평가들

사회학자 이브 생토메(Yves Sintomer)에 의하면 '남녀동수' 비평가들은 최소한 세 집단으로 나뉘었다. 그 중 한 집단은 필립 드 골(Philippe de Gaulle, 드 골 대통령의 아들)과 같은 고전적 안티 페미니스트들로 구성되었는데, 이들은 '태초부터("depuis le monde est monde")' 여성은 아이를 낳기 위해, 남성은 세상을 창조하기 위해 존재한다고 주장했다.[54] 이러한 전통적인 공/사 구분은 가스파르에서 아가젠스키에 이르는 '남녀동수' 지지자들이 제거하고자 했던 위계를 아주 잘 보여주었다. 두 번째 집단은 대부분 좌파와 동일시되는 지식인들로 구성되는데, 이들은 평등이 바람직하다고 인정했다. 하지만 남녀동수에 함축된 본질주의를 받아들이는 것, 실질적(사회적·경제적) 권리보다 형식적(법적) 권리를 특권화하는 대의민주주의의 자유주의적 원칙을 승인하는 것, 이 둘 모두에는 반대했다.[55] 세 번째 비평가 집단은 정치로부터의 여성 배제가 애통한 것이라는 점에는 동의했던 반면, '남녀동수'가 공화주의적 개인주의를 미국식 공동체주의로 대체할 위험이 있다고 보았다. 나는 이 집단을 '공화주의자들'이라고 명명한다.

안티 페미니스트들의 반응은 완전히 예측가능했는데―아이러니하게도 이들은 '남녀동수'가 권력의 젠더화된 근간을 변경시키려는 시도라는 것을 인정했다―이들을 제외하고 두 번째와 세 번째의 비판적 입장들은 차이의 딜레마를 명백하게 보여주었다. 이들 각각은 '남녀동수'에 대한 요구를 오래 지속되었던 편견에 대한 교정으로 이해했던 것이 아니라 단지 여성이기 때문에 여성을 선출하도록 요구하는 것, 즉 '공동체주의' 혹은 정체성의 정치라는 형태로 받아들였다. 공화주의자들은 공직을 차지하기 위한 표준 자격인 재능, 능력, 기술에 새로운 요건, 이름하여 '여성이라는 성의 존재'가 추가되고 있다는 생각에 반대했다.[56] 그리고 좌파 진영에 선 비평가들은 '남녀동수' 지지자들에게 여성을 하나의 집단으로 대우하는 것에 대해 경고했다. "남성들이 동질적인 사회적 범주를 구성하는 것 이상으로 여성들은 본래 그런 식의 사회적 범주를 구성하지 않는다"[57]는 것이다. 『여성 시민들에게 권력을!』의 저자들은 이러한 논평을 어처구니없는 것으로 느꼈음에 틀림없다. 왜냐하면 그들은 여성들이 동질의 사회적 범주라는 생각에 격렬하게 반대했기 때문이다. 그러나 그 논평은 차별적인 실천들이 의존하는 근거를 변경시키고자 하는 복잡한 개념들(성적 차이보다는 해부학적 이원성, 양성 간의 사회적·상징적 관계를 변화시키거나 젠더를 부적절한 것으로 만들기 위한 법의 권력)과 정치적인 싸움을 하는 것이 갖는 어려움 또한 보여주었다. 공화주의 비평가들이 '남녀동수'가 해부학적 이원성에 주목하는 것은 성적 차이를 의미하기 위해서이기 때문에 위험하다고 판단했다면, 좌파 진영의 비평가들은―이들은 해부학적 이원성과 성적 차이를 융합했는데―성적 차이에 주목하는 것이 계급과 같은 보다 두드러지는 차이들을 보이지 않게 만들기 때문에 지나치게 제한적이라고 비판했다. 그러나 이 비평가들은 대안을 제시하는 데에서 차이의 딜레마를 해결하는 데 성공하지 못했다. 그들은 차별—여성의 성차는 추상성에 받아들여질 수 없다는 믿음에 근거한 차별—문제에 대한 어떤 해결책도 가지고 있지 않았다.

좌파 진영의 비평 좌파쪽의 비평가들은 '남녀동수' 캠페인에 대해 수많은 반대 의견을 제시했다. 무엇보다도 그들은 '남녀동수'가 원래 의도와는 달리 여성과 남성 사이의 본질화된 대립을 해소하기보다는 오히려 이를 구체화할 뿐이라고 주장했다. 특히 이러한 구체화는 여성이 개인으로서 혹은 여타 다른 집단의 구성원으로서 행동할 가능성을 부인했다. 여성에 대한 차별이 존재할지도 모르지만 그 차별을 종식시키려는 주장이 여성에 의해 여성을 위해 형성되어서는 안 된다는 것이다. "이는 여성이 오로지 동질적 집단의 구성원으로서 정치에 입문할 수 있다는 인상을 남길 것이다. … 이러한 관점에서 볼 때 공적 삶에 대해 개인들에게서 비롯되는 단일한 공헌의 가능성, 즉 시민의 근본적인 조건은 여전히 막히게 된다."[58] 좌파 진영의 페미니스트들은 '여성'을 하나의 사회적 집단을 의미하는 것으로만 이해했고, 그래서 그들은 대표자로서의 여성이 갖는 정당성이 이들이 가지고 있는 개인적 능력이 아니라 집단 정체성으로 인해 선출된 것이라는 생각으로 훼손될 것이라고 우려했다.[59] 따라서 '남녀동수'는 여성들이 프랑스의 대표가 되는 것을 거의 불가능하게 만드는 편견을 없애기보다는 오히려 강화할 거라고 보았다. 이러한 시각에서 '남녀동수'는 페미니즘의 모조품(trompe l'oeil) 정도로 취급되었는데, 생물학에 근거하여 차이를 인정하는 것은 엄연히 차별을 재생산하는 방향으로 인도하지 약속된 평등으로 인도되지는 않을 것이기

때문이었다.[60]

이러한 비평가들은 만약 여성이 하나의 정체성을 가진다면 그것은 그들의 육체적 구성 때문이 아니라, 그들이 겪는 사회적·경제적 억압 때문이라고 주장했다. 이 점은 여성들에게 억압받는 더 큰 집단과의 제휴를 약속해 주는 것이었다. "유일하게 가능한 동맹은 여성과 남성의 이해 관계 및 필요에 근거하여 지배에 대한 복합적이고 종종 모순적인 시각에 기반해서 세상에 대한 대안을 발전시키는 정치적 기획이다."[61] 이 비평가들에게는 여성들이 공직 진출로부터 배제되었음을 호소하는 것보다는 여성들이 실업자 중에서, 그리고 빈곤한 가구의 가장으로서 지나치게 과잉 대표되었다고 지적하는 것이 더 중요했다. 한편에서 페미니즘이 사회정의에 헌신했다면, 다른 한편에서는 그렇지 않아도 특권을 가진 소수의 여성들이 더 나은 직업에 진입하는 것을 보장하려 애쓰기도 하였다. 배제의 여러 유형을 구별하지 못하는 것은 모든 형태의 사회적 적대를 성적 차이로 환원하거나 다른 이들—이민자, 실업자—의 곤궁을 무시할 위험을 무릅쓰는 것이었다. '남녀동수' 캠페인은 오직 남성적 조건으로 권력의 현관에 들어서려고 하는 소수의 여성 정치인들(patriciennes)의 경력을 향상시키는 데에만 관심을 가지고 있는 정치적 엘리트주의라고 비난받았다.[62] 초기 지지자였던 피에르 부르디외(Pierre Bourdieu)는 보편주의에 대한 '남녀동수'의 비판이 "현재 지배적 위치에 있는 남성과 동일한 사회적 공간 출신의 여성들에게 우선권을 부여함으로써 또 다른 형태의 거짓된 보편주의의 영향력을 강화할 위험이 있다"고 후에 염려했다. 대신에 그는 모든 사회제도들 안에서 (그러나 그런 행동을 촉발시킬 수 있는 구체적인 형태를 일일이 설명하지는 않고) '모든 지배의 영향'에 반대하는 행동을 촉구했다.[63]

비록 이 지지자들이 오직 여성만이 여성을 대표할 수 있다는 견해를 실제 승인하지 않았다 하더라도 역사학자인 엘레니 바리카(Eleni Varikas)는 '남녀동수'가 논리적으로 "여성은 여성으로서의 시민권을 행사해야 한다"는 것을 함축한다고 주장했다.64) 그리고 나서 그 논리를 여성 후보자가 남성보다 더 선호되어야 한다고 요구하는 데까지 확장했다. 그러나 이는 단지 여자이기 때문에 국민전선당의 마리-프랑스 스티보아(Marie-France Stirbois) 같은 후보에게 투표하도록 페미니스트들을 고무할 배신이라고 말했다. 이와 같은 접근은 실재하는 불평등의 희생자였던 여성(그리고 남성)에게 이로울 수 있는 실질적인 정책을 지원할 필요를 부인했다.

'남녀동수'가 대의제와 법률 통과 같은 정치적 문제들을 강조하는 것은 프랑스 사회의 더 근본적인 경제적 불평등에 대한 관심을 흐트러트리는 자유주의적 태도처럼 보였다. '남녀동수'는 좌파 비평가들이 문제제기했던 사회정의나 단순한 법 개정을 요구하는 것이었던가? 만약 사회정의가 쟁점이라면 보다 더 넓은 대의민주주의, 즉 더 많은 대표들을 요구하는 압력이 있어야만 할 것이다. 대의제의 위기는 진정한 민주주의를 요구할 길을 열어주었다. 하지만 '남녀동수'는 보편주의를 재정의하는 대신 낡은 보편주의, 즉 추상적 개인이라는 용어를 받아들임으로써 민주주의를 위한 이러한 기회에 문을 닫고 있었다. '남녀동수'는 여성을 기존의 공화주의 체제에 통합시키려 애썼다. 좌파쪽에 있던 비평가들은 모든 과소 대표된 집단들이 목소리를 찾을 수 있도록 체제 그 자체의 변화를 원했다. 그들은 법적인 방법으로는 이런 변화가 일어날 수 없을 것이라고 주장했다. "현재 상태에서 이러한 생각은 여성과 남성 간의 권력관계에서 변화가 가능하고 이와 같은 적대감들이 단순히 법의 통과에 의해 변화될 것이라는 환상을 유지하는 것이다."[65] 여성이 선출의회에서 50%의 의석을 차지한다 하더라도 남성은 여전히 더 많은 권력을 가질 것이다. 왜냐하면 법률 그 자체는 기존의 '권력관계'를 변화시킬 수 없기 때문이다. 50%가 여성인 의회가 여성에 대한 고정관념을 역전시키면서 강력한 상징적 효과를 가질 것이라는 주장에 대하여 바리카는 상징과 현실 사이의 관계는 "쉽사리 인지되는 것보다 훨씬 더 복잡하고 훨씬 더 상호 매개되어 있다"라고 응수했다.[66] 여성의 경제적·사회적 무권력은 정치를 포함한 모든 영역에서 여성에 대한 인식에 영향을 미칠 것이다. 여기에서 '남녀동수' 주창자와의 불일치는 근본적이었다. 좌파 페미니스트 비평가들에게 법은 단순히 사회적인 변화를 따라가는 것으로서 사회변화에 선행하거나 그것의 원인이 되는 것이 아니었다. 실제적인 것에 상징적인 것이 있는 것처럼 사회적이고 경제적인 것에 정치적인 것이 있으며, 정치적인 것과 상징적인 것은 항상 사회적이고 경제적인 삶의 현실을 반영해 왔다(결코 구성하지는 않았다). 더구나 '남녀동수' 지지자들이 더 큰 평등으로 향하는 점진적인, 일련의 축적적인 진보로서 변화를 이해했던 반면, 좌파 비평가들은 어떻게 변화가 발생하며 그것이 무엇을 수반할지에 대한 보다 역동적이고 총체적인—보다 혁명적인—이해를 가지고 있었다.

　'남녀동수'에 대해 좌파 비평가들은 사회적 차이가 프랑스 사회를 분리했다는 것을 인정할 필요를 부인하지 않았다. 실제로 그들은 그러한 인정이 기존의 권력구조를 변혁시키도록 운동을 조직할 수 있는 유일한 방법이라고 보았다. 그러나 '남녀동수'가 (그들이 성차와 동일시했던) 해부학적 이원성에 초점을 맞춘 것에는 반대했는데, 왜냐하면 그렇게 초점을 두는 것은 계급과 같이 보다 중요한 차이들을 무시하는 것이었고, 경제적인 인과관계보다 생물학적인 인과관계를 문제시하는 것으로 보였기 때문이었다. 더 나아가 그들은 법이 생물학적 인과관계를 지적하는 근거가 되고 그래서 그것을 변경시킬 수 있다고 보는 '남녀동수' 지지자들의 생각을 거부했다. '피지배자들(les dominés)' 간의 정치적 동맹을 위한 그들의 요구는 본질주의의 부담을 비껴갔지만 성적인 차별 자체가 다루어질 거라고 보장하지는 않았다. 실제로 바리카 자신이 인정했던 것처럼 젠더에 기반한 위계를 무시하는 것으로 악명 높은 좌파 운동에서 여성에 대한 특별한 관심의 부재가 차별을 종식시키기보다 오히려 영속시켜 왔을지 모른다.[67] 그녀의 해결책은 더 나은 운동을 창조하고 다양한 유권자들의 요구에 더 많은 주의를 기울이는 것으로, 이는 궁극적으로 새로운 형태의 민주정치인 것이었다.

그들 자신의 논리에 따르자면, '남녀동수'에 대한 좌파 비평가들은 차이의 딜레마에 사로잡혀 있었다. 즉 그들은 이미 상징화된 사회적 범주가 아니고서는 여성에 관해 생각지 못했다. 그리고 그들은 두 개의 불만족스러운 대안을 가지고 분투했다. 여성을 분리해내는 것은 여성에 대한 차별이라는 용어들을 필연적으로 재생산했던 반면, 그들을 '피지배자(dominés)'의 범주에 포함하는 것은 그렇지 않았다. 그러나 여성을 '남성형 피지배자(dominés)'로 정의하는 것은 성(sex)에 기반하여 이루어지는 여성에 대한 차별이 가지고 있는 특정성, 즉 좌파 페미니스트들이 인정했지만 결국 해결할 수 없었던 특정성으로부터 관심을 다른 방향으로 돌리는 것이었다[바리카가 '남성형 피지배자(dominés)'라는 용어를 사용한 것은 이 문제의 징후이다].

공화주의 진영의 비평 '남녀동수'에 대해 좌파 비평가들과 마찬가지로 자칭 공화국의 수호자들인 이 비평가들은—물론 이들 중 다수 역시 정치적 좌파였다—추상적인 것(해부학적 이원성)과 부여된 의미(성차) 사이를 구분하는 것에 귀를 기울이지 않거나 이를 받아들이기를 거부했으며, 따라서 그 운동의 암묵적인 본질주의에 강하게 반대했다. 그들은 이것이 페미니즘의 성취를 여러 세대 후퇴시킬 것이라고 생각했다. 따라서 엘리자베트 바댕테르(Elisabeth Badinter)는 '남녀동수'가 필연적으로 추상적이어야 하는 보편적인 것을 '구체화'하려 했다고 역설했다.[68] 법학 교수인 이블린 피시에(Evelyne Pisier)는 '양성의 평등'에서 '양성 간의 평등'으로 요구를 변화시킴으로써 '남녀동수'가 추상적인 보편적 원리로 남아 있어야 하는 것에 차이를 끼워넣었다고 주장했다.[69] [이는 그녀의 실수였는데, '남녀동수' 지지자들은 '양성 **간의** 평등'이 아니라 '양성**의** 평등'을 요구하고 있었다.] 피시에는 역사적으로 페미니즘의 핵심은 정치참여를 위해 성(sex)의 중요성을 부인하는 것이었다는 논지를 폈다. 해부학적인 이원론이 불가피하게 생물학에 뿌리내리고 있었기 때문에 이는 여성에 대한 모든 유형의 차별대우를 정당화하는 데에 사용되곤 했다. 그녀의 관점에서는 구체적인 것이 추상적인 것과 결코 분리될 수 없었다.

공화주의자들은 그들이 남녀동수의 불가피한 본질주의라고 생각했던 바에 대하여 반대했다. "생물학적인 결정에 의존하는 것은 … 어떠한 존재의 공동체도, 어떠한 자유의 기회도 창조하지 않지만 그것은 항상 재출현할 위험이 있는 차별의 조건들을 재창조한다."[70] 계급, 교육, 정치적 제휴를 압도하는 고유하게 여성적인 어떤 것이 있다고 보았던 (10인 성명서에서 제기된) 견해는 공화주의적 비평가들 중에서 아마도 가장 시끄럽고 자주 인용되는 엘리자베트 바댕테르를 격노하게 했을 것이다. 그녀는 "나는 나의 가치를 공유하지 않는 여성보다 나의 가치를 공유하는 남성에게 더 가깝게 느낀다"71)고 말했다. 그리고 그녀는 의회나 정부로 진입하려고 했던 소수 여성들의 처신에서 그들의 차이에 대한 관념을 확인할 수 있는 어떤 것도 발견하지 못했다. "회의적이어서 유감스럽지만, 나는 국립행정학교(ENA)나 고등기술학교(polytechnics) 졸업생인 권력을 가진 여성들과 함께 일하면서 그들이 남자 동료들과 매우 유사하다는 사실을 발견한다. 그들은 같은 특성, 같은 단점을 가지고 있다."72)

또 다른 반대는 '공동체주의'의 위험에 대한 것이었다. 공동체주의를 보수주의라고 공격하는 좌파 비평가들과 달리, 공화주의적 논평가들은 '남녀동수'를 프랑스의 정치체제를 급진적으로 개조하고 "미국에서 수입된, 할당제라는 공동체주의적 민주주의"로 대체하려는 시도라고 비난했다.73) 미국은 이런 비판들을 돋보이게 하는 것이었는데, 누구든 프랑스 공화주의의 원칙을 훼손하면 (미국식) 다문화주의자라는 엄중한 경고를 받았다. '남녀동수'는 역차별로 인해 실패한 시도로 규정됨으로써 미국식 적극적 조치에 비유되었다. 바댕테르는 "차별은 결코 긍정적인 것이 아니며, 항상 차별의 대상이 되는 사람들에게 등돌리게 되는 결과를 낳게 된다"고 주장했고, (아무런 추가적인 설명 없이) '미국의 흑인들'이 이러한 진술의 증거라고 말했다.74) 또한 다니엘 살레나브(Danièle Sallenave)도 그러한 조치로부터 혜택을 얻을 것이라 생각되는 사람들이 바로 가장 혹독한 비평가들이라고 지적하면서 미국의 경우를 인용했다.75) 이러한 주장에서 미국 경험의 복잡한 사실들은 논점을 벗어나 있었는데, 프랑스가 욕망하는 단일성에 대한 안티테제로 작동했던 것은 경합하는 민족적·종교적·인종적 공동체들에 의해 추동된 미국의 이미지였다.

미국은 차이주의적이었고 프랑스는 보편주의적이었다. 무엇보다도 공화주의자들은 '남녀동수'가 간신히 승리한 보편주의를 훼손하기 때문에 위험하다고 생각했다. 그들은 프랑스 정치의 역사 속에서 차이에 대한 담론이 늘 우파와 결합되었다는 점을 상기했다. 함축적으로 '남녀동수'가 공화국의 적들에게 문호를 개방했다는 것이었다. 이러한 이유로 바댕테르는 '남녀동수'가 "우리의 현실적이고 보편주의적인 공화국에 치명적인 결과"[76]를 가져온다고 생각했다. "'남녀동수'를 법에 포함시키는 것은 시민들의 평등을 포기하는 것이며, 프랑스 공화국의 종말을 받아들이는 것이다."[77] 그리고 그녀는 정치영역에서 여성의 상황이 비참하다는 점을 인정했지만, "단일하고 분할할 수 없는 공화국의 토대를 수호하기 위해 모든 힘을 다해 싸우겠다"[78]고 맹세했다. 그 토대는 필연적으로 추상적 개인주의라는 전통적인 관념이었다. 도미니크 쉐나페(Dominique Schnapper)에게 "국가는 생물학적·역사적·경제적·사회적·종교적·문화적인 특정 자격을 초월하고자 하는 열망을 통해 스스로를 정의한다. 즉 모든 구체적인 한정을 넘어서는, 특정한 정체성이나 기질이 없는 추상적 개인으로서 시민을 정의하는 것이다."[79] 국가의 분리불가능성, 즉 국가라는 바로 그 존재는 차이에 대한 인식의 부재(1789년 이후 여성의 배제라는 모습을 띠고 성차의 배제에 의해 의미화된 부재)에 기반을 두고 있었다. 상원의원 로베르 바댕테르(Robert Badinter)에게 "주권은 공화국과 마찬가지로 나누어질 수 없는 전체이다." 그는 '구체적인 보편주의'를 언급하는 것이 그럴 듯하다는 것 이상으로 인간성이 두 개의 절반으로 구현되는 주권을 생각하는 것은 이해할 수 없다고 주장했다. "보편주의는 보편주의 이상도 그 이하도 아니다!"[80] 엘리자베트 바댕테르에게 '인간성'은 차이를 녹이는 추상적 개념이었다. 즉 "인간성이라는 개념의 위대함은 우리의 모든 차이에도 불구하고 우리 모두에게 공통적이다."[81] 피시에는 현실에서는 모든 유형의 차이가 존재할 것이지만, 이러한 차이들이 "차이를 두지 않는다는 법적 원칙"에 영향을 미치도록 내버려둬서는 결코 안 된다고 덧붙였다.[82] 결국 여성에게 투표권을 갖게 했던 것, 그리고 이제는 여성들이 정치에 접근하게 하기 위해 끌어와야 하는 것은 여성으로서의 권리가 아니라 인간으로서의 권리에 호소하는 것이었다. 추상적 개인주의는 그것이 차이를 '초월'했기 때문에 포함을 보장하는 것이었고, 그래서 정치영역에서 어떤 식으로든 차이를 인정하는 것은 불가피하게 파괴적이었다. 피시에에게 본래적으로 무의미한 해부학적 이원성은 없기 때문에 '남녀동수' 지지자들이 제공했던 식의 어떤 추상성도 있을 수 없었다.

공화국의 원칙에 대해 거듭 강하게 제기된 주장은 '남녀동수' 뿐만 아니라 여타 집단이 제기한 보다 공정한 대의제를 위한 요구를 저지하게 되어 있었다. '할당제'―비평가들의 눈에 '남녀동수'는 단지 할당일 뿐이었다―를 인정하는 것은 '조합주의적' 원칙을 도입하는 것이었고, 따라서 비례대표제를 위한 모든 종류의 요구에 그 문을 개방하는 것이었다. "프랑스 같은 사회에서 누가 더 어려운가? 북아프리카 출신 이주민의 '후손(beur)'*[역주]인가 아니면 여성인가?"[83] 살레나브는 권리를 요구하는 캠페인 대신 온갖 종류의 다양한 집단성을 인정할 것을 요구하는 캠페인이 일어날 것이라고 경고했다. 그렇다면 구분선을 어디에 그을 것인가? "흑인인가 아니면 북아프리카 출신 이주민의 후손인가, 동성애자들인가 혹은 무슬림들, 제7일 안식일 예수재림교도들인가?"[84] 그 목록

---

* [역주] 저자는 beur라는 불어가 남성형으로 쓰였다는 점을 강조하고 있다.

작성은 여러 가지이지만—마치 소수자 또는 불구자도 포함되어야 한다고 암시하는 것처럼 장애인들이 간혹 언급되었는데—이들 중 압도적으로 선점했던 것은 북아프리카 '이주민'으로 보였다. 이들의 상황은 1980년대와 1990년대 초반 동안 국민성을 둘러싼 분쟁의 중심지에 놓여 있었다. '남녀동수'는 1986년과 1993년에 국적법 개정이 거부했던바, 즉 이주민의 요구와 이해관계에 대한 특별한 승인을 재개하도록 위협했다. 그리하여 엘리자베트 바댕테르는 다음과 같이 우려를 표한 바 있다. "프랑스에서 공동체주의적 압력이 거대하게 부상하고 있는 것을 보지 않으려면 당신은 귀머거리나 장님이 되어야 할 것이다. 의회를 지켜보며 분개해서 말할 수 있는 수백만의 사람들을 포함하는 북아프리카인 '공동체'에 '남녀동수' 지지자들이 무엇을 말할 수 있는가? '그러면 우리는 어떠한가? 우리는 보편주의적 공화국으로부터 배제되지 않는가?'"[85]

이러한 비평가들 대부분은 '남녀동수'가 수정하려고 했던 여성에 대한 차별문제를 인정했으나 선출 공직에 대한 여성의 접근을 개선하기 위해 다른 방법을 제안했다. 그들은 문제가 되는 것은 여성을 위한 권리가 아니라 그들에 대한 차별이라는 사실이라고 주장했다. 잘못된 것은 원칙이 아니라 실천이라는 것이다. 공화주의자들은 영원한 공화주의라는 신화에 근거하여 반대함으로써 원칙을 불변의 것으로, 변화되어야 할 실천에 대립되는 것으로 단정지었다. 그들은 지금까지 평등의 원칙—남성과 여성 **간의** 평등이라기보다는 남성과 여성**의** 평등이라는 원칙—이 공표되지 않았던 게 문제라는 '남녀동수' 지지자들의 생각을 전적으로 거부했다. 그래서 엘리자베트 바댕테르는 정당의 여성 혐오로 인해 정치권력을 남성이 독점할 수 있었던 것은 특별한 조치로 수정될 수 있을 것이라고 생각했다. 만약 복수 겸직의 관행이 사라진다면 여성들을 위해 더 많은 자리가 가능해질 것이다. 만약 정당의 행위들이 재정적 지원에 의해 영향을 받는다면 더 많은 여성들이 후보자 목록에 기재될 것이다. 바댕테르는 정당으로 하여금 평등에 대한 기존의 약속을 이행하도록 요구하는 헌법개정을 지지했다. 이리하여 여성 과소대표성의 '실제 원인'이 해결될 거라는 것이다.[86]

인과관계의 문제에서 '남녀동수' 지지자들과 공화주의적 비평가들의 의견 차이는 근본적인 것이었다. 공화주의자들에게 추상적 개인주의라는 보편주의가 차별에 대립되는 것이었다면, '남녀동수' 지지자들에게 추상적 개인주의와 차별은 프랑스대혁명 이후 상호 구성적인 것이었다. 공화주의자들에게 차별은 오직 차이를 무시함으로써 극복될 수 있는 반면, '남녀동수' 지지자들에게는 이원성으로서 차이를 재언명하는 것만이 차별이 해결되도록 할 수 있는 것이었다. 두 입장은 차이의 딜레마를 보여준다. 공화주의자들은 '남녀동수'가 차별을 재생산할 뿐이라고 예견하였던 반면, 여성이 그들의 성(sex)에 기초한 차별에 직면해 어떻게 개인으로 고려될 수 있는지, 혹은 개인으로 고려될 수는 있는 것인지에 대해서 어떤 대답도 하지 않았다. 보편주의에 대한 기존의 개념들은 성차, 즉 추상성에 영향받지 않고 역사적으로 환원될 수 없는 것으로 간주되었던 차이라는 표식을 제거할 수 있는가? '남녀동수' 옹호자이며 녹색당 활동가인 알랭 리피에츠(Alain Lipietz)는 그것이 불가능하다고 주장했는데, 그는 선출된 대표자로서의 "여성과 노동자 사이에는 너무나 큰 차이가 있다"고 말했다. "선출된 여성은 그녀를 여성이라는 정체성에 몰두하게 하는 사회적 관계 안에 빠져 있기 때문에 여성으로 남아 있지만 일단 선출된 노동자는 더 이상 노동자가 아니다."[87] '남녀동수' 지지자들이 배제의 '실제 원인'으로 고려했던 것—성차에 기반하여 국가의 대표로서 여성은 적임자가 아니라는 개념—은 결코 공화주의자들의 일부 교정책이 될 수 없었다. 대신 공화주의자들에게는 (다른 어떤 사회적 특성들보다 더 근본적인 것으로 인식되는) 성이 여성에 대한 차별의 근거라 할지라도 개인은 어떤 성도 갖지 않으며, 성은 다른 사회적 특성들과 등가(等價)라는 허구가 정치에서 유지되어야만 했다.

* * *

『여성 시민들에게 권력을!』이 출판되었을 때부터 2000년 6월 '남녀동수' 법이 통과될 때까지 이러한 논쟁들이 고조되었다. 미국의 시각에서 보면 이 논쟁들은 (악의에 차고 열정적이었을지라도) 높은 수준의 철학적 개입이 이루어졌고, 프랑스의 몇몇 주요 지식인들이 관여했다는 점에서 주목할 만하다. 어떤 논평가들은 모든 수사적 광채 때문에 철학은 궁극적으로 정치에 영향을 주지 않는다고 주장하면서 파리의 좌안(Left Bank)에서의 가족 싸움과 같은 것으로 이 논쟁들을 간단히 처리해 버리려고 했다. 그 법이 비평가들의 반대에도 불구하고 통과되기는 했지만 나에게는 이러한 논쟁들이 중요한 정치적 타당성을 가졌던 것으로 보인다. 그 논쟁들이 입법가들과 여론에 직접적으로 영향을 주었거나 혹은 주지 않았기 때문이 아니라, 그 논쟁들의 바로 그 불가해성이 법의 필요를 증명해 주었기 때문이다. 『여성 시민들에게 권력을!』의 저자들은 오직 법만이 철학과 이데올로기, 인식론과 정치적인 동맹이 뒤얽혀 있는 주장들을 헤쳐나갈 수 있다고 주장했다. 또한 평등의 새로운 원칙을 이행하는 법만이 여성을 개인으로 재개념화하기 위해 요구되는 구조적이고 이데올로기적인 변화의 과정을 시작할 수 있었다. 그러한 법이 궁극적으로 성차를 대의제 영역과 무관한 것으로 남겨둘 것인지는 오직 법이 실행되고 오랜 시간이 지나서야 알 수 있을 것이다. 그러므로 이제 이 운동의 목표는 그 법을 통과시키는 것이었다.

제4장 '남녀동수' 캠페인

성적 차이와 공화주의에 대한 격렬한 철학적 논쟁 속에서 분명하게 드러났던 지식인들 사이의 분열이 일반 대중 속에서 반복되지는 않았다. 대신 그 논쟁들은 '남녀동수'를 점차 익숙하고 대중적인 용어로 만들었던 것 같다. 캠페인이 시작되고 채 5년도 되지 않았을 당시의 여론조사는 선출 대표자들 사이에서의 젠더 평등이 남성과 여성 간에 별 차이 없이 압도적으로 지지받고 있음을 보여주었다. 국외에서 관심을 갖고 지켜보던 사람들 사이에서는 프랑스가 젠더 문제에 보수주의적이라는 견해가 우세했지만, 여론은 정치영역에서 여성의 수가 증가하는 것에 대해 반대하지 않았다. 이는 여성들이 유권자로서 가지고 있는 오랜 경험, 정치인들에 대한 보다 직접적이고 공공연한 혐오, '남녀동수' 캠페인이 호소했던 방식 등을 포함하여 여러 요인들의 결과일 수 있었다. 그 이유가 어떻든 간에 여론의 압박으로 인해 정당 지도부뿐만 아니라 하원 및 상원의원들은 [심지어 그들이 '남녀동수'의 정의(定義)와 목표 달성을 제한하려고 시도했을 때조차도] 적개심을 억누른 채 자신들의 어휘 안에 '남녀동수'를 포함시켰다. 1993년 하원 선거에서 사회당이 패배하고 1997년 의회에서 다수 의석을 탈환하게 될 때까지의 기간 동안 '남녀동수'는 원칙에 대한 진술이자 실행을 위한 약속으로 광범위하게 통용되기 시작했다. 정치인들은 '남녀동수'에 대해 어떤 입장을 취하는가에 따라 선거에서 정당의 승패가 좌우될지도 모른다고 이해했으며, 실제로 그것은 정확한 생각이었던 것으로 보인다. 광범위한 대중적 지지는 1990년대 말에 일부 법의 통과를 불가피하게 만들었다.

　　'남녀동수'의 대중성은 부정의(不正義)에 대항하고 평등을 지지하는 페미니즘 캠페인이 지속되어 온 결과였다. 이는 일관된 여성(female) 정체성을 확립하려는 운동이 아니었다. 그 안에 존재하는 공통성은 차별 경험에서 비롯된 것이었다. 이는 운동이 채택했던 방식—기존의 대의체제를 비판하는 것 외에는 공통점이 거의 없는, 기존의 여성단체들이 느슨하게 연합된 네트워크—과 운동의 요구가 갖는 최소한의 성격 모두에서 분명하게 나타났다. 요컨대 '남녀동수'는 '완벽한 평등'만을 의미할 뿐이었다. 완벽한 평등은 의사결정 과정에 접근하는 데서의 공정함에 관한 것이었다. 즉 성차에 대한 본질주의적 시각을 승인하는 문제가 아니었던 것이다. 물론 차이의 딜레마에는 본래부터 본질주의적인 함정이 있기는 했다. 하지만 실제로 운동을 전개하는 과정에서 그러한 부분을 최소화시켜냈다.

'남녀동수' : 슬로건

'남녀동수' 운동의 지도부는 이미 '널리 알려진' 용어—이는 독일 녹색당과 페미니스트들이 여성의 동등한 정치적 대표성을 언급하기 위해 만들었던 단어였다—를 차용했고, 곧이어 유럽의회와 유럽연합의 토론에서 사용했으며, 1990년대 동안 대중적 담론의 중심으로 들여왔다. '남녀동수'는 하나의 목표이자 정치영역에서 여성에 대한 차별적인 처우에 대한 대안이며, 따라서 그것에 대한 비판이었다. '남녀동수'의 시기 구분에 관해서는 불가피하게 의견 차이가 있기는 하지만 굳이 구분해 보자면 '남녀동수'는 1986년 무렵 프랑스 페미니스트 모임들에서 처음 시작되었다. 생태주의자와 극좌파 회원들로 구성된 집단인 〈무지개(Arc en ciel)〉에 참여했던 사람들은 지도부를 구성하고 조직을 운영하는 데서 '남녀동수'를 이행하였다. 심지어 회합에서 연설자에게 할당된 시간까지도 양성 간에 같았다. 다른 페미니스트 집단인 〈파열(Ruptures)〉에서 활동하던 모니크 덴탈(Monique Dental)과 오데트 브렝(Odette Brun) 또한 '남녀동수'에 대해 언급하기 시작했다. 1988년에 프랑스 녹색당은 '남녀동수'를 정관에 포함시켰으며, 후보자 명부에 이를 적용했다. 유럽의회에서는 적어도 1989년부터 법학자 클로데트 아프릴(Claudette Apprill)의 압박으로 '동수의 민주주의(démocratie paritaire)' 개념이 세미나를 통해 이론화되었고, 여기에 프랑스 철학자 엘리자베트 슬레지예브스키와 벨기에 법학자 엘리안 보겔-폴스키가 중요하게 기여했다. 1992년에는 유럽연합집행위원회가 여성의 기회평등 문제를 다루는 전문가 네트워크를 설립했다. 그해 하순 아테네에서 개최된 '권력에서의 여성

(women in power)'에 관한 첫 번째 유럽 정상회담에서는 "민주주의는 국가의 대표부와 행정부에 '남녀동수'를 요구한다"고 선언했다. 아테네 회담의 선언은 유럽 페미니스트들에게 상투적인 말이자 그들이 자국의 정치영역에서 여성의 역할을 확대시키고자 할 때 사용할 수 있는 하나의 기준이 되었다. ['남녀동수'가 그렇게 대중적인 용어가 되자 '여성해방운동(Mouvement pour la libération des femmes)'이라는 명칭의 저작권을 갖고 있던—그래서 1970년대에 동료 페미니스트들을 상당히 곤혹스럽게 했던—앙투아네트 푸크(Antoinette Fouque)는 다시 한 번 독점적인 권리를 가지려고 했다. 그러나 특허청은 '남녀동수'를 자유나 평등처럼 보편적으로 사용되는 용어로 간주했기 때문에 특허를 인정하지 않았고, 그녀는 자신이 속한 단체의 명칭인 〈'남녀동수' 2000 (Parité 2000)〉에 대한 저작권을 갖는 것에 만족해야 했다.]

유럽 네트워크에 속한 여성들은 '남녀동수'를 여성의 동등한 권리를 수사적으로 승인하는 것 이상으로 만들기 위하여 로비를 시작했다. 그들은 또한 평등의 형식적인 개념들이 부적절하다는 인식을 발전시키고자 했는데, 이는 그 개념들이 내재적으로 남성적 규범에 결박되어 있는 자유주의적 개인주의 이론들에 얽매여 있었기 때문이었다. "형식적 민주주의, 평등주의적 민주주의는 환상이다. 왜냐하면 그것은 여성뿐만 아니라 프랑스 인구의 대다수를 배제하면서 '국민을 대표하는' 것을 직업으로 해온 일부 남성집단에게만 권력을 갖도록 하기 때문이다. 그것은 민주주의의 서투른 모방(caricature)이다."[1] '남녀동수'는 여성의 권리가 애초부터 남성의 권리와 같다고 가정하는 새로운 견해를 명확하게 표현하는 것이었다. 이는 결국 남성의 권리를 여성에게 확장함으로써 단순히 차별을 종식시키는, 기껏해야 보상적 조치일 뿐인 문제가 아니라 양성의 평등을 근본적인 것으로 만드는 문제, 즉 사회적·정치적인 구조를 세우는 데 근거가 되는 구성원칙으로 만드는 문제였다. "어떤 진정한 민주주의도 가능하지 않다. … 남성과 여성 간의 평등에 대한 질문이 보편적 참정권 및 권력분립과 정확히 같은 방식으로 체제의 구성원칙에 관련되면서 정치적 전제조건으로 제기되지 않는다면 말이다."[2]

가스파르, 세르방–슈레이버, 르 갈은 유럽 네트워크에서 단서를 얻어 1992년 자신들이 쓴 책 제목 『여성 시민들에게 권력을! : 자유, 평등, (남녀)동수』에서 프랑스의 국가 모토를 대담하게 다시 썼다. 그들은 의미심장하게도 (남성들 간의) '형제애(fraternité)'를 (여성과 남성에 의해 공유된 권력이라는) '남녀동수'(parité)로 대체했으며, 그것을 이행하기 위한 법률을 명시적으로 요구했다. 동등한 권리라는 추상적 개념이 어떠한 실질적인 평등도 보장하지 않는다고 본 그들은 '남녀동수'가 원칙과 실천, 추상과 구체 간의 분열을 돌파하기 위한 시도라고 주장했다. 가스파르는 "'남녀동수'는 평등이라는 원칙을 적용하는 것이다"라고 쓴 바 있다.[3] 원칙이자 실천으로서 '남녀동수'는 형식적인 평등 그 이상의 것이었다. 1995년에 출판된 팸플릿에서는 그 핵심을 다음과 같이 정교화하였다. "'남녀동수'라는 단어는 '완벽한 평등'을 표명한다. 따라서 양성 간의 '남녀동수'는 법 앞에서 뿐만 아니라 현실에서 여성과 남성의 평등을 의미한다."[4] '남녀동수'가 불완전한 평등에 대한 교정책이자 평등 그 이상의 것이라는 생각은 1993년 1월 〈'남녀동수'를 위한 여성조직 [Réseau femmes pour la parité, 회원들은 간결하게 〈레조(réseau)〉라고 부름]〉의 창립으로 그 외형을 갖추었던 캠페인을 통해 만들어졌다.[5] 참여기준으로서의 성차가 역설적이게도 추상적 개인에게 성적인 특성을 부여할(sexing) 것을 주장하는 방식으로 제거된다면 "여성과 남성에 의해 공동으로 운영되는 사회"가 도래할 것이다.[6]

책임과 권력을 공유하는 공동 운영에 대한 전망은 페미니스트들 사이에서는 오랜 역사를 가지고 있었지만 정치의 구성원칙 또는 선행조건(un préalable)으로서 '남녀동수'라는 개념은 새로운 것이었다. 그 개념의 정확한 위상에 관한 논쟁은 불가피했다. 예컨대 '남녀동수'는 원칙인가 아니면 슬로건인가? 그것은 정통 철학에 의거한 것인가 아니면 실제적인 효용에 의거한 것인가? 그것은 자유주의 이론과 조화를 이룰 수 있는가? 사실 이러한 질문들에 대한 대답은 지식인들에게는 중요했지만 정치 캠페인 과정에서는 그다지 중요하지 않았다. '남녀동수'는 귀에 익은 수사적 도식으로 이해될 수 없는 것이었기 때문에 효과가 있었다. 실제로 운동에 상당한 활력과 창조성을 불어넣을 수 있었던 것은 이런 식의 새로운 접근을 통해서였다. 미래를 향한 상세한 지도는 없었다. 단지 방향 지시등과 하나의 분명한 목적지가 있을 뿐이었다. 여기에서 목적지는 바로 선출직 대표자들을 시작으로 하여 프랑스 사회의 성별화된 권력관계에 대한 거대한 재조정을 의미한다. '남녀동수'를 '서막(opening)'이라고 기술하는 것은 지지자들의 논평에서도 반복적으로 나타난다. 엘리안 비에노는 "나에게 '남녀동수'는 서막을 의미한다. 그 목표는 지금까지 우리가 해왔던 여러 가지 무계획적인 시도들을 철저하게 재고하도록 만들어 준다"[7]라고 쓴 바 있다.

'남녀동수'는 젠더 형평을 도입하는 것을 넘어 유권자들의 신뢰를 잃었던 정치체제도 고쳐나갈 것을 약속했다. 여론조사를 통해 민심이 정당들과 정치인들로부터 대규모로 이탈했음이 정기적으로 드러났는데, 그러한 민심 이탈은 1990년대에 심화되었다.[8] 여성을 포함한다는 것은 많은 평범한 시민들에게 호소력이 있었다. 왜냐하면 인구학적으로 보나 사회적으로 보나 '남녀동수'는 국민을 보다 더 잘 대표할 수 있는 대의제를 만드는 첫 걸음으로 보였기 때문이었다. 여성(women)의 시민권에 관한 질문이 오랫동안 있어왔기에 여성(female) 입후보에 대한 생각은 침체된 정당통치의 대안으로 환영받았다. 한 (남성) 언론인은 "정체감이 팽배해 있다며 일제히 한 목소리를 내는 분위기 속에서 정치영역에서의 여성 대표성 문제는 이례적인 것으로 보인다. 원칙에 대한 그렇게 생동감 있는 싸움을 목격한 것은 실로 오랜만이다"라고 썼다. 그리고 문제가 되는 것은 국가라는 바로 그 개념이라고 덧붙였다.[9]

　'남녀동수'에 대한 승인은 여성 유권자에게만 한정되지 않았다. 실제로 비평가들이 '남녀동수'에 귀착시킨 본질주의는 그 당시에 '남녀동수'를 대중적으로 호소하는 데에 중요한 요소가 아니었다. 1997년 사회당은 '남녀동수'를 찬성하는 표심을 잡기 위하여 30%의 여성 후보자를 출마시키겠다고 약속했는데, 당시 지방 소도시에서 선거운동을 하던 한 후보는 처음부터 자신을 여성들의 후보라고 정의했고, 상당한 반응을 얻었다고 기자들에게 말했다. 그녀가 유세과정에서 만났던 여성들에게 그녀도 그들 중 한 사람이며 "여성들을 위하는 여성(a woman for women)"이라고 말했을 때 그 여성들은 "괜찮습니다, 좋습니다, 왜 안 되겠어요?"라고 응수했다. 하지만 이는 그녀가 여성이기 때문이 아니라 그녀가 양성 모두에게서 관심을 이끌어냈던 정치에 대한 신선한 접근을 상징하는 존재였기 때문이었다. "게다가 남성들도 '남녀동수'가 상황을 변화시킬 거라고 말합니다."[10] 한 40대 남성은 또 다른 여성(female) 후보자에게 "나는 당신에게 투표할 겁니다. 왜냐하면 우리는 같은 처지이기 때문이지요"라고 말하기도 했다. 그의 설명에 따르자면 그가 의미했던 바는 다음과 같다. "당신 여성들, 어느 누구도 당신들에게 귀를 기울이지 않지요. 하지만 나에게도 역시 아무도 귀를 기울이지 않아요. 당신들 덕분에 오히려 내가 앞으로 더 많은 기회를 갖게 될 겁니다."[11]

'남녀동수' : 네트워크

'남녀동수'가 가진 호소력은 그 이름으로 조직된 캠페인이라는 형식에 의해 한층 강화되었다. 실제로 '남녀동수' 법이 2000년에 통과된 이후 사전(辭典)에 수록되면서 운동과 그 운동의 대상은 분리될 수 없다는 점이 분명해졌다.[12] 그러나 '조직된(organized)'이라는 표기는 이 운동에 대한 오기(誤記)이다. 엄밀하게 말해서 많은 지지자를 확보하고 있는 공식적인 '조직'이 없었기 때문이었다. '남녀동수' 운동은 간명한 목표에 전념하도록 (2백만여 명의 회원으로 구성된) 기존 여성단체들의 지도부를 결집시켰던 소수의 헌신적인 활동가로 구성되었다. 이때 간명한 목표란 여성의 정치 공직 진출을 향상시키는 것이었다. 영향력을 극대화하기 위해 여러 활동이 조율되었는데, 특히 홍보할 수 있는 이벤트들이 중요했다. 즉 광범위한 지지를 이끌어내고 그 주제에 대한 국가적인 토론을 시작하는 것이 핵심이었다.

'남녀동수' 운동 초기에 활동은 두 가지 다른 조직의 후원 하에 시작되었다. 하나는 〈'남녀동수'를 위한 여성조직(이하 〈레조〉)〉이고, 다른 하나는 〈프랑스여성전국회의(Conseil national des femmes françaises, CNFF)〉의 '남녀동수' 위원회(Commission parité)였다. 두 집단은 유럽공동체 회원국들에게 동수의 민주주의를 요구했던 1992년 아테네 회의의 선언 「권력에서의 여성(Women in Power)」에서 영감을 얻었다. (상징적인 힘은 있지만 법적인 강제력은 없는) 그 선언에는 에디트 크레송과 시몬느 베이유가

프랑스를 대표하여 서명했고, 이로써 이제 핵심은 권고를 현실로 만드는 것이었다.[13]

　〈레조〉는 오데트 브렝과 모니크 덴탈의 요청으로 1993년 1월 파리에 있는 '여성의 집(Maison des Femmes)'에서 회합을 열었다. 그 회합은 1970년대부터 활동했던 페미니스트 모임 구성원들과 사회당을 포함한 일부 좌파 정당 및 녹색당의 대표자들로 대부분 구성되었다. 프랑소와즈 가스파르와 클로드 세르방-슈레이버는 〈레조〉에 소속되어 있었다. 〈프랑스여성전국회의〉는 1901년에 창립되었고 많은 수의 전통적인 여성단체들을 포괄하는 조직이었다.[14] 〈프랑스여성전국회의〉의 '남녀동수' 위원회는 명성 있는 '여자공과대학(Ecole polytechnique féminine)'의 교장 콜레트 크레더(Colette Kreder)의 생각에서 나왔던 것으로 보인다. 〈레조〉 소속이면서 그 위원회의 구성원이었던 프랑소와즈 가스파르는 유럽연합 여성의사결정 네트워크에서 프랑스의 '전문가'였다. 전문가라는 직함은 〈프랑스여성전국회의〉의 명성이 그랬던 것처럼 위원회와 그 이름으로 착수했던 조치들의 정당성을 확립하는 데 결정적인 역할을 했다. 크레더는 1992년 12월 하원에서 아테네 회의에 관한 홍보 회합을 조직했을 때, 여성 정치인들뿐만 아니라 페미니스트 연합과 여성단체 대표자들 양쪽 모두에게 호소했다. 하원에서의 그 회합은 대단히 성공적인 시도였다. 해방운동 이후 이러한 방식을 접하지 못했던 200명 이상의 여성들이 모여들었다. 두 집단의 활동에 대한 연속 간행물과 홍보물은 클로드 세르방-슈레이버가 창립자이자 편집자로 있는 《빠리떼-인포(Parité-Infos)》(1993년 3월 창간호 발행)라는 회보 형태로 제공되었다.[15] 중요한 소통수단인 회보를 통하여 프랑스와 유럽에서 운동이 전개되는 양상에 관한 철학적이고 전략적이며 정보를 제공하는 기사들이 나갔다.

〈레조〉는 하원에서 성명서 발표와 대규모 시위를 조직하고 1년이 지난 뒤에 내부 다툼과 장기간 지속된 개인적·분파적 경쟁으로 인해 분열되어 해산했고,[16] 1994년 운동의 지지층에 대한 개념을 달리 하고 지도부를 새롭게 꾸려 〈'남녀동수'의 내일(Demain la parité)〉로 대체되었다. 프랑소와즈 가스파르는 전통적인 여성연합들, 그 중에서도 그 자체가 6개 단체의 네트워크인 〈엘르 오시(Elles aussi)〉에 호소하기 위해 유럽의 '전문가'로서의 자신의 지위를 이용했다. [〈엘르 오시〉의 6개 단체는 〈가톨릭여성행동(Action catholique générale féminine)〉, 〈민주주의를 위한 여성동맹(Alliance des femmes pour la démocratie)〉, 〈지방의회 의원과 여성 당선자 연합 연맹(Fédération des associations des conseillères municipales et femmes élues)〉, 〈알자스 여성들(Femmes d'Alsace)〉, 〈여성시민사회연대(Union féminine civique et sociale)〉, 〈소금알갱이들의 만남(Grain de sel-rencontres)〉이다.[17]] 가스파르는 〈'남녀동수'의 내일〉을 통해 크레더와 함께 활동하면서 광범위한 풀뿌리 대중 기반을 만드는 데 성공했다. 이는 대중집회나 시위에 대규모 인원을 동원하는 식의 기반이 아니었다. 대신에 추종자들을 대표하여 주장할 수 있고 청원(請願)과 여론조사라는 형태로 지지를 이끌어낼 수 있었던 기존 조직의 지도자들을 통해 움직였다. '남녀동수'는 이미 결집되어 있던 대중적 기반을 토대로 하고 있었는데, 이는 사회운동의 역사에서 혁신적인 전술이었다. 〈'남녀동수'의 내일〉과 제휴하고 있던 단체들은 파리와 지방에서 정보가 유통되고 활동이 취해짐에 따라 네트워크를 형성했다. '남녀동수'에 대한 반응은 활동을 시도하거나 조직하지도 않았던 네트워크 외부에서 종종 나타나기도 했다.

네트워크는 합의에 의해 작동했던 것으로 보인다. 공식적인 대변인도 없었고, 정책이라고 불릴 만한 것은 활동에 따라 결정되었다. '남녀동수'가 점차 대중적인 개념이 되어감에 따라 그 주장에 공감하는 언론인들을 통해 필요한 보도를 할 수 있게 되었다. 그리고 운동목표의 단순 명료함이 지지자들을 결속시켰던 것으로 보인다. '남녀동수'라는 용어는 행동을 고무했으며, 연대를 이어주는 매듭이자 회원들이 공유하는 목적이었다. 요컨대 공동기획들은 '남녀동수'라는 이름으로 착수되었다. '남녀동수'에 대한 승인은 정치영역에서의 젠더 평등을 지지하는 원칙에 기반한 입장이었다. 1995년 대통령 선거 전날 ('몇몇 대규모 여성단체들'의 이름으로) 네트워크 전역에 걸쳐 유포되었던 청원서는 사실상 '남녀동수'에 대한 충성 서약이었다. "그렇습니다. 나는 '남녀동수'를 지지합니다. 공직에서 남성과 같은 수의 여성들이 대표자로 선출되어야 한다는 데에 동의합니다. 나는 선거에 후보자들을 추천했던 여러 정당과 후보자들 자신이 '남녀동수'를 공개적으로 인정하고 그것을 이행하겠다고 약속할 것을 요구합니다."[18] '남녀동수'는 제한적이기는 하지만 다음과 같은 구체적인 의미를 가졌는데, 일부에서 주장했듯이 그것은 모든 종류의 속성을 담아낼 만큼 열려 있는 것은 아니었다.[19] '남녀동수'는 분명하게 선출 공직에서 여성과 남성의 수적 동등이라는 목표를 승인했고, 정치인들이 그것을 이행할 것을 요구했다. 쟁점이 된 것은 그 이상도 그 이하도 아니었다. 다시 말해 이는 여성의 더 뛰어난 역량이나 특별한 이해관계도 아니었으며, 젠더의 상보성에 대한 어떤 전망도 아니었던 것이다. 청원서 서두의 한 문장은 여성의 '다른 관점과 다른 경험'들을 남성들이 종종 간과했다고 지적하였지만, 이것이 곧 여성의 특별한 이해관계와 매한가지라는 주장은 전혀 없었다. 만약 운동의 지지자 중 일부가 이러한 견해를 고수한다면 그들은 '남녀동수'에 관해 확립된 정의(定義)와 운동목표 둘 다의 구체성에 갇히게 되는 것이었다. 핵심은 차별을 종식시키고 오랫동안 부정되어 온 평등을 실행에 옮기는 것이었다.

　지지자들이 말하는 '남녀동수'에 관한 설명을 보면, 사회적·계급적·이데올로기적 분열이라는 통상적인 전선이 자신들의 운동에 퍼지지 않기를 바라는 희망이 드러나 있었다. 여성들은 공유된 차별에 저항하기 위해 단결해야 했다. 그 차별이 바로 그들이 인정하는 유일한 공통성이었다. 심지어 여성 정치인들은 이 문제에 관해서는 정당 충성의 경계를 극복할 가능성이 있었다. 그래서 하원에서 세계여성의 날 대회(1993년 3월 8일)를 함께 조직하자는 생각을 하기도 했다.[20] (이러한 소망이 현실화되기 3년 전일 것이다.) 정당 경계를 가로질러 여성들을 규합함으로써 '남녀동수' 운동은 정치영역의 '게임의 법칙'을 재구성하는 것을 목적으로 삼았다. "'남녀동수' 운동은 여성의 정당을 세우는 것이 아니라 … 그들에게 부과된 정치적이고 상징적인 위치를 사회 각 방면에서 그런 것처럼 당파성 강한 영역에서도 인지하도록 하기 위하여 정당 안팎에서 역량 있는 여성들의 제휴를 확립하는 것을 목적으로 한다."[21] 본질주의적 또는 정체성 중심의 함의를 담고 있는 '여성의 정당'과, 여성이 성차를 이유로 불합리하게 차별받아 왔음을 인지하는 것을 목적으로 하는 '역량 있는 여성들의 제휴', 이 두 세계는 전혀 달랐다.

　'남녀동수' 대변인이 시위에 관해 했던 설명(gloss) 또한 운동의 이러한 목적을 반영했다. 즉 "그 목적은 우파 여성들과 좌파 여성들, 중소기업의 여성 사장들, 호전적인 페미니스트들이 협력하여 함께 '자유(liberté), 평등(egalité), 남녀동수(parité)'를 요구하도록" 유도하는 것이었다.[22] 어느 운동가가 지적했듯이 이것은 "프랑스식 실천의 전형이 아닌" 다른 종류의 정치였다.[23] 적대적인 분파들을 대신할 공통성이 존재하게 될 것이었다. 그리고 실제로 파리에서 지식인들이 논쟁했던 것처럼 이

운동에 대한 지지는 프랑스식 운동의 특징적인 형태인 거리에 결집한 사람들을 통해서가 아니라, 신중하게 구축된 연합적 네트워크를 통한 풀뿌리 대중으로부터 고조되었다.

'남녀동수' : 운동

1992-1993년 : 초기

대중적 지지를 동원한 것은 네트워크 지도부가 지닌 독창적인 능력의 산물이었는데, 지도부는 대중의 심상(心像)을 사로잡고 정치적 기회를 철저히 활용하는 수완을 지니고 있었다. '남녀동수'라는 주제를 둘러싸고 구성된 다른 새로운 집단들도 있었다. 여기에는 앙투아네트 푸크가 이끌었던 〈'남녀동수' 2000〉, 레진 생 크리크(Régine Saint Cricq)의 〈'남녀동수'(Parité)〉가 포함된다. 게다가 기존의 단체들이 '남녀동수' 요구를 지지하기 시작했다. 이러한 단체 중에서 지젤 알리미의 〈선택 : 여성의 주장(Choisir : La cause des femmes)〉은 두드러지는 사례이다. 이들 단체와 다른 집단들은 〈레조〉와 이후 〈'남녀동수'의 내일〉에 의해 조직된 여러 활동에 종종 지지를 보태주었다. 시위, 콜로키움, 청원, 광고, 미디어 접촉, 로비 등 다양한 기획이 착수되었는데, 이는 크게 두 가지 유형으로 구분되었다. 첫 번째는 프랑스 공화국 내의 원칙과 실행 사이의 간극을 상세하게 폭로하는 것과 관련된 것이었고, 두 번째는 왜 여성들이 그렇게 오랫동안 정계에서 배제되어 왔는지에 대해 권력을 가진 혹은 그것을 열망하는 남성 정치인들의 공개적인 답변을 요구하는 것과 관련된 것이었다. 여성의 정체성을 긍정하는 것과 관련된 주장은 이 중 어디에도 개입되어 있지 않았다. 무엇보다도 우선시되었던 것은 차별을 종식시키는 것, 그리고 새로운 정치학을 여는 것이었다. 이 두 가지 활동유형은 상징적인 것이자 동시에 정치적인 것이었으며, 필연적으로 서로 얽혀 있었다. 이런 이유로 이를 연대순으로 다루는 것이 최선일 듯하다.

〈레조〉는 최초의 회합에서 다가오는 의원 선거에 출마하는 모든 후보자에게 아테네 선언을 승인하고 그 선언의 '남녀동수' 요구를 보증하도록 요청하기로 결정했다. 이는 정치인들을 압박하고 그 운동에 대한 미디어의 관심을 끌기 위해 고안된 많은 활동 중에서 첫 번째로 실행된 것이었고, 나름대로 성공을 거두었다. 일부 후보자들이 반응을 보였고, 그들의 반응이 언론에 보도되었던 것이다. 그러나 예상하지 못했던 것은 전국 선거의 결과였다. 1993년 3월 사회당은 1988년 이후 차지하고 있던 258석 중 205석을 잃고 미테랑 대통령이 보수주의 진영에 속한 수상과 '동거내각(cohabit)'을 구성할 수밖에 없게 되는 불명예스러운 패배로 침몰했다. '남녀동수' 지지자들은 이런 상황이 전개되리라고는 예상하지 못했다. 하지만 이는 어떠한 다른 단일 사건보다도 정당 지도자들에게 '남녀동수' 요구를 받아들이도록 하는 정치적 공간을 여는 계기가 되었다. '남녀동수' 요구에 대한 인지도가 점차 높아짐에 따라 사회당원들은 이를 난국을 타개할 기회로 보았다. '남녀동수'의 성공은 사회당이 손실된 의석을 회복하기 위하여 쏟았던 노력에 의해 조성된 정치적 분위기와 동떨어져 이해될 수 없다. 이러한 노력은 1997년에 성공을 거두게 되는데, 이는 부분적으로는 보다 많은 여성들을 공직에 입후보시키려고 했던 지도부의 의지 덕분이었다. '남녀동수'가 대의제의 위기를 해결할 유일하게 구체적인 방안으로 보였기 때문에 그것을 지지하는 것은 정치체제를 근대화하겠다는 약속뿐만 아니라 그렇게 하기 위해 효과적인 조치를 취하겠다는 약속을 의미했다.

선거 직후 '남녀동수' 위원회는 자신들이 후원했던 한 연구결과를 발표했다. ('남녀동수' 위원회의 모체인 〈프랑스여성전국회의〉는 그 보고서에 서명하지 않고 비공식적으로 승인하면서 비용을 지불하려고 하지 않았다. 그래서 작업의 상당 부분은 무료로 이루어졌다.) '남녀동수' 운동이 불균형한 정치체제를 비판할 근거를 찾는 과정에서 1993년 의원 선거에서의 여성 후보자들의 승패를 연구하기 위해 연구팀이 하나 꾸려졌다. 유럽 네트워크에 임명된 프랑스 '전문가'일 뿐만 아니라 훈련받은 사회학자이자 역사학자인 프랑소와즈 가스파르가 그 팀을 지휘했다. 정부와 정당 어느 곳에서도 유권자와 후보자의 성(sex)을 분류할 수 있는 공식적인 기록을 남기지 않았고, 어떤 경우에는 심지어 감추기까지 했기 때문에 그 팀은 여성을 공직에서 배제하는 기제를 밝히는 데에 착수했다.[24] 가스파르의 연구는 4월에 공표되었다. 한 텔레비전 방송국은 이를 저녁뉴스 첫 번째 기사로 크게 다루었다. 그 연구는 규모가 더 크고 보다 성공적인 정당일수록 더 적은 수의 여성에게 선거에 당선될 기회를 주었음을 보여주었다. 거대 정당들이 여성을 출마시킬 때 대부분은 선점하지 못할 자리에 여성들을 종종 배정했던 것이다. 상당한 수의 여성(women)이 공직에 출마하지만 당선되지 못하는 현상은 투표자의 선호에 의한 것으로, 또는 여성(female) 후보라는 약점에 의한 것으로 설명될 수 없었다. 그리고 여성은 대개 군소 정당의 후보자 명부에 실렸는데, 그 정당의 패배와 함께 사라졌다.[25] 가스파르의 결론은 르몽드에 다음과 같이 인용되었다. "정치체제는 여성을 체계적으로 배제하는 장치로서 기능한다."[26] 이러한 언급은 정치체제의 전제와 작동에 대한 비판이자 그것의 개혁에 관한 요구를 내포하는 것이었다. 즉 '남녀동수'는 이러한 관행들이 평가될 때 따르게 되는 기준이었다. 가스파르의 언급은 또한 정당들, 특히 그녀가 오랫동안 친분을 맺어온 회원들이 있는 사회당에게 책임 있는 결단을 내리고 그들이 잃어버렸던 권력을 되찾으라는 제안이었다.

4월 2일 새로운 회기가 돌아왔을 때 〈레조〉가 소집했고 적어도 12개 조직을 대표하는 300명의 여성들은 '남성의회(Assemblée natiomâle)'에는 반대, 남성과 여성 사이의 '남녀동수'에는 찬성을 표명하는 현수막을 들고 하원의원들을 맞이했다. 그리고 의회의 젠더 비대칭에 대한 정보를 제공하는 포스터들이 나붙었다. "유권자의 53%가 여성, 선출된 자의 6%가 여성, 오차를 발견하라." 다른 포스터들은 모순적이게도 전통적인 노동분업을 언급했다. "남성 정치인을 낳는 여성, 그녀들이 정치적 논쟁의 수준을 올릴 수 있다." 또 다른 포스터들도 주장을 관철시키기 위해 그와 같은 표현을 이용했다. "당신들은 우리가 어머니(mères) 또는 매춘부(putains)일 때는 우리를 사랑한다. 그런데 우리가 시장(maires) 또는 하원의원(deputées)일 때는 왜 사랑하지 않는가?"[27] 어느 누구도 여성이 정치적 과정에 공헌할 독특한 무언가를 가졌다고 주장하지는 않았다. 엄청나게 많은 언론 보도가 있었고, 이것은 사라지지 않을 주제였다.

4월 말에 자신들이 희망했던 바를 위해 조직적으로 움직이기 시작한 〈레조〉는 언론의 주요 화젯거리가 되곤 하였다. 그 중에는 하원 의석 숫자인 577명의 사람들, 즉 289명의 여성과 288명의 남성이 서명한 성명서를 발표하고 유포한 사건이 있었다. 그 성명서의 본문은 간결했고, 정체성의 정치와는 무관한 것이었다. 본문에서는 대의체제 내의 불평등함을 열거했고(1945년부터 투표권을 갖게 된 여성은 인구의 53%에 이르지만 하원의 6%에 그친다), 정계에 여성들의 수가 아주 적다는 것은 민주주의에 위배되는 표시이자 국제적으로 프랑스에게 불명예라고 주장했다. 국가적 자존심의 방어라는 이러한 주제는 널리 반향을 일으켰다. 그 법이 통과될 시점이 도래했을 때 많은 입법가들은 국가적 자존심을 환기시켰다. 그 성명서는 모든 선출의회가 남성과 같은 수의 여성으로 구성될 것을 요구하는 법을 촉구했다. 〈레조〉 내에 있는 모임의 대표자들은 여러 범주의 정치적·사회적 구성원들에게 서명을 받기 위해 자발적으로 나섰고, 세르방-슈레이버는 그러한 작업을 뒷받침할 자금을 조달하기 시작했다. 그녀는 공적이고 사적인 자원들로부터 기부금을 확보해 나갔고 [그 중에는 패션디자이너 소니아 리키엘(Sonia Rykiel)도 있었다], 아는 언론인을 통해서는 르몽드에 성명서를 싣는 비용을 할인받았다.[28]

5월 말 '남녀동수' 지지자들은 사회당에 관심을 돌렸는데, 사회당은 당의 미래를 논의하기 위해 7월 전국대표자회의를 조직했었다. "우리는 심각하게 막대한 타격을 입었다. … 그리고 패배의 이유를 분석하는 문제가 남아 있다."[29] 공식적인 결정이 내려지는 전당대회와 달리, 전국대표자회의는 의견교환을 위한 심의기구이자 선거권자들이 자신의 의견을 말할 수 있는 기회였다. 여성과 '남녀동수'에 관한 질문은 의제에서 부각되었다. 준비과정에서 이베트 루디는 권력 공유와 민주주의 간의 관계를 논하기 위해 소집된 하원에서의 6월 회합에 모든 정당의 여성 정치인들을 불러모았다. 7월에 페미니스트들은 사회당 회합에 대거 참석하였고, '남녀동수' 현수막을 안내석에 걸었으며, 설득력 있게 연설했다. 이 모든 것은 저녁뉴스에 보도되었다. '남녀동수'라는 용어가 종종 언급되었는데, 그때마다 청중들은 손뼉을 쳤고 발을 구르며 환호했다. 전(前) 하원의원 드니즈 카쇼(Denise Cacheux)의 열정적인 연설에서는 여성이 정당에서 어떻게 주변화되고 그에 대해 불평한다고 어떻게 조롱당

하는지가 상세하게 드러났다. (그녀가 나중에 언급한 바에 따르면, 그녀가 연설문을 사전에 지도부에게 보여주었더라면 아마도 연단을 넘겨받지 못했을 것이라고 한다.)[30] 그녀는 상황이 변화하고 있으며 여성들이 조직적으로 단결하고 있다고 경고했다. 사회당은 지지를 잃을 여유가 없었다. '남녀동수'를 승인하는 '대담함'을 가지라는 그녀의 요구는 제안이자 위협이었다.[31] 지역의 당대표들이 '언젠가는' 어쩔 수 없이 '남녀동수'를 수용해야 할 것이라는 고백을 복도에서 주고받고 있었던 반면, 정당 구성원들을 놀라게 하고 당대의 문제들에 상당히 민감하다는 것을 표시하고 싶었던 사회당 임시 대표 미셸 로카르는 "여성은 동등한 유권자일 뿐만 아니라 공직에도 동등하게 선출될 것이다"라며 미래를 약속할 기회를 포착했다.[32] 로카르는 자신을 움직이게 한 것은 정의감뿐만 아니라 사회당이 의뢰했던 여론조사의 결과이기도 하다고 말했는데, 이 여론조사 결과는 응답자의 상당 비율이 '남녀동수' 명부에 우호적임을 보여주는 것이었다.[33] 그는 10월 말 적극한 방식으로 조치를 취했는데, 당시 그는 차기 유럽 선거용 사회당 명부를 절반은 여성으로, 절반은 남성으로 구성하겠다고 발표함으로써 전당대회를 깜짝 놀라게 했다. 여성들은 환호했고 남성들은 대경실색했다. 로카르는 (아마도 그 원칙이나 급진적인 전망을 승인하는 것은 원하지 않았기에) '남녀동수'라는 용어를 사용하지 않았고, 앞으로의 모든 선거 명부를 50/50으로 하겠다고 약속하지도 않았다. 그는 유럽 선거에 대비한 이러한 결정이 사정이 사정인지라 '상황을 진전시켜 주기를' 희망할 뿐이라고 말했다.

　　그러는 사이 〈레조〉는 여성들이 정치적 기량을 연마하고 정치과정의 냉엄한 현실(nitty-gritty)에 정통하도록 하기 위하여 8월 말 노르망디에서의 '여름대학'을 조직하면서 캠페인을 계속 벌여나갔다. 여성의 정체성이 아니라 법과 정치를 강조한 『여성 시민들에게 권력을!』이 필독 도서가 되었는데, 이는 "이미 정리된 문제를 다루느라 시간을 낭비하지 않도록 하기 위한" 것이었다.[34] 그 학기에는 정치체제란 무엇인가, 법안 기획과 법안 발의 사이의 차이는 무엇인가, 어떤 다양한 유형의 투표제 도가 있는가, 유럽 선거의 명부는 어떻게 구성되는가 등과 같은 실질적 인 물음들을 다루었다. 미래의 정치 후보자들을 훈련시키는 이러한 방법 은 〈엘르 오시〉가 1990년대 초에 시작하였고, 여성 후보자들을 모집하고 지지하기 위하여 지방 도시와 여러 마을에서 종일 포럼을 여는 일이 몇 해 이상 지속되었다.[35] 예를 들면 1994년에서 1995년 동안 〈엘르 오시〉 는 "여성(female) 지방의회 의원은 왜 안 되는가?"라는 물음으로 35회의 포럼을 개최했고, 대략 50명에서 150명의 여성들이 참석하였다. 이러한 회합을 통해 여성들은 지역 공직 출마를 준비하기 시작했고, 라디오와 텔 레비전뿐만 아니라 지역 언론에서 이 회합을 광범위하게 다루었다(200 개 이상의 기사가《빠리떼-인포》에 실렸다).[36]

작지만 눈에 띄는 거리 시위도 계속되었다. 10월 2일 하원 개회식 은 〈레조〉에 의해 조직되어 '남녀동수'를 요구하는 구호를 외치는 일군 의 페미니스트들의 환영을 받았다. 11월에는 마르세이유(Marseilles)로부 터 파견된 대표가 이끄는 2백여 명의 여성들로 이루어진 집단이 올랭프 드 구즈(Olympe de Gouges)가 단두대에서 처형된 지 200주년이 되는 기 념일에 꽃을 가지고 판테온에 도착했다. 그들의 현수막에는 판테온 헌정 사["위대한 남성들에게(Aux grands hommes)"]를 여성화하여 "더 이상 우리 와 함께 하지 못하는 위대한 여성들에게[aux grandes absentes], 감사의 뜻 을 표하는 국가로부터"라고 선포되어 있었다. 이러한 항변은 개인 여성 들의 공헌을 최소화하거나 배제하기 위해 국가의 기억까지도 조작되고

여성들의 위대한 업적이 자신의 성(sex) 때문에 사라졌다는 것을 폭로했다.[37]

당시 언론에 보도된 사건이 한 달에 한 건 이상은 되었는데, 드디어 11월 10일에 577인의 성명서가 르몽드에 실렸다.[38] 성명서에 올라온 예술, 과학, 학계, 정계 출신 인명들의 규모와 명성은 인쇄매체, 텔레비전, 라디오 기자들로부터 놀랄 만한 취재 관심을 끌어모았다. (프랑스에서 공적 영역은 미국보다 더 가시적이고 밀착되어 있어서 이러한 종류의 성명은 중요한 정치적 사건이 된다.) '남녀동수'를 주변적이면서 시끄러운 페미니스트인 '여자 선동가들(femmes agissantes)'이 선점한 것으로 묘사하는 문제는 더 이상 없었다. '남녀동수'는 정치적 담론의 중심이 되었으며, 그것에 찬성하는 사람도 있고 반대하는 사람도 있었다. 그 주제는 많은 의제들을 낳았다. 텔레비전과 라디오 프로그램도 편성됐고, 〈여성 프리메이슨 본부(Grand Lodge of Women Masons)〉는 정치영역에서의 여성 역할을 다루는 포럼을 개최했으며, 좌파/진보 성향의 주간지 《누벨 옵세바테르(Nouvel Observateur)》는 '여성과 권력'을 주제로 한 특집호를 발행했다. 학계는 프랑스 정치에서의 여성 배제 역사에 관한 학술대회를 조직했고 이후 논문집을 단행본으로 출간했다. 그 성명서 서명자들이 주도하여 파리, 툴루즈(Toulouse), 리옹(Lyon)에서는 '남녀동수'를 논의하기 위한 지역 회합이 열렸다.[39]

모든 선출 공직에서 여성과 남성의 동등한 숫자를 명하는 법률을 요구했던 577인 성명서의 영향은 무엇보다도 실천적인 토론을 일으켰다는 것이다. 그 법이 어떻게 이행될 수 있을 것인가? 그것이 갖게 될 효과는 무엇인가? 모든 남성 공직자의 절반이 자신의 자리를 여성에게 양도해야 하는가? 동등한 젠더 대의제를 보장하기 위해서는 선출직 자리가 두 배가 되어야 하는가? 이와 같은 법은 실행가능한가, 그리고 헌법에 준거한 것인가? 도대체 성차는 대표되어야만 하는가? 특정 대답이 무엇을 제안하든 간에, 그 대답의 어조가 어떻든 간에 프랑스 정치의 전제들과 제도들에 대한 엄밀한 탐구가 시작되었다는 것은 의심의 여지가 없었다. 이것이 바로 '남녀동수'가 약속했던 대의체제 개혁의 '서막'이었다.

1994년 : 정당들에 대한 압박

캠페인은 다면적인 전략을 구사하며 1994년에도 계속되었다. 시위도 열렸다. 4월 2일 새로운 회기를 시작하는 의회는 "'남녀동수' : 하원에 남성과 같은 수의 여성을"이라는 메시지를 적은 577개의 풍선을 풀어놓은 여성들의 환영을 받았다. 지지층을 교육하고 확대하기 위한 회합도 여러 차례 열렸다. 4월 20일 여성의 참정권 확보 50주년 축하 모임 참석자들은 시몬느 베이유가 '남녀동수'를 위해 헌법을 개정하자고 제안하는 것을 경청했고, 4월 23–24일에 사회당 여성모임(Socialist Party's Assemblée des femmes)의 요청에 의해 '정치영역에서의 여성을 주제로 하는 전국대표자회의'가 소집되었다. 이러한 일련의 사건에 대한 논평기사들도 나왔다. 어느 한 기사에서는 마리 퀴리(Marie Curie)의 유골이 판테온으로 이전될 것이라는 (세계여성의 날에 있었던) 미테랑 대통령의 발표에 대해 그녀가 그곳에 안치된 유일한 여성으로서 외롭지는 않을지 걱정했다.[40] 1994–1995학년도 동안 〈인문사회과학연구재단(Maison des sciences de l'hommes)〉에서 가스파르와 법학자 마리–루이 빅토와르(Marie–Louis Victoire)를 비롯한 페미니스트들이 개최했던 세미나의 특별 세션에 학자들과 활동가들이 모였다. 이 세미나에서는 역사가 전략을 선명하게 해주었고, 사회조사가 정치적 분석 기반을 마련해 주었다. 그리고 페미니즘 정치학의 공헌으로 집단적 지혜가 봇물을 이루었다.[41] 프랑소와즈 가스파르는 대중적인 관심을 유도하기 위한 개인적 의사 표시의 일환으로 선정된 명단이 남녀동수로 구성될 때까지 레지옹 도뇌르 훈장(Légion d'honneur) 수락을 거절했다.[42]

여러 정당에 대한 압박은 지속되었고, 사회당이 후보자 명부에 하나 걸러 여성 이름을 제시했던 6월의 유럽 선거 무렵에는 특히 더했다. 연합 우파[공화국연합당(RPR)과 프랑스민주주의연합당(UDF)[43]]는 훨씬 적은 수의 여성(약 21%)을 명부에 올렸지만, 2순위에 저명한 여성 학자 엘렌 카레르 뎅코스(Hélène Carrère d'Encausse)를 배치했다는 사실을 적극 활용했다. 모든 정당이 '남녀동수'로 후보자를 출마시킨 것은 아니었기 때문에 프랑스 대표단에서의 여성 숫자에는 소폭의 증가(약 7%)만이 있었다.[44] 그러나 '남녀동수'를 고수하고 의석을 획득했던 정당들(6개의 성공적인 정당 중 2개인 사회당과 공산당)은 그들 집단에서 여성의 대표성을 상당히 개선시켰다. 사회당 명부에서 여성은 후보자의 49.4%를 차지했으며, 그 중 46.6%가 선출되었고, 공산당 명부에서는 각각 51.4%와 57.1%였다. 게다가 여론조사 자료는 사회당을 지지한 남성의 비율보다 여성의 비율이 더 높다는 것을 보여주었는데, 이것이 '남녀동수' 운동 지도자들에게는 그들의 전략이 사회주의자들의 지지에서 젠더 간극을 더 넓힐 수 있다는 증거가 되었다. 전반적인 분투에 대한 미디어의 관심은 '남녀동수' 지도자들을 매우 기쁘게 했다. 가스파르는 "'남녀동수' 요구를 둘러싼 지난 2년의 결집이 놀라운 결과를 낳았다"고 썼다. 그러나 대부분의 정당이 더 많은 여성들에게 지명과정을 열어주기를 거부했고 어떤 정당도, 심지어 '남녀동수' 명부를 만들었던 정당까지도 "여성과 남성의 균형을 위하여 투표하라"는 유럽 네트워크의 요구를 인정하지 않았다는 사실은 해야 할 작업이 아직도 남아 있다는 것을 의미했다.[45]《빠리떼-인포》는 "'남녀동수'를 위한 투쟁은 또한 보다 나은 민주주의를 위한 투쟁이며, 프랑스 정계의 모든 내부 기제에서 보다 많은 투명성을 확보하기 위한 투쟁이다. 정계는 특히 불투명하다"라고 독자들에게 상기시켰다.[46]

정당의 비타협적인 태도가 그 문제의 한 축이었다면 여론은 또 다른 축을 차지했다. 여론조사는 헌법에 '남녀동수'를 써넣는 것에 대해 대중적인 지지가 꾸준히 증가하고 있음을 보여주었고, 공화국의 대통령으로 여성을 고려해 보겠다는 놀랄 만한 의향 또한 보여주었다(1994년 5월, 84%).[47] 루이 해리 여론조사(Louis Harris poll)는 프랑스 유권자의 다수가 차기 수상으로 여성을 선호한다는 것을 드러내 주었다[보수당원들은 시몬느 베이유를 꼽았고, 사회당원들은 마르틴 오브리(Martine Aubry)를 꼽았다].[48] 시의회에서 여성의 수를 증가시키는 것에 대해 시장(市長)들에게 보냈던 질문지 조사결과 절반 이상이 우호적인 것으로 나타났다. 그리고 1995년 베이징에서 열리는 유엔 제4차 세계여성대회를 위해 보고서를 준비한 여성 비정부기구(NGO)들은 프랑스가 여성의 정치참여에 관한 국제 등급에서 최저 수준이라는 당혹스러운 사실을 지적했고, 의사결정의 모든 단계에서 여성의 진출을 확대할 것을 요구했다. 대중적 관심이 1995년 4월로 예정된 대통령 선거로 향함에 따라 '남녀동수'는 토론의 중심 주제가 되었다.

1995년 : 대통령제 정치

사회당이 대통령 후보를 지명하기 위해 회의를 소집했을 때 파리 대표단은 비록 분열되기는 했지만 모두 남성이었다. 정당 지도부를 괴롭힐 만큼의 강력한 항의와 굉장한 조소가 있었고["상징(token)으로서는 단 한 명의 여성도 필요없다! 무조건 '남녀동수' 다!"], 이는 텔레비전 시청자들의 시선을 사로잡았다.[49] 선거 전날 콜레트 크레더는 '남녀동수'에 관해 언급한 주요 대통령 후보들을 '남녀동수' 위원회의 이름으로 초청했다. 이는 페미니즘 역사상 처음 있는 일이었다.[50] 파리에 있는 '팔레 데 콩그레(Palais des Congrès)'의 강당 좌석은 전국의 주요 여성단체들을 대표하는 1,600명의 여성들이 대부분 채웠고, 크레더는 이들 집단의 회원들이 질문을 하도록 요청했다. 그것은 언론에서 굉장한 화제로 다루어졌는데, 에두아르 발라뒤르(Edouard Balladur), 자크 시라크, 리오넬 조스팽이 차례로 등장했던 것이다. 후보자들 모두가 원칙상 여성이 정치영역에 보다 많이 접근하도록 승인할 필요가 있다는 점에 동의했다. 그들이 했던 이야기의 상당 부분이 선거운동용 기회주의로 치부될 수도 있지만, 그럼에도 불구하고 그들이 사용하면서 부자연스러움을 느끼는 페미니즘의 어휘가 얼마나 많은지를 지켜보는 것은 흥미로운 일이었다. "모든 사람들이 그 용어 … '남녀동수'를 언급했다. 에두아르 발라뒤르, 리오넬 조스팽, 자크 시라크는 프랑스 전역의 유세과정에서 여성 유권자들의 지지를 얻고 싶다면 그 용어를 피할 수 없다는 것을 알게 되었다."[51] 발라뒤르는 "국가적 관습의 진화라는 지평에서" 장기적으로 봤을 때 '남녀동수'를 바람직한 것이라고 여겼다.[52] 시라크는 공화국에서의 여성 과소대표성과 그 결과를 애도했다. ("그것이 사실인 한 우리는 절름발이 공화국, 절뚝거리는 민주주의를 갖게 될 것이다.")[53] 그는 그러한 상황을 바로잡는 것은 정의의 문제이지만, 이는 법도 할당제도 아닌 사고방식에서의 점진적인 진화만을 요구하는 문제라고 말했다. 아마도 정부는 여성 후보자 수를 증가시키는 정당에 대해 재정적인 인센티브를 제공함으로써 이러한 진화에 기여할 수 있을 것이었다. 조스팽 역시 재정적인 인센티브라는 생각을 지지했다. 그리고 그는 더 나아가서 여성과 민주주의의 이름으로 "'남녀동수'라는 이 위대한 생각"[54]을 고무시키겠다고 약속했다. 후보자들 모두가 만약 당선된다면 여성의 지위와 젠더 평등의 진행을 모니터하고 수상과 의회에 정기적인 보고서를 제출할 공식적인 조직['남녀동수' 감시단(Observatoire de la parité)]을 마련하라는 권유를 받아들이겠다고 약속했다.

시라크가 선거에서 승리했고 알랭 쥐페(Alain Juppé)를 수상으로 지명했다. 쥐페는 내각에 12명의 여성을 임명했고, 그들 중 대부분을 정무차관으로 임명하여 언론에서 대단한 화제를 일으켰다. 언론에서는 조롱하듯이 (jupe가 '치마'임을 비유하여) '쥐페의 여자들(les jupettes)'이라고 언급했는데, 그럼에도 불구하고 그러한 언사는 처음에는 전도유망한 것으로 여겨졌다. 교통 담당 정무차관인 앤-마리 이드락(Anne-Marie Idrac)을 비롯한 임명직 가운데 몇몇은 자신의 부서에서 여성 관료의 수를 증가시키기 시작했다.[55] 10월에 쥐페는 '남녀동수' 감시단을 만들었고 공화국연합당(RPR)의 하원의원 로셀린 바슐로(Roselyne Bachelot)를 장(長)으로 지명했다. 감시단의 구성원 18명 중에서 페미니스트는 단 두 명뿐이었다. 하지만 바슐로는 정치영역뿐만 아니라 다른 영역의 젠더 불평등에 관해서도 철저하게 조사하도록 지원하겠다는 의향을 《빠리떼-인포》

독자들에게 확신시켰다.[56] (하지만 이러한 조치는 자닌 모쉬-라보가 이끄는 페미니스트들이 감시단의 활동을 모니터하기 위하여 자체적으로 '남녀동수' 감시위원회를 만드는 것을 단념시키지는 못했다.)[57] 증가하는 경제위기에 직면한 쥐페는 직위를 맡은 지 불과 몇 달 안 된 11월 7일에 내각을 개편했는데, 12명의 여성 중 8명을 해임하고 남성으로 대체하여 전국을 떠들썩하게 만들었다. "나는 국가 건설의 단계에서 찍은 사진에 단지 색깔을 추가하기 위해 여성을 선택한 것이 아니라, 우리나라를 보다 공정하고 보다 통합적으로 만들기 위한 개혁에 나를 도와줄 그들이 필요했기 때문에 선택했다"[58]라고 말하며 초기 몇 달 동안 자신이 임명한 여성들은 단순한 장식물이 아니라고 주장했던 수상이 이제 자신의 행동을 심각한 국가 상황 때문에 어쩔 수 없는 것으로 설명했다. 그는 오랜 경험을 가진 전문가—같은 목소리를 낼 수 있는 유능한 각료, 전문직업인—들을 필요로 했다.[59] 동질성과 남성성을 동일시하는 것은 여성이 정치인이 되었을 때 여성이라는 차이가 결코 사라지지 않는다는 점을 분명하게 상기시켜 주는 것이었다. 그러한 조치의 무자비함과 그것의 정당화는 정치영역에서 여성의 주변화와 과소대표성에 대한 '남녀동수' 지지자들의 메시지를 절절히 느끼도록 했고, 이를 통해 그 주장에 대한 새로운 신봉자들을 끌어들였다. 해임된 여성 각료 중 한 명은 정치학자 프레데릭 베스니에(Frédéric Besnier)와의 인터뷰에서 그 경험이 어떻게 자신이 단지 **여성**(woman) 정치인일 뿐이라는 것을 각성하도록 강제하는지에 대해 이야기했다. "정부에서 우리가 축출당한 것은 깊은 상처를 주었고, 그것은 여성들에게 굴욕감을 느끼게 했다. 우리의 해고는 집단으로서의 여성이 무능하다고 평가되는 인상을 주었다."[60] 《렉스프레스》는 그 조치의 충격적인 결과에 대해 언급했다.[61] 신문 헤드라인은 '쫓겨난 여성들', '희생된 여성들'이라고 크게 다루었다. 그리고 프랑소와즈 가스파르는 쥐페가 "'남녀동수' 운동을 위하여 위대한 공헌을 했다"고 비꼬았다.[62]

여러 차례의 회합과 시위, 텔레비전 프로그램과 신문 기사들이 잇따르며 소란스러운 기간은 지속되었다. 프랑스 복지국가를 후퇴시키려는 시라크의 시도에 항의하여 1995년 12월에 일어났던 파업의 물결은 경제적 난국뿐만 아니라 대의제의 정치적 위기가 지속되고 있음을 강조했다. 이러한 혐오와 불만의 시기에 '남녀동수'는 모든 증거상 제대로 작동하지 않는 정치체제를 개조할 기회라는 한 가닥 희망을 제공하는 듯했다.

1996년 : 10인 성명서

정치를 새롭게 하자는 주제는 1996년에도 계속되었다. '남녀동수' 감시단의 첫 번째 보고서는 여성의 정치참여에 대한 큰 저항이 선출 공직에서 여성 수가 적은 원인이라고 진단했고, 헌법개정 및 할당제 제안서에 대해 토론하도록 하원에 권고했다. 그러는 사이 '남녀동수' 지지자들은 유럽 다른 나라의 지지자들과 협력하여 선거를 겨냥한 여러 전략을 계획했다. 지속적인 정치적 불안정에 직면하여 '남녀동수'는 정치체제를 폐쇄적인 카스트 제도의 손아귀에서 벗어나도록 하고 새로운 인물, 새로운 세력에 개방함으로써 그 체제를 개조할 최선의 희망으로 제시되었다. 지젤 알리미와 〈'남녀동수'의 내일〉이 각각 한 번씩 조직한 두 차례의 콜로키움이 유네스코 본부에서 개최되었는데, 많은 사람들이 참석하여 성황을 이루었다.[63] '남녀동수'를 주제로 다룬 도서의 수가 증가했고, 그 중에는 여성 정치인들이 직면했던 굴욕과 부당한 대우에 관한 자전(自傳)적인 보고도 있었다. 지방에서의 지역 회합들이 지속되었던 것처럼 거리 시위들도 계속되었다. 페미니스트들은 렌느(Rennes)와 마르세이유 지역에서 공적인 영역에 영향을 미쳤던 여성들에게 경의를 표하며 거리에 새 이름을 지어주는 캠페인을 시작했다. 이는 여성을 국가의 기억에서 빠질 수 없는 부분이 되도록 하는 또 하나의 방법이었다. 〈'남녀동수'의 내일〉에 의해 유포된 친(親) '남녀동수' 청원서에는 수천 개의 서명이 모였다. 그리고 보다 많은 여성 정치인들이 공개적으로 지지를 선언했다. 5월에 유럽연합 회원국의 여성 정치인들은 (1992년 아테네에서 그랬던 것과 마찬가지로) 로마에 모여 「정치와 사회의 재건을 위한 여성(Women for the Renewal of Politics and Society)」이라는 제목의 성명서를 발표했다. [환경부 장관이었던 코린 르파주(Corinne Lepage)가 프랑스 대표였다.]64) 성명서에서 그들은 여성과 남성 간의 권력 공유를 현실화시킬 수 있는 자발적이고 입법적인 조치를 권고했다. 그후 6월에는 (모든 주요 정당들을 대표하는) 프랑스에서 가장 유명한 여성 정치인들 중 10명이 시사주간지 《렉스프레스》에 성명서를 발표했다 — '남녀동수' 지도자들은 오랫동안 행동을 취해왔지만 이를 직접 조직화하지는 않았다. 577인 성명서보다 훨씬 덜 급진적이지만—그리고 공유하는 특징이 있다고 가정되는 하나의 집단 '여성'의 이름으로 냈던 성명서보다 덜 급진적이지만—10인 성명서는 정당들이 자발적으로 '남녀동수'를 약속할 것과 선출직 여성 비율을 적어도 30%로 높이기 위한 조치를 취할 것, 그리고 성차별을 반대하는 법률을 통과시킬 것을 요구했다. 그들은 또한 적극적 조치를 허용하도록 헌법을 개정하기 위한 국민투표를 제안했다.

10인 성명서는 명목상으로는 '남녀동수'라는 슬로건을 수용했지만 본질주의의 부담을 정당화하는 것처럼 보이는 방식으로 그 의미를 바꾸었다. 그들은 여성에 대한 차별의 범위를 상세히 밝힌 후 그것을 공화국 문화 내에 존재하는 자코뱅주의 영향의 탓으로 돌렸는데, 그 문화는 무엇보다도 '남성들의 것(affair)'이었다. 자코뱅주의는 "이른바 성인 남성의 특성을 농축시킨 것이다." 이는 여성의 배제, 즉 여성이 정치영역에 가져왔던 독특한 감수성, 즉 "그들을 타자와 연결시키는 것, 민감성, 구체성, 일상에 대한 관심"을 배제하는 것이었다.[65] 초기의 '남녀동수' 지지자들이 양성에 특정한 자질을 귀속시키는 것을 철저하게 피해왔던 반면(577인 성명서는 차별을 고발하고 단지 평등을 요구했다), 10인 성명서는 차별이 만들어지는 근거가 되었던 바로 그 대립항들을 승인하는 것으로 보였다. 그들은 "지금이 공화국을 여성화함으로써 이러한 고정관념과 방해물들을 없애버릴 때이다"라고 썼다. 그들은 비정치적인 여성다움이라는 고정관념을 거부하면서 단지 해부학적 이원성을 주장했던 '남녀동수' 지지자들을 넘어섰고, 다음과 같이 성차를 강조했다. "여성의 관점, 여성의 경험, 여성의 문화는 법이 발전되는 과정에 심히 결여되어 있다."[66] 그러한 진술은 상식적인 관념들에 호소할 것 같은 젠더에 관한 뻔한 개념들에 매달리고 있는데, 이는 일종의 무릎반사와 같은 본질주의이자 정치적 기회주의의 산물로 설명될 수 있다. 이들은 실천적이고 구체적인 영역을 추구하기 위해 추상성과 보편주의를 버리면서 메시지를 변화시키는 동시에 '남녀동수' 캠페인에 결합시킴으로써 그 캠페인이 진전되도록 도왔다. 이러한 변동의 철학적 효과가 1996년에는 최소한으로 나타났지만 그것의 실천적 효과는 광범위했다.

장관직에 있었던 (따라서 즉각적인 인지도가 높았던) 핵심적인 여성 인물이 수개월간 계획한 결과인 10인 성명서는 주요 뉴스의 화제가 되었고, 결과적으로 이전에 회의적이었던 정치 지도자들을 동요시켰다.

《렉스프레스》는 표지에 그 10명의 사진을 실으면서 다음과 같이 보도했다. "좌파와 우파 출신인 그들은 정당, 의회, 정부에서 남성과 같은 수의 여성을 요구한다." 사진 옆의 굵은 글자는 잡지의 단독 여론조사 결과를 발표한 것으로, "프랑스 국민의 71%가 찬성"이라고 적혀 있었다.[67] 또한 잡지에는 성명서의 기원에 대한 숨가쁜 설명과 그것의 의미에 대한 명확한 평가—"이 혁명적인 성명서, 이 정치적인 행동의 탁월함"—가 실려 있었다. 잡지는 서명자들이 '위대한 국가적 논쟁'을 열기 위해 평상시의 의견 차이는 제쳐두었다는 사실에 무게를 두었다. 그리고 그 논쟁의 결론이 이미 찬성으로 정해진 것처럼 보도했다. 여론조사는 프랑스의 남성과 여성이 성별(sex) 차이가 거의 없이 '남녀동수'를 여타의 사회적·경제적 불평등을 위한 교정책으로 본다는 것만을 제시한 것이 아니었다. 심지어 아이들도 자연스럽게 권력을 나누려는 경향이 있어 보인다고 암시했다. 《렉스프레스》는 사회당 하원의원 세골렌 루아얄(Ségolène Royal)이 최근 하원에 제출했던 취학아동 대상의 조사결과 보고서를 인용했다. (연령은 9세에서 11세 사이이며, 소도시와 대도시의 대표적인 표본지역에 거주하는) 취학아동들은 577석의 가상 의회에서 305명의 소녀들을 '선출했다.'[68] 엘리자베트 바댕테르와 이블린 피시에는 성명서의 본질주의적 주장이 보편주의와 배치되기 때문에 그 주장을 거부했는데, 이들의 비판적인 논평이 기사에서 보도되기도 했지만 그 논평은 최소화되거나 잊혀졌다. 엘리자베트 쉐믈라(Elisabeth Schemla)는 평등을 성취하기 위해 필요한 어떤 새로운 권리도 없다는 피시에의 주장을 반박했다. 쉐믈라는 《렉스프레스》에 기고한 글에서 기존의 정치체제가 불평등 문제에 대하여 어떤 해결책도 허용하지 않았기 때문에 '법을 파고드는 것' 이상의 어떤 것이 필요하다고 언급했다. 다른 말로 하자면 '남녀동수'는 단순히 평등을 이행하는 것이 아니며 평등을 재진술하는 것도 아니었다. 어떻든 그것은 평등을 넘어서는 것이었다. 성명서가 남성 지배양식으로서의 자코뱅주의를 비판하고 여성의 특수한 자질을 찬양한 것 이상으로 이 점이 《렉스프레스》 보도에서는 강조되었다. 이 시점의 캠페인에서 '남녀동수'는 [《렉스프레스》에 도표로 제시된 바와 같이] 유럽의 다른 나라와 비교되는 프랑스의 수치스러운 기록을 종식시키겠다는 목적을 가지고 평등에 대한 열망, 그리고 정치개혁에 대한 열망과 결합했다. 하지만 이것이 성차에 대해 널리 알려져 있는 규범들과 등치되는 것은 아니었다.

《렉스프레스》는 리오넬 조스팽과 알랭 쥐페에게 10인 성명서에 관한 의견을 요청했고, 둘 다 서둘러 '남녀동수'를 공식적으로 인정했다. (인터뷰는 두 남자가 각각 자신의 아내와 따뜻하고 친밀하게 대화를 나누는 미국식 사진을 곁들였다.) 조스팽은 교육부 장관으로 재임했던 기간 동안 대학 총장으로 여성을 임명하지 않았던 것을 후회했고, 그가 속한 정당과 국가에서 '남녀동수'를 위해 노력할 것을 약속했다. 그는 1982년 헌법위원회가 할당제에 대해 제기했던 반대를 극복하기 위해서는 헌법개정이 필요하다고 생각했고, 헌법이 개정되어야 정당들이 결국 승복할 것이라고 보았다. 하지만 국민투표는 위험하고 불필요하다고 생각했다. 그는 모든 선거에서 (사회당이 오랫동안 지지해 온) 비례대표제가 여성의 기회를 향상시킬 것이라고 믿었다. 조스팽은 비례대표제가 국민전선당에도 이익을 줄 것인지를 묻는 기자의 질문에 여성의 표가 극우파의 영향력을 견제할 것이라고 대답했다('남녀동수' 지지자들은 이런 주장을 하지 않았다). 그는 성명서에서 반성차별법과 적극적 조치를 권고한 것에는 반대한다고 말했다. "나는 미국식 '정치적 올바름'을 프랑스에 수입하고 싶지는 않습니다."[69] 그에게 '남녀동수'는 공동체 또는 소수자에 대한 것이 아니라 '인류의 상보성'을 반영하는 것이었다. 그는 단계적으로 무엇이 성취될 수 있을지에 대해서 매우 낙관적이었다. 조스팽은 '남녀동수'가 선출직 대표자들 사이에 안착하기 위해서는 현실적으로 10년 정도 걸릴 것이라고 생각하였다.

조스팽과 달리 쥐페는 헌법개정이 있어야 하는지를 묻는 국민투표 쪽을 택했다. 그는 '남녀동수'에 찬성한다면서 1998년으로 예정된 차기 하원 선거에서 '남녀동수'가 실행될 것으로 생각한다고 말했다. 쥐페는 내각의 여성들을 해고한 것은 그들의 능력을 의심해서가 아니라, 그 여성들이 일반적인 정당 외부에서 충원되었기 때문이라고 설명했다. 즉 그녀들에게는 쥐페가 계획한 프로그램에 대한 의회에서의 표결을 승리로 이끄는 데 필요한 영향력이 너무 부족하다는 것이었다. 그는 정당 내에 여성이 적은 것은 문제이며, 이는 정당들에게 여성 후보자를 발굴하고 출마시키는 것에 대해 재정적 인센티브를 제공하는 식으로 대처할 필요가 있는 문제라고 인정했다. 쥐페는 1986년 비례식 선출에 대한 사회당원들의 실험이 하원의원들 사이에 여성의 존재를 증가시키는 데에 아무런 성과도 가져오지 못했다는 점을 지적하면서 입법부에 비례식 선출을 적용한다는 발상을 확고하게 거부했다. 그는 공화국연합당(RPR)의 수장으로서 여성 후보자 수를 늘리겠다는 자신의 의향을 공식적으로 내보였으며, 심지어 다가오는 지역 선거의 명부 작성에서도 '남녀동수'를 목표로 삼겠다고 말했다.

경쟁자인 조스팽은 현직 수상인 쥐페보다는 '남녀동수' 지지자들의 요구와 더 잘 조화를 이루는 것으로 보였다. 하지만 그들의 견해 차이가 가까운 장래에 더 많은 여성을 정치영역에 진출시키겠다는 그들의 공통된 약속보다 뚜렷한 것은 아니었다. 두 사람 다 정당체제에서 여성에 대한 장애물을 제거하는 것을 (이미 1965년에 미테랑이 타진했던 주제인) '근대화'와 연관시켰다. 물론 각각은 '남녀동수'를 통제하고 길들이기를 원했다. 그리고 그들은 다양한 방식으로 그렇게 했는데, 가장 가시적으로 '남녀동수' 지지자들이 추구했던 '완벽한 평등'보다는 할당제를 택했다. 물론 할당제는 실질적인 교정책일 수 있다. 하지만 그들은 '남녀동수'가 목표로 삼은 핵심, 즉 개인으로서 따라서 프랑스의 대표자로서 남성과 여성의 완전한 평등에 관한 가정을 현실화하는 바로 그 부분을 놓치고 있었다.

9월에 조스팽은 사회당이 의회 선거에서 577개 선거구 중 160개를 여성을 위해 확보했다고 발표했다. 지역 정당조직들은 여성 후보자를 지명하는 데서 자유로울 수 있지만, 후보자를 최종적으로 선정할 권한이 있는 전국위원회와 긴밀하게 움직여야 했다. 《렉스프레스》는 160개 의석 중 40석은 승산이 있고, 이는 사회당 하원의원의 여성 수를 36명까지 증가시키는 것이라고 예측했다(이는 극적인 증가이기는 했지만 10인 성명서에 제시되었던 30% 목표에는 훨씬 못 미치는 것이었다).[70] 또한 로랑 파비우스(Laurent Fabius) 같은 정당 지도자들에게 유연성을 부여하는 막후 책략에 대해서도 보도했다. 파비우스는 자신의 첫 번째 임무가 명령을 이행하도록 강제하는 것이 아니라, 1993년에 패배했던 남성 하원의원들이 의석을 회복하도록 돕는 것이라고 불만을 털어놓았다. 이 지점에서 남성 직업정치인과 노련한 정치인이었던 여성 간에 쉽게 해결되지 않는 갈등이 있었다. 이 여성 정치인들 중 3분의 1 이상은 하원의원이나 보결(補缺)하원의원(내각으로 진출한 하원의원을 대신하기 위해 선출된 의원) 또는 지방의회 의원으로서 공직을 보유하고 있었다. '신참자들' 중 많은 수는 노동조합 또는 다른 연합체 출신이었다. 그들은 정치영역에서 완전히 풋내기(novices)라고 할 수는 없지만 남성의 직위를 보호하려는 지역 정당 대표들은 그들을 종종 그런 식으로 묘사했다. 사회당이 지도자의 결정과 갈등을 겪고 있을 때 대중의 압력은 지속적으로 형성되고 있었다.

1997년 : 하원에서의 논쟁

1997년 초, 〈'남녀동수'의 내일〉은 청원서에 만 명 이상의 서명을 받았다고 발표했다. 하원과 상원에서는 소수 정당(녹색당, 공산당) 당원들이 '남녀동수'에 관한 법을 발의하기 시작했다. 3월 8일 세계여성의 날을 맞이하여 전국에 걸쳐 시위가 일어났다. '남녀동수' 개념에 대한 강력한 저항이 정치인들 사이에서 지속되고 있었지만 대중의 압력이 부정될 수는 없었다.

3월 11일 '정계에서의 여성의 역할'이라는 주제로 하원에서 토론이 시작되었다.[71] 쥐페가 '남녀동수' 감시단의 권고에 따라 이 토론을 요청한 것이었는데, 어떤 표결도 수반되지 않았기 때문에 토론은 실질적이기보다는 의례적이었다. 그것은 '남녀동수'에 관해 아무 것도 하지 않으면서 그 주제를 진지하게 다루는 척하는 방법이었다. 쥐페는 서두를 떼면서 여성에 대한 차별을 극복하기 위한 10년 계획을 제안했다. 거기에는 헌법개정과 일시적인 할당제법이 들어 있었고, 여기서 할당제법은 비례대표제 위주의 선거에만 적용되도록 하는 것이었다. 이에 관해 577명의 하원의원들을 대상으로 한 조사가 르몽드 3월 8일자에 발표되었는데, 여기에는 극도의 적대감이 드러났다. 54%가 응답을 꺼려한 가운데 75%가 '남녀동수'를 반대했고, 60%는 할당제를 지지하지 않았으며, 77%는 국민투표를 거부했다. 그들의 관점에서는 어떤 것도 변화될 필요가 없었다. 32명의 여성 의원 중 다수는 여성의 수를 늘리기 위한 어떤 조치에도 반대했다(이는 3월 11일에 있었던 그들의 연설에서는 나타나지 않았던 태도이다).[72] 사회당 지도부는 여론을 달래기 위해 그들이 제안하고 있는 대책들이 채택되도록 하는 어려운 임무를 맡게 되어 있었다. 일부 조치들이 불가피하다는 것, 그리고 사회당이 선거에서 승리할 것이라는 점을 의원들에게 납득시키는 데에는 한 해가 더 걸릴지도 모를 일이었다. 하지만 1997년 3월 11일 대표성에 대한 여성의 접근을 주제로 하여 하원에서 토론이 있었다는 바로 그 사실은 거대한 상징적 중요성을 지녔다. 즉 '남녀동수'가 국가적 의제라는 것이며, '거리의' 페미니스트들이 그것을 의회로 가져다 놓았다는 것이다. 그 토론의 요지는—과거로 회귀하는 과정이 발생하긴 했지만— '남녀동수'가 여성의 정체성에 대한 관심이 아니라, 여성이 대표자의 자리에 접근하는 것에 대한 문제로 여전히 이해되고 있음을 드러냈다.

　　그러나 직업정치인들이 '남녀동수'를 기존의 정치영역으로 가져왔을 때 새로운 정치를 여는 서막이라는 위대한 의미는 협소해지기 시작했다. 토론에서는 여러 정당과 개별 발언자들이 프랑스를 곤경에 처하게 만든다고 모두가 동의했던 상황을 어떻게 바로 잡을 것인지에 대해 매우 상이한 생각들을 갖고 있다는 점이 분명해졌다. [사회당의 전(前) 수상이자 의회의 사회당원 간부회의 의장인 로랑 파비우스는 프랑스가 선출 공직의 여성 비율에서는 우간다보다도 더 빈약한 수치를 보인다며 경종을 울렸다.][73] 단지 헌법개정의 필요성에 대해서[사회당원과 공산당원들은 그것이 필요하지 않다고 생각했고, 공화국연합당(RPR)과 프랑스민주주의연합당(UDF) 연설자들은 그것이 필요하다고 생각했다], 할당제의 타당성에 대해서, 정당들의 자발적 순응에 대한 재정적 인센티브 제공의 실행가능성에 대해서, 비례대표제가 여성의 이해관계에 보다 더 잘 복무할 가능성에 대해서(공산당원과 사회당원들은 그렇다고 생각했지만 드골주의자들은 비례대표제 그 자체를 격렬하게 반대했다)만 의견이 일치하지 않는 것은 아니었다. '남녀동수'라는 용어의 의미에 대해서조차도 일치된 의견이 없었다.

이 토론에 참여한 사람들은 '남녀동수'라는 말을 종종 할당제와 동의어로 사용했는데, 이는 '남녀동수' 운동의 창시자들이 그 용어를 정의했던 방식과는 반대되는 것이었다. '남녀동수' 지지자들에게 50/50은 대의제의 원칙으로서 인간의 해부학적 이원성을 인정하는 것을 의미했다. 그것은 양성 간의 사회적·심리적 차이를 언급하는 것이 아니었다. '남녀동수'는 종종 남녀공학이나 양성 간의 상보성과 관련되는 용어인 '혼성(mixité)'과 서로 바꾸어 쓰였다. 하지만 혼성이라는 단어는 '남녀동수' 지지자들이 요구했던 완전한 평등도, 엄격한 50/50도 의미하지 못했다.[74] 50/50의 결과를 요구하는 법에 대한 계획은 제쳐졌고, 다양한 형태의 적극적 조치들, 특히 일시적인 할당제가 그 자리를 차지했다. 초점은 선거의 결과를 요구하는 것에서 후보자들이라는 보다 불확실한 지형으로 옮겨갔다. 만약 후보자 '할당제'가 헌법위원회의 1982년 결정에 대한 불복을 충족시키려면 헌법이 개정되어야 한다는 주장이 제기되었다. (프랑스가 1983년에 유엔여성차별철폐협약을 비준했다는 사실은 헌법위원회 결정에 대항할 만큼 충분히 강력한 것으로 고려되지 못했다.) 헌법을 개정하라는 압력이 형성됨에 따라 '남녀동수'는 후보자들에 대한 할당제와 점차 등치되었다. 언론 보도는 할당제의 결점을 강조하고 남성들이 자신의 자리를 여성에게 양보하는 것을 꺼려한다는 사실을 지적하면서 그 쟁점을 정당 협상의 문제로 다루는 경향이 있었다. 예를 들어《피레네공화국(La République des Pyrénées)》은 "우리 하원의원들은 여성을 존중한다. 옆 선거구에서, 이웃 정당에서, 그리고 다른 곳에서 하원의원들은 평등에 찬성한다. 하지만 결정적으로 자기 정당, 자기 선거구에서는 그렇지 않다"라고 논평했다.[75]

　　적대감까지는 아니더라도 당파와 관계없이 남성 하원의원들이 보이는 내키지 않아하는 태도가 하원에서의 토론으로 분명하게 드러났다. 대개의 경우 개인은 자기 계파의 노선을 따라 발언했다. 보다 눈에 띄는 것은 남성 정치인들의 출석이 낮다는 점과 시간이 지나면서 그 수가 점차 감소한 점이었다. 연설자들은 압도적으로 여성이었고, 이들은 프랑스 민주주의의 미래를 향해 온갖 수사적인 의사를 표시했다. 대부분의 하원의원들은 이러한 토론이 여성들의 일(affair)이라고 여겼다. 자코뱅당의 남성우월주의와 현재 의회의 구성에 대한 프랑스 문명의 불명예를 뚜렷이 드러내는 고발이 있은 후 쥐페 수상은 여성들에게 고위직에 뜻을 품기 전에 바닥—시의회—부터 시작하라고 충고하면서 토론이 끝나기도 전에 자리를 떠났다.

　　이러한 논쟁들에서 '남녀동수'가 할당제와 혼동되었다 하더라도 1998-1999년의 헌법개정시 차별을 시정하는 데에 보다 더 주의가 기울여지고 주장을 본질화하는 데에는 주의가 덜 기울여졌다.[76] 물론 미국식은 아니지만 일종의 적극적 조치를 지지했던 사람들은 여성의 이해관계가 문제가 아니라는 '남녀동수' 지지자들의 주장을 고수했다. 그 결과 쥐페는 여성이 소수집단이라는 생각을 거부했다. 오히려 "여성은 인류의 두 부분 중 하나이다." 그는 여성과 남성의 같음을 강조하기 위하여 창세기 1장 27절—"하나님이 자신의 형상대로 사람을 창조하시되 … 남자와 여자를 창조하시고"—을 인용했다.[77] 프랑스민주주의연합당(UDF)의 하원의원 니콜 아멜린(Nicole Ameline)은 일시적인 할당제는 (미국에서 지속적으로 압력단체가 창설되었던 것처럼) 사회를 범주화하도록 유도하지 않는다고 강조했다. '남녀동수'에 대한 오랜 지지자인 베로니크 네이레츠(Véronique Neiretz)는 "개인은 남성과 여성, 이렇게 이원적이다. 그리고 … 남성의 권리는 또한 여성의 권리이다"라고 주장했다.[78] 이러한 진술들은 개인의 이원성에 대하여 '남녀동수' 지지자들의 언어를 사용했는데, 그 중 여성과 남성의 상보성 또는 본질적으로 다른 특성을 주장하는 진술은 하나도 없었다. 이러한 점에서 그 논쟁은 여성을 개인의 이형(異形)으로 생각하고 남성과 같은 조건으로 대표성에 접근하도록 한다는 '남녀동수' 운동의 목표를 지켜냈다. 할당제와 '남녀동수'의 융합은 이 캠페인이 정체성의 정치에 관한 것이 아니라 권력 공유에 관한 것이라는 사실에서 아직 빗나가지는 않았다.

1997년 6월 : 하원선거

1997년 4월 21일 자크 시라크 대통령은 선거를 1년 앞당길 것을 요구하면서 의회를 해산했다. 이는 프랑스 경제를 마스트리흐트 조약(Maastricht Treaty)의 요구에 부합하게 하려는 자신의 시도를 성공시키기 위한 도박이었다(왜냐하면 우파가 다수석을 차지하고 있었기 때문이다). 시라크는 의회 선거(1998년 3월) 무렵에는 통과되기 어려워질지도 모르는 긴축경제 조치들을 즉각 승인하기를 원했다. 우파가 하원을 차지한다면 복지국가가 후퇴하기 시작하는 데에 충분한 시간인 5년 동안 어떤 선거도 없을 것이고, 우파가 실패한다면 시라크는 사회당원들을 타협으로 이끌면서 2002년까지 대통령으로 남을 수 있을 것이었다. 선거운동의 초점이 경제적인 문제(특히 유럽연합 회원국의 요건과 유럽 단일통화가 이행될 수 있을지에 관한 문제)에 맞추어지긴 했지만 좌파 정당들, 특히 사회당은 후보자 명부에 등록할 여성의 수에도 관심을 가졌다. (이때 우파 연합 정당들은 극우파인 국민전선당 출신의 투표자들에게까지 구애를 시도했다.) '남녀동수'를 향한 몸짓이 사회당에게는 중요했다. 이는 단지 폭넓게 지지받고 있는 목표를 공식적으로 인정한다는 차원에서가 아니라 '남녀동수'가 구체적인 행동이자 실제적인 개혁이기 때문이었다. 비판이 쏟아지고 경제상황에 대한 실질적인 해법을 내놓지 못하고 있는 상황에서 사회당은 여성에게 보다 많은 선출 공직을 개방하겠다는 약속을 이행함으로써 변화를 위한 광범위한 약속을 증명하는 것으로 보일 수 있었다.[79]

결국 사회당은 승리했다. 그리고 그 승리는 역시 정치를 새롭게 하겠다는 것을 강조한 덕분이었고, 적어도 부분적으로는 '여성화'된 후보자 명부로 인한 것이었다. 사회당은 250석을 차지했고 2차 투표의 득표율은 40%에 가까웠다. 다른 좌파 정당들과 연합한다면 이제 과반수를 차지할 수 있었다. 하원에서 선출된 여성의 수는 거의 두 배가 되어 1993년에 35석으로 6%였던 것에서 1997년에는 59석으로 10.2%가 되었다. 사회당원 대표자 가운데에서는 251명 중 약 16%에 해당하는 41명이 여성이었다. '남녀동수' 지지자들은 이러한 숫자가 프랑스의 순위를 국제적으로 향상시키는 데에 충분하지는 않지만, 정치영역에서의 여성문제를 정치인들이 진지하게 다루도록 설득하는 데에는 충분하다고 지적했다.[80] 새로운 수상인 조스팽이 약속대로 내각 26명 중 8명(30.7%)을 여성으로 선택했을 때, 그리고 이 장관직 중 몇몇은 이전에 여성이 결코 차지해 본 적이 없는 자리였다는 점에서 '남녀동수' 지지자들은 대단한 축제 분위기에 싸였다.[81] 마르틴 오브리는 고용과 연대 장관으로서 서열상 수상 바로 다음의 2인자였고, 엘리자베트 기구(Elisabeth Guigou)는 법무부 장관으로 임명된 첫 번째 여성이었다. 그리고 정부 대변인은 카트린 트라우트만(Catherine Trautmann)이었는데, 그녀는 문화부 장관으로도 임명되었다. 녹색당 지도자 도미니크 보이네는 환경부 장관에 임명되었다. 이러한 여성들 모두 상당한 정당활동 경험을 갖고 있었다[르피가로가 지적한 대로 오브리는 유명한 정치인 자크 드로어(Jacques Delors)의 딸이었고 정치인(homme politique)이 되도록 훈련받은지 오래 되었다]. 많은 여성들은 국립행정학교에서 훈련을 받았으며 시장, 하원의원, 유럽의회 대표자로서 공직에 있던 사람들이었다. 그리고 몇몇 여성은 여성의 정치적 지위를 향상시키기 위해 수년 동안 투쟁해 왔었다.[82] 언론 보도는 이러한 영웅적인 '최초의 사람들(firsts)'에 대해 다루었고, 또한 새 정부에는 (우리가 공룡이라고 부를) '거물들(elephants)'이 부재하다는 것도 언급했다. 구식 정치인들은 새로운 인물들로 대체되었는데, 그들 중 많은 수가 여성이었으며, 이는 새로움을 표방한 '남녀동수'의 약속과 일치하는 것으로 보였다. 르몽드는 조스팽이 여성을 위해서는 오직 명목상의 대의제를 구성했던 좌우파의 오랜 전통을 깼다고 언급했다. "이번에는 26명 중 8명으로 여성들이 많아졌다. 그리고 그들은 중요한 책임을 맡았다."[83] 르피가로는 알랭 쥐페가 여성을 중요하지 않은 자리에 배치하거나 재빠르게 여성 대부분을 해고했던 것에 대해 조스팽이 아무런 언급도 하지 않은 채 단지 쥐페의 전철을 밟고 있다고 주장했다.[84] 그래도 역시 일간지는 그 여성들의 일대기와 보다 일반적으로는 '여성화'에 관한 논의로 채워졌다. 르몽드 칼럼니스트 피에르 조르쥬(Pierre Georges)는 다음과 같이 보도한 바 있다. 그 주제는 "모든 논평에서 동일했고, 찬사 일색이라는 점에서 공통적이었으며, 모든 사람들의 사고에서 똑같이 나타났다. 마침내 여성! 어디에나 여성! 많은 수의 여성! 물건을 꾸미거나 자신을 여성스럽게 가꾸지 않는 여성이! 마을에 있는 장식물(macramé)이나 꽃을 위해서, 아니면 위험에 처한 아이들을 위해서 장관이 제공되는 것이 아니라! '쥐페의 여자들(juppettes)'이나 '조스팽의 여자들(jospinettes)'이 제공되는 것이 아니라! 실질적인 권력의 지위에 있는 실제의 여성들이다!"85)

조스팽은 사회당의 승리가 유권자들이 여성화를 지지한 것이라고 간주하면서 '남녀동수' 법을 위한 방안을 마련하기 위해 다음해에 헌법개정안을 제출하겠다고 발표했다.86)

> 민주주의의 근대화는 제도적 개혁뿐만 아니라 뿌리 깊은 문화적 변화 또한 요구한다. 먼저 우리는 프랑스 여성들이 방해받지 않고 공직에 참여하는 것을 허용해야 한다. 이러한 영역에서 진보는 우선 사고방식의 진화 및 행동에서의 변화와 더불어 온다. 사회당원을 비롯한 다수당은 특히 지난 선거 이후 실제 사례를 만들고 방법을 제시해 왔다. 우리는 더 나아가야 한다. 우리는 여성과 남성 사이의 '남녀동수'라는 목표를 헌법에 새기기 위하여 헌법개정을 제안할 것이다.87)

자신의 내각에 여성의 권리를 대변할 장관을 두지 않았던 조스팽은 11월에 페미니스트 철학자 쥬느비에브 프레스를 '특별 대리인(délé-guée interministérielle)'으로 임명하여 여성의 권리 향상과 '남녀동수'의 이행을 감시하도록 했다. 이 시기에 직함과 역할을 '여성화'하는 문제에 대해 페미니스트들이 여러 해 동안 해왔던 요구는 '장관(minister)'이라는 단어의 젠더가 무엇이어야 하는가에 대한 토론의 결과로서 새로운 주목을 받았다. 엘리자베트 기구를 지칭할 때 남성형 관사를 그대로 유지할 것인가(Mme *le* ministre), 아니면 여성형 관사로 바꿀 것인가(Mme *la* ministre)? 〈아카데미 프랑세즈(Académie française)〉는 직함을 여성화하는 것에 맹렬히 반대했으며, 단어의 젠더는 사람의 젠더와는 아무런 관계가 없다는 것을 이유로 들며 'le'로 쓸 것을 주장했다. 그러나 페미니스트들은 여성의 직무를 기술하는 데에 남성형 단어가 사용되면 여성이라는 존재가 흐릿해진다고 주장하며 여성관사 'la'를 선택하도록 조스팽을 설득했다. 언어의 문제는 '남녀동수'에 대한 조스팽의 약속이 전개시킬 광범위한 문제들의 징후였다.[88]

그러나 언어 사용에서 순수주의적인 입장이 있었다 할지라도 실질적인 정치에서는 타협을 요하는 순간이 도래했다. 헌법개정을 위한 협상이 그 문서에서 '남녀동수'라는 단어를 제거했던 것이다(시라크 대통령이 찬성했다는 조건이 있었다). 이는 운동에서 막대한 손실이자 젠더 평등의 급진적인 전망을 부인하는 것으로 보이기도 했지만 법을 획득하는 것은 그 양보를 가치있는 것으로 만드는 것처럼 여겨졌다. (사실 2000년에 법이 통과되었을 때, 심지어 정부 간행물에서조차도 '남녀동수' 법이라고 언급되었다.) 할당제와 '남녀동수'의 융합이 갖는 의미가 컸기 때문에 『여성 시민들에게 권력을!』의 저자들은 자신들의 대안—모든 선출 공직에 50/50의 대의제를 요구하는 법안—을 강하게 밀어붙이면서 완강하게 저항했다. 하지만 그들은 한동안은 조스팽의 길들이기식 노력을 일시적으로 지지했다. 왜냐하면 운동의 최초의 목적—여성을 프랑스를 대표할 수 있는 동등한 능력을 가진 사람으로 정의하는 것—이 성취될 것으로 보였기 때문이다. 1997년 말 《빠리떼-인포》가 독자들에게 작별을 고했을 때 연합 네트워크와 지속적인 대중적 압력의 필요성은 감퇴한 것으로 보였다. 물론 강도 높은 협상이 여전히 계속 되겠지만 형태를 갖춘 '남녀동수' 법이 비로소 눈앞에 와 있었다.

*　*　*

헌법개정이라는 정치가 형태를 갖추기 시작했기에 또 다른 법 개혁 과제가 '남녀동수' 캠페인의 마지막 단계를 가로지르며 그 단계에 심각한 영향을 미칠 것이라고는 아무도 예상하지 못했다. 그러나 1998년에 있었던 동성애 커플의 권리에 대한 거대한 논쟁이 바로 그러했다. 입법가들, 사회학자들, 인류학자들, 도덕주의자들, 심리학자들이 무엇이 가족으로 고려되어야 하는가에 대해 주장함에 따라 성적 차이라는 문제는 '남녀동수'를 이해하는 데에 영향을 미치지 않을 수 없는 표현들로 광범위하게 토론되었다. 처음부터 본질주의적인 가능성들이 개인의 이원성에 대한 '남녀동수'의 개념 주위를 맴돌고는 있었지만 이는 그 운동의 주된 동력이 아니었다. 하지만 1998년에는 이러한 본질주의적 가능성이 전면에 등장했다. 그러나 이는 몇몇 초기 비평가들이 예상했던 방식은 아니었다. 여성들 대신 그들이 가지고 있는 특별한 성질과 특별한 이해관계가 관심의 초점이 되면서 가족과 국가의 토대, 그리고 '남녀동수'가 약속한 평등주의적 정치의 토대로 여겨지게 된 것은 바로 이성애 커플이었다.

제5장 커플 담론

"성적 선호가 제도적 인정의 대상이 되어야 하는 것은 … 당연한 가?"[1] 이 수사학적 질문은 1999년 3월 17일 상원에서의 토론 중에 동반 자법(law on domestic partnerships) 입법안인 '시민연대협약(Pacte civil de solidarité, 또는 PaCS)'에 반대하는 사람들이 제기한 것으로 여러 해 동안 맹위를 떨쳐온 공적 논쟁의 핵심이었다. 만약 가능하다고 한다면 동성애자들의 동반자 관계는 법적으로 어떻게 인정되어야 하는가? 예컨대 사적인 계약으로? 동거의 형태로? 결혼으로? 그렇다면 법적 인정이 의미하는 것은 무엇인가? 그것은 에이즈 위기로 인해 가시화된 많은 실질적인 문제들을 제기할 필요를 의미하는가? 성적 파트너 선택에 기반한 차별을 종식시키는 것을 의미하는가? 성적이고 사회적인 관계로서 동성애가 실재한다는 것을 수용하는 것인가? 다른 관계와 유사한 관계로서인가, 아니면 이성애적 규범과는 정의상 구분되는 관계로서인가? 법적 인정이 (반드시 프랑스 공화주의 맥락 안에 있어야 하기 때문에) 보편성이라는 원칙에 기대고 있다면 이 원칙은 파트너를 선택할 수 있는 개인적(사적) 권리인가, 아니면 공식적으로 결혼한 이들이 향유하는 혜택을 똑같이 누릴 집단적(사회적) 권리—동거하는 커플의 권리—인가? 이 집단적인 권리는 동성애자를 포함하여 결혼하지 않은 커플이 가족이라는 것을 의미하는가? 즉 동성애자들도 아이를 낳을 수 있고 입양할 수 있고 키울 수 있다는 것인가? 어떤 관점에서는 '남녀동수'가 열었던 것보다 훨씬 위험한 판도라의 상자가 여기에 있었다. '남녀동수' 법이 개인적 권리—여성(women)이 대표자가 될 권리, 즉 여성(female)이라는 성(sex)을 대표하는 것이 아니라 국가를 구현하기 위해 선출된 개인이 될 권리—라는 익숙한 틀 속에서 작동했던 반면에, '시민연대협약(PaCS)'은 커플을 다루었고, 국가가 그들에게 부여하는 인정의 조건을 다루었다. 커플이란 무엇인가? 가정의 실질적 배열인가 혹은 사랑의 결합이라는 보편적 형식인가? 변할 수 있는 법적 범주인가 아니면 성차라는 영구적인 사실의 체현인가?

평행선을 달리던 '남녀동수'와 '시민연대협약(PaCS)' 두 운동은 1998-1999년에 교차했고, 성차에 대한 토론에서 커플 담론은 개인에 관한 담론을 대체했다. 이제 문제가 되는 것은 더 이상 국가의 대표자로서 여성과 남성의 상호 대체가능성이 아니라 여성과 남성 간의 관계, 즉 그들의 필수적인 상보성(相補性)이었다. 50/50 대의제를 위한 '남녀동수' 요구가 갖는 의미는 평등을 위한 반(反)차별주의적/개인주의적 주장 대신에 성차에 대한 본질주의적/차이주의적 개념을 승인하게 되면서 새로운 의의를 획득했다. 커플에 대한 문제를 둘러싸고 '시민연대협약(PaCS)'과 '남녀동수' 논쟁이 서로 얽혀 있는 가운데 평등, 성차, 보편주의의 개념들은 모순된 방식으로 뒤엉켰다. 변하지 않을 것으로 가정된 이 추상적인 개념들이 변할 수 있다는 것과 역사적 우연성을 증명하면서 말이다. 이 지점에서 '시민연대협약(PaCS)' 논쟁이 '남녀동수' 캠페인에 미친 영향을 보다 충분히 이해하기 위해서는 시간을 갖고 그 논쟁을 검토할 필요가 있을 것 같다.

동반자법 캠페인

1990년대에 페미니스트들이 정치영역에서 여성에 대한 차별을 종식시켜야 한다고 요구하고 있을 때, 동성애자 권리(gay rights)를 주장하는 사람들은 동성애 커플을 위한 법적 보호를 추구하고 있었다. 두 운동 모두 자신의 운명을 좌파의 성공과 연결시키고 있었지만 이 둘은 평행선을 달리고 있었으며, 각각의 성격은 완전히 별개였다. 또한 두 운동은 형태에 있어서는 다르지만 차이의 딜레마와 씨름하고 있었다. '남녀동수'가 추상적 개인으로서의 여성의 지위에 관심을 두는 반면, 동성애자 권리 운동가들은 커플의 사회적 문제에 초점을 맞추었다. 다시 말해 '남녀동수'가 공화국의 보편주의 원칙을 정교화하는 것으로 틀지어진다면, 동성애자 권리운동은 특정한 집단(구체로서의 사회)의 권리를 보편주의(추상으로서의 정치)의 요건과 화해시키고자 했다.

동성애자들은 개별적인 개인으로서는 이미 몇몇 법적 보호를 누리고 있었다. 동성애 행위에 대한 범죄화가 1982년에 폐지되었고 1985년에는 반차별법이 발효되었다. 에이즈가 점차 가시화됨에 따라 HIV 양성 반응자를 보호할 수 있는 새로운 반차별 조치들이 필요하다는 관심도 물론 있었다. 하지만 다른 곳에서처럼 프랑스에서도 에이즈는 동성 커플의 지위에 대한 문제를 보다 긴급하게 제기했다.[2] 상속, 공동 재산 소유권, 건강보험 공유, 임대차 권리 이전, 대리인의 권한, 병원 방문권 등에 어떤 법적 보호도 받지 못했으며, 동거의 형태로 동성 간의 동반자 관계를 인정받으려고 했던 몇몇 시도는 승인을 얻는 데 실패했다. 1989년 법원이 '동거(concubinage)'는 "한 남성과 한 여성으로 구성된 커플에게만 해당된다"고 판결하면서 그러한 요구를 기각했을 때, 동성 커플의 권리 보호를 지지하는 사람들은 커플에 대한 정의를 변화시킬 새로운 법이 필요하다는 결론을 내렸다.[3]

그렇다면 그러한 법은 어떻게 만들어야 할까? 여기에는 여러 가지 가능성들이 있었다. 그 첫 번째는 동성 커플들이 어떤 재정적인 보호 및 여타 다른 보호를 받을 권리를 부여받았음을 단순히 명기하는 것이었다. 즉 그들이 사실상 특별한 사례 혹은 특별한 부류라는 것이다. 이러한 노선을 따르는 주장은 동성 동반자 관계를 더 큰 범주에 포함시킴으로써 그 지위를 정상화하기보다는 그러한 정상화 없이 차별을 종식시키려고 하는 사람들에 의해 제시되었다. 이 접근은 특정한 집단의 특별한 필요를 위해 마련된 반차별법인 미국의 동반자 법률과 아주 가까운 것이었다. 두 번째 가능성은 동거하는 '2인(duos)'이라는 일반 범주에 동성애자들을 포함시키는 것으로, 이 범주는 나이 지긋한 여성들이 한 집을 공유하는 것에서부터 성직자와 그의 입주 가정부, 남매 혹은 한부모 가정에까지 확대되는 것이었다. 하지만 이는 동성애 섹슈얼리티의 특수성을 무시하는 방식이었다. 이것이 바로 1990년 상원에 제안된 시민 동반자 관계 법안, 1992년 좌파 의원들이 하원에 제안한 시민연합계약(CUC) 법안, 1997년 하원에 제출된 시민사회연합계약(CUCS) 법안이 취한 접근방식이었다. 세 번째 가능성은 어떤 형태로든 (동성애건 이성애건) 동거하는 친밀한 파트너들을 함께 집단화하는 것으로, 기존에는 결혼한 커플들만이 누렸던 몇몇 경제적·사회적 권리들을 이들에게로 확장하는 것이었다. 이는 바로 〈에드(AIDES)〉와 같은 동성애자 운동단체들의 제안으로, 이들 단체는 1995년 사회생활계약(CVS)을 제안했다. 이 제안에 따르면 법은 동거에 대한 일반 항목 하에서 게이와 레즈비언의 동반자 관계를 인정하는 것이 되어야 했다. 사회당의 몇몇 하원의원들이 이를 승인하면서 이 법안은 곧 사회연합계약(CUS)으로 언급되었고, 그후 1998년에 동거법개혁특별위원회가 제출한 공통이해협약(PIC)을 위한 권고에서 '협약(pact)'이라는 용어를 차용하면서 '시민연대협약(PaCS)'으로 불리게 되었다.[4] 네 번째 가능성은 동성애 커플들에게 결혼을 개방하는 것으로, 어떤 사람들에게는 이것이 세 번째 가능성의 논리적 결과처럼 보였다. 토론이 전개되어 가면서 이는 〈에드(AIDES)〉, 〈액트 업(Act Up)〉, 〈게이 레즈비언 센터〉와 이 운동 지지자 대다수의 입장이 되었다.[5]

이러한 가능성들은 1990년대 내내 논의되었다. 그러나 1993년 이후 좌파가 권력을 잃으면서 어떤 법률도 제정될 수 있는 희망이 거의 없게 되었다. 1995년에 법무부 장관 자크 투봉(Jacques Toubon)은 귀에 거슬릴 정도로 출산 장려적인 표현을 쓰면서 시민연합계약(CUC) 법안을 거부했다. "그것은 시민연합계약을 만드는 것이 아니라 오히려 그 반대로 프랑스가 더욱 강해질 수 있도록 이 나라에서 결혼과 출산을 장려하는 것에 관련된 문제이다."[6] 그럼에도 불구하고 개별 하원의원들과 상원의원들이 법안을 제출했으며, 사회당 내부에도 압력이 가해졌다. 선거에서 대패한 후 1993년에 열린, '남녀동수'에 대한 쟁쟁한 요구들이 나왔던 당시의 전국대표자회의에서 정당 강령에 동성애자 동반자 관계에 대한 인정을 포함하자는 요구가 동시에 제기되었다. 당시 이와 같은 요구는 극도로 동성애를 혐오하는 사회적 배경 하에서 소수자들의 목소리로부터 나왔다. [1996년에 사회당의 제1서기관인 앙리 엠마뉴엘(Henri Emanuelli)은 동성애자 권리 옹호자들을 노골적으로 무력화시킬 수 있었다. "남색(faggots)에 대한 당신들 이야기는 불쾌하고 재수 없소. 사람들은 그것에 관심이 없소."][7]

1994년 유럽의회가 게이와 레즈비언을 위한 동등권을 승인했고, 이는 당시 진행 중인 캠페인에 무게를 실어주었다. 1995년 〈에드〉, 〈시민사회 연합계약을 위한 모임(Collectif pour le CUCS)〉을 비롯한 여러 집단들은 동반자의 성별(sex)에 관계없이 '동거(vie commune)' 인증을 규정하는 데에 동의하는 수백 명의 시장(市長)들을 규합했다. 여기서 최초로 '동성 간 결합'을 '공식적으로' 인정했다. 1996년 피에르 부르디외, 자크 데리다(Jacques Derrida), 디디에 에리봉(Didier Eribon), 미셸 페로, 폴 베인(Paul Veyne), 피에르 비달-나케(Pierre Vidal-Naquet) 등 주요 지식인들이 서명한 르몽드의 한 기사는 불평등한 대우가 되풀이되는 사례들을 언급하면서 '동성 커플에 대한 법적 인정'을 요구했다.[8] 또한 사회당 내부에서도 이에 대한 지지가 증가하고 있었다. 1997년 1월 사회당의 몇몇 하원의원들은 사회연합계약(CUS)을 위한 법을 제안했는데, 공화국연합당(RPR)의 하원의원이자 '남녀동수' 감시단의 단장인 로셀린 바슐로가 우파에서는 유일하게 이들을 지지했으며, 뿐만 아니라 법률가, 가족 관련 단체 등의 지지기반을 가지고 있던 운동조직들도 이들을 저지하였다. 보수정부는 동성애자들이 직면하는 실질적인 어려움에 대해 충분히 우려하고 있었으며, 이는 법학자 장 아우저(Jean Hauser)를 수장으로 시민법이 이 문제를 다룰 수 있게 개정하는 방법을 연구하도록 위탁한 데에서도 알 수 있다. (아우저의 연구는 동성애 커플이 생활의 재정적·물질적 측면을 다루는 계약을 함께 체결할 수 있도록 허용해야 한다고 제안했다. 하지만 계약

당사자들이 하나의 커플이라는 사실을 상징적으로 인정하도록 권고한 것은 아니었다.) 하원이 봄에 해산되고 좌파가 다시 권력을 잡게 되었을 때 사회연합계약(CUS)이 제정될 수 있다는 희망이 다시금 피어올랐다. 하지만 수상이 그 법을 지지하기로 동의하기까지는 1년이 걸렸다.

1997년 6월 말, 조스팽 내각 성원들(특히 '남녀동수'에 대한 수상의 공약을 이행하기 위해 임명되었던 여성들인 엘리자베트 기구, 마르틴 오브리, 카트린 트라우트만 등)을 포함한 25만여 명의 사람들이 파리에서 열린 게이 퍼레이드에서 행진에 참여했다. 동성애자들 간의 결합을 인정하는 것이 핵심 쟁점이었다. 환경부 장관 도미니크 보이네는 사회연합계약(CUS)을 모든 비혼 커플들의 상황을 공식화(regularization)하는 것이라고 묘사했다. "사회연합계약(CUS)은 수십만 명에게 영향을 미치는 배제에 대항하는 투쟁요소 중 하나이다."[9] 이후 몇 개월 동안 다양한 법안이 제출되었다. 법무부 장관 기구는 법안을 검토하도록 가족사회학자 이렌 테리(Irère Théry)가 이끄는 연구팀을 조직했다. 몇 개월 안에 법이 제정될 것이 분명해졌다. 1998년 6월 조스팽은 지금은 '시민연대협약(PaCS)'이라고 부르는 것을 위해 박차를 가했다. 지지와 반대는 격렬해졌다. 프랑스 전역에서 1만 2천 명에 이르는 소도시의 시장들이 로마 교황청에게 고무되어 이 협약에 대한 서명을 주관하지 않을 것이라고 발표했으며, 주교 회의는 그 법안을 맹비난했다.[10] 프랑스민주주의연합당(UDF)의 낙태 반대론자 하원의원인 크리스틴 부탱(Christine Boutin)은 1999년 1월 파리에서 10만 명의 사람들이 참여한 반(反)'시민연대협약(PaCS)' 시위를 조직했다. 6월에 열린 파리 게이 퍼레이드에는 그 법안을 지지하는 20만 명의 사람들로 넘쳐났다.[11] 주요 일간지들에는 그 법의 함의를 분석하고 그것이 가져올 효과를 예측하는 기사들이 날마다 실렸다. 의회에서의 토론은 결국 120시간이나 걸렸고, 상당 시간은 격앙된 상태로 진행되었다.[12] 1998년 봄부터 이듬해에 그 법이 통과될 때까지, 그리고 심지어 법 통과 이후에도 동성 파트너들을 커플로 대우하는 것이 무엇을 의미하는지에 대해 대규모의 열띤 토론이 일어났다.

어떤 보편주의인가?

놀랄 것도 없이 동성 동반자 관계의 법적 인정을 위한 운동은 보편주의의 수사학에 호소했다. 즉 이는 이익집단에 대한 특별한 대우가 아니라 평등을 추구하는 것이었다. 이주민과 여성에 대한 논쟁에서와 마찬가지로 미국식(à l'américaine) '공동체주의적' 해법에 대한 거부가 첫 번째 전제였고, 모든 국면은 이 첫 번째 전제에 들어맞도록 강제되는 것으로 여겨졌다. 사회당 대변인 카트린 타스카(Catherine Tasca)는 1998년 10월 9일 하원에 '시민연대협약(PaCS)' 법안을 제출하면서 1990년대 초기부터 그 법의 지지자들이 주장해 왔던 내용을 반복했다. "공화주의 정신은 인정(recognition)이 동성애 커플뿐 아니라 성(sex)에 관계없이 모든 동거 커플들에게 열려 있다는 것을 법구조에 반영하도록 요구한다. 우리는 공동체주의적 해법을 원하지 않는다."[13] 그리고 그 법을 오랫동안 지지해 온 패트릭 블로시(Patrick Bloche)가 1999년 3월 의회의 문화·가족·사회문제위원회 서기의 권한으로 '시민연대협약(PaCS)'을 승인했을 때에도 그는 '시민연대협약(PaCS)'의 보편주의적 측면을 강조하였다. "우리의 접근방식이 갖는 공화주의적 특징을 몇 번이고 기억할 필요가 있다. 이는 이성 커플이건 동성 커플이건 모두를 포괄할 수 있는 전 지구적이고 통합된 틀을 만들고자 하는 것이다. 우리가 앵글로-색슨식의 공동체주의적 경향을 거부하도록 이끈 것은, 그래서 동성애 커플만을 위한 법령을 갖지 않도록 한 것은 바로 권리에 대한 보편주의적 원칙이다."[14] 공화국연합당(RPR) 하원의원인 로셀린 바슐로는 의회에서의 논쟁 중에 벅찬 감정으로 '시민연대협약(PaCS)'에 대한 지지 발언을 하면서 협약의 통과를 위해 오랫동안 운동해 온 집단들에게 경의를 표했다. "이러한 단체들의 미덕은 남성이건 여성이건 우리들 각자를 위해, 또 우리들 모두를 위해, 우리의 자녀들 또는 우리의 부모들과 함께, 또 우리 인생의 한 순간에서건 또 다른 순간에서건 수용할 수 있는 프로젝트를 구성하기 위해 그들이 공동체주의적 해법을 거부했다는 데에 있다. 공동체주의적 해법은 반드시 낙인을 불러온다. 결국 우리는 오직 하나의 공동체만이 있음을 인정한다. 그것은 바로 공화국이다."[15]

이러한 연설들의 축하 어조는 그 법에 들어 있는 자명한 모순을 그럴 듯하게 얼버무렸으며, 지지자들이 사회적 차이에 대한 인정과 보편주의가 요구하는 동일성의 기준을 화해시키고자 할 때 직면했던 논리적·실천적 어려움들과는 상반된 것이었다. 동성 커플들은 어떤 조건으로 공화국이라는 단일한 공동체 속에서 이처럼 환영받게 된 것인가?

초기의 제안은 동성 파트너들을 '2명의 콤비(duo)'라는 일반 항목 아래에 두는 것이었는데, 이는 동성애 권리 지지자인 장 피에르 풀리켄(Jean-Pierre Pouliquen), 제라르 바스-이그나스(Gérard Bach-Ignace) 및 MDC(Mouvement des citoyens, 장-피에르 슈베느망이 이끈 사회주의 그룹의 한 분파)에 참여한 인사들이 제출한 것으로 '시민연대협약(PaCS)'의 최종 구성단계까지 지속되었지만 통과된 법에 통합되지는 않았다. 그 지지자들이 주장하기를, 이 '2명의 콤비'는 보편주의적 중립성의 요구조건—

동성 동반자 관계는 단순히 다양한 형태의 동거 중 하나이다―을 충족시키는 것이었으며, 커플의 삶을 상상하는 한 가지 방법으로 결혼 이외의 어떤 것을 제시하는 것이었다. 시민사회연합계약(CUCS)을 위한 모임의 대표 폴리켄은 자신의 단체가 동성 커플에 대한 법적 인정을 목표 그 자체로 추구하지 않으며, 오히려 "우리가 관심을 두는 것은 삶에 대한 공동의 기획을 함께 가지고 있는 두 사람이다"라고 설명했다. 동성애자들은 결혼한 이성애자들과 결혼하지 않은 이성애자들의 위계 안에서 동반자 관계의 제3의 범주로 명명되기를 원하지 않았다. "우리는 … 개인들을 분리하기보다는 개인들에게 공통적인 것을 선택하는 것이 언제나 바람직하다고 확신한다. 물론 '사회적' 관점에서 볼 때 … 차이들은 존재한다. 남성이 여성이 아니고 갈색머리가 빨강머리가 아닌 것처럼 동성애자는 이성애자가 아니다. 하지만 이 남성들과 여성들은 공통점을 갖고 있다. 바로 그들이 시민이라는 것이다. … 이는 보편주의적 개념을 옹호하는 것에 관련된 문제이다."[16] 이러한 논쟁에서 좌파쪽 비평가들은 그 법에 찬성표를 던질 하원의원들을 소외시키지 않으려고 동성애를 경시하면서 폴리켄과 그의 동료들을 일종의 기회주의자라고 비난했다. 그러나 프레데릭 마르텔(Frédéric Martel)은 보다 파괴적이고 너저분한 목표가 있다고 주장했는데, 그것은 바로 "성(sex)을 커플로 제한하지 않는 것"이었다.[17] 이 비평가들에게 '2인' 전략은 이 2인이 이성애적 성적 결합과 기본적으로 전혀 다르지 않은 성적 결합이라는 점이 인식되어야 함을 엄밀히 지워버리는 것이었다.[18] 동성애 커플에 대한 실질적인 문제들이 제기되려면 그들은 동거든 결혼이든 더 포괄적인 보편적 범주로 동화될 필요가 있었다. 우파 비평가들은 그 법의 지지자들이 공동체주의적 소망에 보편주의의 외투를 입히려고 우회적으로 노력하고 있다고 비난했다.

위장에 대한 비난은 동성애 행위가 비밀스럽고, 파괴적이며 기만적이고, 비천한 것이라는 일반적인 묘사에 기대고 있었기 때문에 동성애 혐오적 의미를 수반했다. 그 운동을 비난하기 위해《레스프리(*L'Esprit*)》의 지면을 이용하고 르몽드와 인터뷰도 했던 테리에 따르면, "이러한 계약은 운동의 주된 관심을 무시하면서 동성애에 관한 근본적인 질문을 있을 법하지 않은 '사회적 결합' 안에―전술적인 이유로 그리고 다소 비열하게―숨겨버린다."[19] 또한 어떤 사람들은 동성애와 관련된 것에 환영(幻影)적으로 부착되어 있는 것으로 보이는 일부다처, 근친상간, 다른 도착들을 암시하는 것에 반대하면서 모든 2인 가구를 암묵적으로 성애화(sexualizing)하고 있음을 알아챘다.[20] 폴리켄은 테리에게 보낸 공개서한에서 이러한 비판들에 대한 분노를 드러냈다. 그는 같음과 다름 사이에 균형을 적절하게 유지할 수 있는 방법은 전혀 없는 것처럼 보인다고 말했다. "게이와 레즈비언이 거리에서 행진할 때 그들은 자신들을 전시한다고 비난받는다. 그들이 사회 전체와 관련된 제안을 지지할 때는 위선자라고 비판받는다. 요컨대 그들은 결코 정치적으로 올바르지 않다."[21] 다르게 말하자면, 폴리켄의 지적은 공화주의적 보편주의의 용어로써 사회적으로 다양한 집단들의 요구를 인정하도록 주장하는 것이 가지고 있는 어려움을 설명하는 것일지도 모른다. 즉 차이의 이름으로 동등한 인정을 요구하는 것은 집단의 특수성을 강화하는 반면, 같음의 이름으로 동등한 인정을 요구하는 것은 차이에 반대하게 한다.

최종적으로 통과된 그 법에서처럼 보편적 집단이 성적으로 친밀한 동거하는 커플로 한정되었을 때에도 문제는 다르지 않았다. 여기에는 결혼하지 않은 이성애자와 동성애자 간의 차별을 제거하자는 발상이 들어 있었다. 이혼의 증가 및 결혼을 선택하지 않는 이성애 커플의 증가가 증명하듯이 결혼이 급속히 탈제도화(deinstitutionalization)되고 있다는 주장이 제기되고 있기 때문에 이제 법은 관습적 경계 밖에서 함께 살고 있는 사람들 모두가 직면하고 있는 현실을 다룰 필요가 있었다. 이러한 관점에서 보면 동성 커플은 동거자 범주에 포함될 수 있었다. 여기에서 성적 결속은 명백했고, 이성애 커플과 동성애 커플 간의 공통점은 결혼하지 않은 상태라는 점이었다. 이러한 접근법을 지지하는 몇몇 사람들은 동거하는 이성애 커플의 수가 급격하게 증가해 왔으며, 이 사실이 동성 커플들이 직면하고 있는 특수한 어려움만큼이나 그 법을 정당화한다고 지적했다. 실제로 거기에는 동성 커플이 부합할 수 있는 '보편적' 범주가 있다는 것이었다. 다른 이들은 실제적 측면이 아니라 사랑이 동성애자와 이성애자 커플의 공통분모라고 주장했다. 이는 1999년 '시민연대협약(PaCS)'에 관한 상원 청문회에서 그 당시 사회당 하원의원이었던 (또한 후에 파리시장이 되었던) 베트랑 들라노에(Bertrand Delanoë)가 했던 주장이다. "사랑의 결속, 애정의 권리, 그리고 아주 단순하게 개인의 존엄성이 있다. … '시민연대협약(PaCS)'은 사랑의 결속이 보편적임을 인정하며, 진심으로 이를 받아들이는 두 사람 간에 권리와 의무를 창조한다. 그렇게 함으로써 '시민연대협약(PaCS)'은 보다 개방적이고 발전된 사회의 상징이 된다."[22] 사랑하는 관계가 결혼으로 정당화될 필요는 없다. 결혼제도는 어쨌든 그 지위를 상실해 가는 중이며, 그것의 가부장적 속성 때문에 레즈비언 페미니스트들을 포함한 많은 페미니스트들이 이를 비난했다.

이성애 동거자들과 동성애 동거자들은 모두 결혼하지 않은 상태라는 점에서 같았지만 이들 사이에는 중요한 차이가 있었다. 이성애자들에게는 결혼이라는 선택지가 열려 있었고 재생산기술을 이용할 권리도 있었지만 동성애자들에게는 어느 쪽도 가능하지 않았다.[23] 만약 법적 인정 [즉 국가의 재가(裁可)]에 의해 동거하는 파트너들이 하나의 집단으로 승인된다면 다른 성원들이 누리는 재생산 권리가 어떻게 그 집단의 특정 성원들에게는 부인될 수 있을까? 그리고 만약 게이, 레즈비언의 동반자 관계가 결혼하지 않은 이성애 관계와 등가의 것이라면 그들이 결혼을 선택할 권리는 어떤 논리로 금지될 수 있을까? 이러한 질문들은 그 법이 결혼하지 않고, 동거하며, 성적으로 친밀한 커플이 공유하고 있는 상황으로 좁게 한정하고 있는 한계를 드러내는 것으로, '시민연대협약(PaCS)'의 반대자와 지지자 양측 모두에서 제기되었다. 한편에서는 그 법에 대한 보수적인 반대자들이 그 법을 '거의 결혼과 같은 것'이라고 비난했고, 다른 한편에서 급진주의자들은 '실패한 결혼'이라며 그 법을 인정하지 않았다.

보수적인 상원의원 베르나르 세일리에(Bernard Seillier)는 그가 '시민연대협약(PaCS)'이 갖는 위험한 논리라고 여기는 바를 다음과 같이 밝혔다.

동거가 결혼이라는 형식을 자발적으로 버리는 것이라 하더라도 사실상 그것은 실제 결혼이다. 법과 관련해서 보면 동거의 진화적 결과는 과거에 이미 충분히 증명되어 왔다. 우리는 민법(civil code)에 동거를 명시함으로써 단지 주(州) 대표자의 개입으로만 동거와 결혼을 구별한다. 어떻게 보면 단지 의식(儀式)의 화려함에서만 차이가 날 뿐이다. 동시에 동거가 성(sex)에 따라 정의되지 않기 때문에 우리는 우리가 원하지 않는다고 말하는 것, 즉 동성 간 결혼을 간접적으로 야기한다.[24]

다른 한편으로 게이, 레즈비언 커플의 권리를 지지하는 활동가들—이들 중 다수는 의회정치의 장과 멀리 떨어져 있고, 그래서 회의적이거나 적대적인 정치가들을 설득하는 데에 관심이 별로 없었다—은 보편주의 적용에서의 논리적 일관성을 위해 필요한 논거를 마련했다. 예를 들어 법학자 마르셀라 이아쿱(Marcella Iacub)과 사회학자 장-마르크 웰러(Jean-Marc Weller)는 성적 선호는 차별적 대우의 토대로서 제기될 필요가 있고 그래서 해소될 필요가 있는 바로 그러한 쟁점이라고 지적하였다. "자기가 선택한 사람이 누구든지 간에 그 사람과 결혼할 자유가 우리의 가장 근본적인 권리 중 하나라는 생각에 어느 누구도 도전한 적이 없다. … 예컨대 어떤 정치가들이 피부색이나 종교가 다른 두 사람의 결합을 금할 것을 제안함으로써 이 권리의 적용을 막을 수 있다고 상상한다면 그들에 반대하는 많은 목소리들이 시끄럽게 등장할 것이라는 데에는 의문의 여지가 없을 것이다. 왜냐하면 모든 사람들에게 시민적 평등을 보장하려는 데에는 훌륭한 이유들이 있기 때문이다. 하지만 이러한 고려는 두 남성 혹은 두 여성이 결혼할 권리에 대한 질문이 제기될 때는 이상하게도 사그라지는 것 같다."[25] 그리고 법학자 다니엘 보리오(Daniel Borrillo)와 그의 공동 집필자 피에르 라스코움(Pierre Lascoumes)은 '시민연대협약(PaCS)'에 관한 책에서 "결혼이 동성 커플을 위한 하나의 가능성이 되기 전까지는 '시민연대협약(PaCS)'이 진정한 진보를 이루지 못할 것이다"라고 주장하면서 끝을 맺고 있다.[26] 보리오와 라스코움의 입장을 공유하고 있던 많은 사람들은 그들이 관심을 가졌던 것은 결혼 그 자체가 아니라 일관된 보편주의라고 주장했다. "권리의 평등은 필수적인 조건이다. 그래서 결혼과 친족이 동성 커플에게 개방되는 것이 중요하다."[27]

마침내 법은 통과되었지만 이러한 쟁점들을 해결하지는 못했다.[28] '시민연대협약(PaCS)'은 같은 침대를 공유하고 공통의 삶을 살기로 하고, 또 이에 대한 미래의 약속을 가지고 있는 두 동반자가 어떤 성(sex)을 가지고 있든 간에 이들의 관계를 법적으로 인정하는 것이다. [시청에서 시장(市長)이 주재하는 결혼과 상징적으로 구별하기 위해] 하급 지방법원(Tribunal d'instance) 직원들 앞에서 의식을 행하도록 한 '시민연대협약(PaCS)'은 재산상속의 규칙을 만들었을 뿐만 아니라 여러 가지 재정적·사회적 보호규정들도 마련한다. 하지만 이러한 규칙들은 결혼관계에서 주어지는 것만큼 그렇게 유리하지는 않다. '시민연대협약(PaCS)'은 외국인 파트너에게 비자나 귀화의 자격을 주지 않는다. 그리고 이것은 명백히 결혼이 아니다. 법무부 장관 엘리자베트 기구가 1998년 10월 하원에 이 법을 제출했을 때, 그리고 다시 1999년 3월 상원에 이를 제출했을 때 그녀는 '시민연대협약(PaCS)'은 결혼이 아니라는 점을 단호하게 밝혔다. 이를 "하위 결혼"이거나 "의사(擬似) 결혼"이라며 적대시하는 반대자들에게 그녀는 이 법은 결혼에 관한 것이 아니라고 간결하게 되풀이했다. "'시민연대협약(PaCS)'은 단지 커플에 관련된다. … 그것은 결혼이 아니다. … 내가 속해 있는 이 정부는 동성애자 파트너들에게 입양이나 의학적 도움을 통한 재생산을 결코 지원하지 않을 것이다."[29] 카트린 타스카는 르몽드에 실린 기사에서 이러한 진술들을 반복했다. "'시민연대협약(PaCS)'은 입양이나 친권(parental authority) 변경에 대해서는 다루지 않는다. '시민연대협약(PaCS)'이 동성애 커플을 위한 입양이나 의학적 도움을 통한 출산을 가능하게 하는 단계가 될 수는 없다. 우리는 이러한 가능성들을 배제하기로 했다. 우리의 선택은 명확하다. 그리고 어떤 이면(裏面)의 동기도 없다."[30] 동성애 동거자들이 아닌 이성애자들에게만 가족을 형성할 수 있게 하는 그 법이 "이면의 동기" 없이 가능할 수 있었던 것은 이러한 배제(보편주의의 이름으로 동성애 커플들에 대한 차별을 제거한다는 그 법 안에 있는 이러한 불공평)가 또 다른 보편주의의 차원에서 정당화되었다는 사실에서 기인했다. 우선권을 점하고 있었던 또 다른 보편주의는 바로 성차의 보편주의였다. 엘리자베트 기구는 하원의원들이 모인 자리에서 결혼이란 "한 남성과 한 여성의 결합이며, 바로 양성(sexes) 간의 차이를 명료히 하는 제도이다"라고 언급했다.[31]

이성애 커플

'시민연대협약(PaCS)'에 대한 논쟁에서 보편주의의 원칙은 개인이 아니라 커플에 적용되었다. 인종, 종교, 성이 시민권을 고려하는 데에 무관한 것으로 여겨진 것처럼—사회적 특성으로부터 나오는 추상성이 개인들에게 법 앞의 평등을 보장했다—파트너의 성(sex)은 '시민연대협약(PaCS)'으로 인정받는 커플들에게는 무관한 것이었다. 이는 동성애자 파트너에게 법 앞에서의 평등을 보증하면서 그들에 대한 차별을 종식시키는 것을 의미했다. 그러나 역사적으로 성차가 여성의 시민권에 걸림돌이 되어왔던 것—투표권을 쟁취하는 데에 한 세기가 넘게 걸렸고 선출 공직에 접근하는 데에 50년이 걸린 것—처럼 성차는 '시민연대협약(PaCS)'을 체결한 커플들 사이를 구분지었다. 여성의 정치참여 배제는 오랫동안 자연적 결과, 즉 성차의 보편적 현상으로 설명되어 왔다. 자녀, 가족, 친족에 속하는 '혼인동맹(alliance)'에서 동성애자를 배제하는 것이 이제 성차라는 보편적 현상의 귀결로 설명되었다. '시민연대협약(PaCS)'을 맹렬하게 반대했던 테리는 "성별의 상징, 즉 남성다움, 여성다움의 상징은 전 인류사회 안에 존재한다"면서 "그것이 바로 문화가 생물 종의 성별화된(sexed) 본성을 이해하는 방식이다"라고 썼다.[32] 테리는 인간이 만든 법이 인간을 특정 사회범주로부터 추상화해야 한다면 동성애 커플은 동거자 범주로 흡수될 수 있다고 제안했다. 하지만 이 법이 양성 간의 차이에 대한 법칙을 무시할 수는 없었다. 그것은 정치 이전의 것으로 생물학적인 것이 아니라 문화적인 것이며, 그러한 이유로 인간의 자기 이해에 근본적인 것이기 때문이다. 이처럼 정치적인 목적을 위해 추상성을 용인할 수 없었던 것은 바로 차이였다. 이렇게 해서 테리는 '시민연대협약(PaCS)' 뿐만 아니라 '남녀동수'에도 도전했다.[33] 늘 문화적 의미를 짊어져 온 성차가 법에 의해 단순한 해부학으로 환원될 수는 없었다. 하지만 성차를 추상화할 수 없다면 과연 평등이 있을 수 있을까?

'남녀동수' 캠페인에서 해부학적 이원성은 '자연적 사실'로 인정되었지만 성차는 변할 수 있는 사회적 개념으로 여겨졌다. 여성에 대한 차별이 종식되기 위해서는 이러한 성차의 용법과 의미가 반드시 변화되어야만 했다. 여성을 완전히 동등하게 대하기 위해서는 여성이 남성과 같은 개인이라고 주장하는 것이 아니라, 개인들이 여성과 남성이며 해부학적 이원성은 추상적 개인을 정의하는 일부분이라고 주장할 필요가 있었다. '시민연대협약(PaCS)'에 관한 논쟁에서는 커플이 문제시되는 단위였고, 성차에 호소했던 사람들은 여성과 남성 간의 고정된 관계를 가정했는데, 인간 종(種)의 재생산이라는 영속적 책무에서 기인하는 이끌림뿐만 아니라 특성, 역할, 기능의 상보성이 바로 그것이었다. '남녀동수' 지지자들은 자연이라는 문제를 필연적인 사회적 결과를 갖지 않은 것이라고 이야기했는데, 다시 말해 개인들은 단지 두 개의 성 중 하나에 속하는 것이었다. 하지만 '시민연대협약(PaCS)'과 관련된 커플 담론에서 자연상태에 성이 두 개라는 사실은 규범적 이성애가 의심할 나위 없는 진실임을 지지하는 토대가 되었다. '시민연대협약(PaCS)' 비평가들은 거짓 평등의 이름으로 본질적인 차이를 무시할 위험에 대해 경고했다. "우리는 증오로 이어지는 차별을 거부한다. 그러나 평등에 대한 요구로 인해 차이가 무화될 수는 없다."[34] 차별을 거부하지 않는다면 "모든 차이가 차별로 다루어지는 것이 정상적임을 받아들여야만 하는 것인가? 또 차이를 유지하며 살려는 사람들이 동시에 평등의 이름으로 차이가 무화되도록 요구하는 것이 정상적이라고 생각해야 하는 것인가?"[35]

　'시민연대협약(PaCS)'을 제한적 동반자 관계 계약으로 두는 것에 반대했던 사람들과 찬성했던 사람들 간에 나온 합의는 동성애 커플과 이성애 커플을 완전히 동일시하게 되면 개인들의 심리와 사회적 연대를 구성하는 데에 성적 차이가 가지는 토대로서의 역할을 부정하게 될 것이라는 점이었다. 또한 사회적 연대라는 발상은 사회를 유기적으로 정의하는 것에 의존하는데, 이는 사회 속에서 개인들은 서로 떼려야 뗄 수 없게 연결되어 있고, 그들의 실천이 설사 고립되어 있더라도 이는 불가피하게 전체 사회에 영향을 미친다는 것이었다. 물론 이성애 커플을 본질화하는 것에 도전하고, 동성애 커플이 가족을 구성하는 것을 방해하려는 사람들을 동성애 혐오자라고 비난했던 소수자들의 입장이 있었다.[36] 하지만 이러한 입장은 유명한 사회학자들, 인류학자들, 정신과 의사들, 성직자들이 내놓는 전문가적 증언에 맞서기에는 역부족이었다. '시민연대협약(PaCS)'에 대한 반대가 격화되자 성적 차이는 배타적으로 이성애 커플을 형상화하게 되었다. 또한 동성애자 권리 옹호의 핵심이자 평등권 주장의 핵심이었던 커플과 개인 간의 유사성은 주춤했다. 전문가들은 성적 차이가 삶 그 자체의 핵심 요소라면 그 어떤 추상성도 가능하지 않다고 말했다.

추상성이라는 측면에서 [그 당시 여전히 사회연합계약(CUS)이라고 불렸던] '시민연대협약(PaCS)'에 대해 처음으로 근본적인 이의를 제기한 사람은 바로 가족사회학자 이렌 테리였다. 1997년 《레스프리》에 실린 한 기사에 테리는 동성애자들이 직면한 차별 대우와 에이즈가 단지 조기 사망뿐만 아니라 반드시 제거되어야 하는 부정의(injustice)라는 개념까지 동반하게 되었을 때 그들이 겪어야 했던 어려움에 대해 깊이 공감을 했지만, 어떠한 식으로든 동성애 커플을 이성애 커플과 동일시하는 것은 중대한 실수라고 경고했다. 그녀는 차별에 반대하는 것과 모든 차이를 부정하는 것은 별개라고 주장했다. 그녀 자신이 가족법 개정의 옹호자였고, 가족형태가 실제로 다양하게 존재한다는 것을 인정할 필요가 있다고 옹호했지만(그녀는 종종 혼합 가족에 대해서 언급했고, 또 한부모 가구가 직면한 문제들에 대해서도 언급했다), 동성애 가족이라는 발상이 성차의 상징을 위반하기 때문에 이에 대해서는 선을 그었다. "우리 시대의 가장 혼란스러운 열정들 중의 하나"인 "탈상징화를 위한 열정"은 "프랑스 대혁명의 숨겨진 영광"인 시민 결혼이라는 개념에 대해서 뿐만 아니라 성차에 근거하고 있는 전체 "상징질서"에도 위험한 것이었다.[37] 다른 기사에서 그녀는 "동성 커플의 문제"가 "중대한 인류학적 문제"를 제기한다고 경고했다.[38] 그녀는 계속해서 다양한 가족형태—그 중에는 상당수 한부모 가구의 현실이 있다—가 가지고 있는 실제적 문제들이 정체성의 의미를 보존하고 물려주는 문화적 형태와 혼동되어서는 안 된다고 지적했다. 여기서 정체성이란 바로 이성애 커플이 주요한 차이인 남성적/여성적 차이를 구체화한다는 것이다. 인류학자 프랑소와즈 에리티에

(Françoise Héritier)는 1년 후 가톨릭 신문 라크로아(*La Croix*)와의 인터뷰에서 다음과 같이 언급했다. "우리로 하여금 사유할 수 있게 하는 것은 근본적인 대립이다. 왜냐하면 생각한다는 것은 무엇보다 분류하는 것이고, 분류하는 것은 무엇보다도 구별짓기이며, 근본적인 구별짓기는 양성 간의 차이에 기반을 두고 있기 때문이다." 에리티에는 "우리의 사고 방식과 사회조직은 양성 간의 차이를 지각(知覺)하는 것에 기반을 두고 있다. 그리고 우리는 이 차이가 동성애 커플로 대체될 수 있다고 논리적으로 주장할 수 없다"[39]고 주장했다. 클로드 레비-스트로스(Claude Lévi-Strauss)가 문제는 문화의 영속적 측면이 아니라 사회조직에 관한 정치적 투쟁이라고 제기하며 이러한 주장을 인정하기를 거부했음에도 불구하고,[40] 사회학자 에릭 파신(Eric Fassin)이 '인류학적 환영(幻影)'이라고 이름붙인 것이 지속되었다.[41]

인류학 분야에서 나온 주장은 미셸 푸코(Michel Foucault)가 『성의 역사(*History of Sexuality*)』1권에서 서술했던 방식으로 가족과 섹슈얼리티를 연결시켰다. 그는 "가족은 섹슈얼리티와 혼인 동맹 간의 교차로이다. 즉 가족은 법과 법적인 것의 차원을 섹슈얼리티의 장치 안으로, 쾌락의 구조와 감각의 강도를 혼인 동맹의 안으로 가져온다"라고 썼다.[42] [혼인 동맹(alliance), 즉 혈통과 친족으로 정의되는] 가족과 [가족 내부에서 성(sex)의 위치를 뜻하는] 섹슈얼리티의 얽힘은 곧바로 (이런 논쟁들에서 동성애로 대표되는) 성적 욕망의 과도함으로부터 사회를 보호하고, 모든 가족은 아닐지라도 적어도 이성애 핵가족 규범의 안정성을 보증했다. 동성애 가족을 반대하는 사람들은 자신들이 동성애 혐오 때문이 아니라 문화적 책무 때문에 추동되었다고 주장했다. 문화적 책무라는 발상은 '시민연대협약(PaCS)'을 공격하는 토대이자 법의 배제를 지지하는 사람들이 이를 정당화하는 토대가 되었다. 이성애 커플이 구현하는 성차는 인류의 핵심적 상징으로 받아들여졌다. 이는 불변하며 '근원적이고(primordial)', 자연적이 아니라 '문화적'이며, '객관적'이고 '보편적'이라는 것이다.[43]

성차는 이성애 커플을 묘사하는 데에서 많은 상관함수를 만들어냈다. 한 예는 성차가 인간 종과 사회적 재생산을 보증한다는 것이었다. 이러한 이유로 가족과 결혼이 동일시될 때 이성애 커플은 동성애 동반자 관계처럼 단순히 사적인 결합이 아니었다. 그것은 사회적으로 유용한 제도이며, 뒤르켕(Durkheim)적 관점에서는 사회연대의 핵심 단위였다. 펠레탱(Felletin) 시의 시장(市長)이자 '시민연대협약(PaCS)'을 반대하는 시장들의 항의서를 주도한 독실한 가톨릭 신자인 미셸 핀톤(Michel Pinton)은 동성애자들을 커플이라고 언급하는 것조차 거부했다. 좋게 봐줘야 '한 쌍(pairs)'이라면서 그는 "이러한 한 쌍은 어떠한 사회적 유용성도 결코 갖고 있지 않다. 그들은 정의상 재생산을 할 수 없는 존재들이다"[44]라고 말했다. 상원의원 앤 에이니스(Anne Heinis)도 이러한 생각을 되풀이했다. 동성애는 "사회적으로 어떠한 기능도 수반하지 않는" 삶의 선택이자 애정관계라는 것이었다.[45] 그리고 테리는 재생산의 불가능성뿐만 아니라 에이즈를 통한 죽음과의 연관을 암시함으로써 '동성애적 결속'의 '유한성'을 언급했다.[46] 파리 예수단(Jesuit Faculties of Paris)의 성직자이자 가족평의회(Pontifical Council for the Family) 고문으로도 일했던 현직 정신분석학자인 토니 아나트렐라(Tony Anatrella)도 핀톤과 마찬가지였다. 아나트렐라에게 커플은 실제 부모가 되지 못하는 경우가 있다 하더라도 부모가 될 수 있는 가능성을 의미하는 것이었기 때문에 그는 동성애 동반자들을 커플로 간주하기를 거부했다. 동성애자들은 자신들의 개인적 욕망을 표현할 권리를 가지고 있었다. 하지만 "동성애 관계는 사회적 국면에서는 아무 것도 상징하지 않으며, 좋은 감정이라는 명목 하에 현실을 조작하고 사회를 기만하지 않고서는 권리의 주체가 될 수 없다."47) 이성애 커플은 이타적인 사랑으로 특징지어지는 기초적인 사회제도인 반면, 동성 간 동반자 관계는 사적이고, 많은 사람들이 부자연스럽거나 도착적으로 여기는 욕망에 의해 촉발되며, 궁극적으로는 이기적인 것으로 특징지어졌다. 동성애는 '사회에 치명적인 행위'인 파괴적 자기 탐닉을 의미했고,48) 이성애는 타인에 대한, 생명에 대한 그리고 미래에 대한 헌신을 의미했다. 국가는 국가의 이익을 위해 생명 편을 선택해야 한다. 준 (準)정부 자문기구인 도덕정치학술원(Académie des sciences morales et politiques)은 "'시민연대협약(PaCS)'이 상속, 국적, 세금을 변형시킬 기획"이라는 의견을 냈다.49)

동성애자들이 제한된 방식으로나마 커플로 명명될 수 있음을 인정하고자 한 이들과 그러한 입장을 가지고 있는 법적 주체들은 그럼에도 불구하고 법이 그들을 가족으로 고려해서는 안 된다는 관점을 공유했다. 대표적으로 엘리자베트 기구의 고문이자 '시민연대협약(PaCS)'의 지지자인 프랑소와즈 드크뉴어–드포세(Françoise Dekenwer–Defossez)는 "사회의 바로 그 구조가 … 비정상적인 가족과 비전형적인 친족형태에 의해 위협을 받을 것"이라고 말했다.50) 모든 요소, 즉 모든 사회적 사실들이 필연적으로 서로 연결되어 있다는 사회에 대한 유기체적 관점에서는 전염에 대한 두려움이 만연하게 된다. 테리는 결혼은 커플에 관한 것이 아니라 세대의 지속성에 관한 것이라고 제기했는데, 그녀에 의하면 결혼은 "세대의 차이에 양성의 차이를 결합시킨 제도"이다.51) 종교적 성향을 갖지 않는 정부에서 일하는 전문가들에게서 나온 이러한 진술은 상당히 많은 가톨릭 조직들이 표명했던 가족에 대한 관점을 되풀이하는 것이었다.

예를 들어 주교회의와 가톨릭가족협의회는 아버지, 어머니, 자녀로 구성된 핵가족이 '사회의 생식세포'이며, '세대의 재생'을 가능하게 하고, "근본적인 사회구조 중 하나이며, 그것이 사회의 일관성을 유지시킨다"는 사실을 각각 강조했다.[52]

재생산이라는 있는 그대로의 사실을 넘어서 이성애 커플은 성차 그 자체를 구체화한 것으로 언급되었다. 테리는 이성애 커플은 '성적 관계'일 뿐만 아니라 또한 '성적 결속'이라고 말했는데, 이는 남성적/여성적 차이를 제도화한 것이며, 그 차이는 사회적 삶을 조직할 뿐만 아니라 개인 존재를 인간화하는 것이었다. (그녀는 성차를 단순히 혹은 순전히 생물학적인 것이 아니라 문화적인 것으로 만드는 것은 바로 이러한 인간화라고 말했다.)[53] 실제로 커플의 상징적 의미는 최근 몇 년 동안의 담론 속에서 엄밀한 의미에서의 재생산 기능을 무색하게 했다. 이는 결코 사소한 문제가 아니었다. 이혼하고 재결합한 가족들, 한부모 가족들, 부모 한쪽의 성적 선호가 바뀐 가족들이 보여주는 가족 조직화의 현실은 전형적이거나 규범적인 단일 형태를 나타내고자 하는 어떤 시도와도 배치되기 때문이었다. 비록 몇몇 라캉주의 정신분석가들 또한 근본적인 차이가 부인된다면 모든 종류의 개인적 심리 발달에 변형이 나타나게 될 것이라고 주장하기는 했지만, 상징적인 것에 대한 언급은 종종 (복잡한 문제에 대한 충분한 지식이 없는) 라캉식 정신분석을 향한 몸짓이었다.[54] 여기서 사회적 전염이라는 발상이 또 다시 논쟁을 불러일으켰는데, 즉 다른 모든 것들에 영향을 미치지 않고서 발생할 수 있는 어떠한 사회적 사실도 없다는 것이다. 동성애는 성차를 부인하는 상징으로 이야기되었다. 따라서 법이 동성애를 인정하는 것은 이 근본적인 구별을 삭제하는 것으로 이해되었다. 법이 동성애 커플과 동성애 가족을 인정하기만 하면 마치 다른 모든 관례들이 사라지게 될 것처럼 말이다. 성차의 경계는 불변하는 것으로 선언되었다. 하지만 그 경계를 유지시키는 것에 대한 사실상 히스테리에 가까운 불안은 이 주장을 가장 열렬하게 방어하는 사람들의 눈으로 보아도 깊은 취약성을 드러냈다.

몇몇 정신과 의사들은 동성애 커플을 법적으로 인정하는 것이 이성애가 존재한다는 것을 부정하고 여성과 남성 사이에 육체적 구별이 존재한다는 것을 부인하게 될 것처럼 말했다. 남성적인 것과 여성적인 것의 구별이 없다면 개인들은 유아적 상태로 남아 있을 것이다. "자신을 주체로서 구성하는 것이 이러한 제도에 스스로를 기입하는 것에 의존하기" 때문이다.[55] 동성애는 타자(alterity)에 대한 부정이고, 그러므로 다른 누군가와 관계를 맺을 가능성을 부정하는 것이었다.[56] 게다가 아나트렐라에 의하면, 동성 간의 사랑은—만약 그것이 그렇게 불릴 수 있다면— 나르시시스적인 자기애이기 때문에 '사랑의 심리적 구조'에서 동성애자와 이성애자는 비교될 수 있는 것이 아니었다. 아나트렐라는 이성애자들에게는 커플, 결혼, 사랑이라는 개념을 쓰면서 동성애자들에게는 '욕망, 기호(嗜好) 혹은 개인적 밀통(密通)'이라고 말하기를 더 좋아했다.[57] 동성애는 나르시시즘의 형식으로 재현되었고, 심지어 한 소아정신과 의사는 상원 청문회에서 흡혈귀에 빗대어 말했다. "흡혈귀적 정체화는 자신의 유사성에 동일시하는 것이다. 동시에 그 유사성을 파괴하기 위해 자신을 몰아붙이는 것이다. 우리 앞에 놓인 문제는 두 명의 부모와 한 명의 자녀가 모두 같은 성별인 복제상태에 아주 가까운 체계와 관련하여, 바로 그러한 흡혈귀적 형상에 직면하고 있는 우리 자신을 발견할 것인지 아닌지를 아는 것이다."[58] 이러한 병리적 문제가 동성 간 동반자 관계에 있는 사람들에게만 국한될 수 없었다. 즉 그들을 가족으로 고려하는 것과 관련하여 사회 전체에게 전염되는 성질의 무언가가 있었다. "이는 가족과 사회관계를 극도로 불안정하게 하고, 결국 규범적인 가족에서 태어난 아이들의 심리구조까지도 손상시킬 수 있을 것이다."[59]

타인의 요구를 인지하지 못하는 것으로 정의된 동성애적 지향의 나르시시즘은 사회의 응집력에 대한 위협으로 받아들여졌다. 라캉의 프로이트 학파(Lacan's Ecole freudienne) 구성원이었고 법학자이자 정신분석학자인 피에르 르장드르(Pierre Legendre)는 동성애를 '쾌락주의적 논리, 나치즘의 유산'이라고 간주했다.[60] 다른 이들은 만일 동성애자가 가족이라고 여겨진다면 민주주의가 요구하는 정치적 권위의 모델은 부인될 것이라고 주장했다.[61] 테리는 '공화국의 가치'와 민주적인 법이 궁극적으로 성차의 상징에 의존한다고 주장하면서 이 두 가지에 호소했다.[62] 역사학자 엠마누엘 르로이 라뒤리(Emmanuel LeRoy Ladurie)는 '시민연대협약(PaCS)'을 유대-기독교 전통에 대한 도전으로 생각했다.[63] 또한 하나의 '불법적 지위'와 다른 '불법적 지위' 간의 환유적인 연결을 만들고 그렇게 해서 성차라는 경계가 프랑스의 국가 경계에 얼마나 중요한지를 암시하면서 동성애 동반자 관계를 합법화하는 것은 '불법 이민'을 허용하는 것이라고 비난하는 사람들도 있었다.[64]

논평자들은 이 논의에서 이성애 커플에게서 구체화된 성차를 자연화하고 인류학적인 것으로 만들고 보편화하려는 시도들이 얼마나 광란적이었는지에 주목해 왔다. 에릭 파신은 "사회학이 이성애를 성차와 관련지어 정당화 한 뒤에 성차를 이성애로 정의했다"는 징후적 동어반복을 취했다. 그는 그러한 주장을 추동한 것은 과학이나 이성이 아니라 정치와 이데올로기임이 확실하다고 말했다.[65] 동성애 혐오의 징후이든 혹은 다니엘 보리오가 '가족의 신화적 모델'이라고 부른 것이 가지고 있는 불안정성에 대한 엄청난 불안이든 아니면 둘 다이든 간에, 결국 커플 담론은 정치적 사고에 심대한 영향을 미쳤다.[66] [안정되고 불변의 것으로 신화화된 가족이 1960년대 이후 일련의 변화를 겪어왔다는 점이 지적되어야 한다. 무엇보다 이혼에 대해 관대해지고 합법적인 혼인관계에서 태어난 아이들과 혼외 출산 아이들을 구분하는 것이 사라졌으며, 아버지가 가부장(chef de famille)이라는 관념이 약해졌고 결혼하지 않은 커플이 의학의 도움으로 출산할 수 있도록 허용하는 등의 변화가 있어왔다.][67] 가족이라는 신화는 평등에 대한 토론에 환원불가능한 성적 차이 또는 통약불가능한 성적 차이를 다시 들여왔다. 추상에 의해 용해될 수 없고, 법으로 변경될 수도 없으며, 너무 자명해서 그것을 인정하는 데에 어떠한 정당화도 필요치 않은 그런 차이 말이다. 테리는 다음과 같이 말했다.

> 차이에 대한 법적 제도는 우리가 그에 대한 평가를 완료할 수 없을 정도로 막대한 중요성을 지닌다. 이는 **각 성(sex)이 갖는 한계를 인정하는 것으로, 각 성은 인류가 생존하고 재생산하기 위해 반대의 성을 필요로 한다**는 것이다. 이것이 바로 상징적 성차의 핵심에서 결혼과 친족 제도를 발견하게 되는 이유이다. 결혼과 친족제도를 통해 법은 계보학적 질서를 양식화하고, 다시 이 질서는 개별 인간을 한 쌍의 아버지와 어머니 이미지로 기입한다. 여기서 남성적인(masculine) 것과 여성적인(feminine) 것 간의 차이는 근본적인 것이다. 이 차이는 자연적인 것—자연적인 것**이라 함은**(is) 생물학적 남자(male)와 생물학적 여자(female) 사이의 차이다—이 아니라 문화적인 것이다.[68]

이러한 관점에서 이성애 커플은 남성과 여성 간의 권력역학과는 관계가 없었다. 통약불가능한 차이가 반드시 불평등을 의미하는 것은 아니기 때문이었다. 하지만 이성애 커플은 (누가 쓰는가에 따라 표현 방식은 조금 다르지만) 안정성, 연속성, 응집성, 권위 그리고 민주주의의 원천이 었다. 또한 그것은 사회질서를 선도하는 원칙이었으며, 일반적인 차원에서 정치의 보편적 토대였고, 그 중에서도 특히 프랑스 정치의 보편적 토대였다. 실제로 성적 차이에 대한 인정—상보성에 대한 인정, 유혹에 대한 인정, '양성(sexes) 간의 행복한 교류'에 대한 인정—은 특히 청교도적인 미국과는 반대되는 것이자 프랑스의 독특한 특징이라고 이야기되었다.[69] 역사학자 모나 오주프(Mona Ozouf)는 1995년에 이미 '남녀동수'와 페미니즘에 대한 비판으로서 국가적 차원에서 성적 매력(sexiness)의 계보를 제시했고, 이를 '프랑스적 독특함'이라고 불렀다. '시민연대협약(PaCS)'에 관한 논쟁에서 이 주제는 되풀이되었다. 이성애 커플의 형태를 띠고 있는 성차가 국가 정체성을 형상화하는 방식이 되었다. 그리하여 이 커플을 보호하는 것은 공화국의 가치를 지키는 것을 의미했으며, 이는 프랑스의 온전함을 유지하는 것을 뜻했다.[70] 프랑스의 국가적 성격이라는 바로 그 개념이 문제가 되었는데, 그 개념 안에서 공화주의와 성적 차이는 불가분하게 서로 얽혀 있었다.

되돌아보면 이성애 커플에서 국가 대의제까지는 매끈한 선이 그어져 있었다. 만약 **커플**에서 구체화된 성적 차이가 근본적인 것이라면 왜 대의기구, 즉 국가를 표현하는 것인 선출의회에 그것이 반영되어야 한다고 주장하지 않는가? 이것이 바로 실비안느 아가젠스키가 취한 방식이었다. 그녀는 '남녀동수' 법의 통과를 통해 여성에 대한 동등 대우를 주장하기 위하여 '시민연대협약(PaCS)'에서 가족구성과 관련해 동성애자들에 대한 불평등 대우를 정당화하는 데에 사용한 논리에 기댔다.

실비안느 아가젠스키의 『성의 정치(*politique des sexes*)』

실비안느 아가젠스키는 오랫동안 '남녀동수'를 지지해 왔다. 1996년에 그녀는 '남녀동수' 운동에 대한 엘리자베트 바댕테르의 비판에 대한 대응으로 르몽드에 의견을 기고했다.[71] 그 기사에서 아가젠스키는 공화주의적 제도가 '인간 종(種) 전체'의 상보성을 반영할 수 있도록 점진적으로 50/50 대의제를 실행하기 위해서는 정당들이 자발적인 조치를 취해야 한다고 주장했다. 그녀는 이와 같은 요구에 '공동체적'인 것은 없다고 지적했다. 오히려 이는 단 하나의 (남성) 인간 모델을 고수함으로써 남성의 권력을 특권화한 추상적 개인주의에서의 잘못된 보편주의를 수정하는 것이었다. 진정한 보편주의는 인간들이 두 개의 성으로 되어 있다는 것, 즉 "인간성에는 보편적으로 성적 특징이 부여되어 있다는 것"을 인정할 것이라고 보았다. 이러한 보편주의를 정치영역에 적용한 것이 바로 (남성과) 동등한 수의 여성을 모든 경우의 정치적 의사 결정에 포함한다는 의미를 담고 있는 '남녀동수'였다. 초기의 '남녀동수' 지지자들처럼 아가젠스키는 여성의 분리된 이해관계를 대변하기 위해 만들어진 어떠한 요구도 없으며, 요구의 초점은 여성들의 기여에 대해 동등한 가치를 부여하는 것이라고 주장했다. 그녀가 '혼성'에 대해서 상당히 많이 언급했고 그 혼성 개념은 남녀공학 교육이나 양성(sexes) 간의 동등한 지위 같은 것을 의미했지만, 기사에서는 정치권력에 대한 불평등한 접근이라는 차원을 제외하고는 양성 간의 관계에 대해 어떠한 언급도 없었다. 1998년에 출판된 그녀의 책 『성의 정치』에서 쓰고자 했던 이성애나 커플에 대한 논의가 그 기사에는 전혀 없었던 것이다. 이 책은

'시민연대협약(PaCS)' 논쟁, 특히 커플 담론이 그녀의 사고에 미친 영향을 보여준다. 1998년에 그녀는 "상보성에 대해 사고하는 것은 두 가지 형태의 인간(man)이 있음을 고려하는 것이며, 인류를 커플로 재현하는 것"이라고 썼다.[72]

『성의 정치』는 그 자체로 '남녀동수'를 간략하게 설명하기 위해 나온 것이었다. 또한 이 책은 동성애 가족을 반대하는 매우 강력한 주장이었다. 그녀는 소수자들에 대한 공평한 대우에 전적으로 찬성했지만(한 설명에 따르면, 1997년에 당시 수상이었던 남편 리오넬 조스팽이 동반자 관계 법률 제정에 동의하도록 설득했던 사람이 바로 그녀였다고 한다),[73] 그럼에도 불구하고 그녀는 결혼과 가족이 동성애와 조화될 수 있다는 생각에는 단호히 반대했다. 커플이라는 발상은 그녀의 두 가지 관심을 결합시키는 데 기여했다. 즉 그녀는 이성애 커플이라는 '혼성'의 이름으로 동성애 가족을 반대할 수 있었고, 동시에 여성을 위한 정치적 평등을 지지할 수도 있었다. 평등의 기준은 결혼한 부부의 상호 보완성이 되었는데, 정치 영역에서 뿐만 아니라 가족에서도 그러했다. 의회에서든 결혼에서든 동성제도(same-sex institutions)는 이러한 평등을 실현할 수 없었기 때문에 간단하게 거부될 수 있었다.

아가젠스키는 프랑소와즈 에리티에를 인용하면서 성차가 내용에서는 문화적으로 다양하다고 하더라도 '모든 사회를 형성하는 모델'이라고 주장했다.[74] 이것은 젠더가 '문화적 구성물'임을 의미하는 것이 아니었다. 오히려 문화는 자연의 필연성에 의미를 부여한다는 것이었다. "성차는 모든 사회조직에서 본질적인 역할을 하기 훨씬 이전에 이미 사랑, 죽음, 재생산의 원리이다"(pp. 31-32). 재생산에 대한 요구는 인간이 본래 이성애자라는 것을 의미했다. "동성애자들의 배타적인 이해(利害)

는 우연적인 것이다. 설사 빈번할지라도 그것은 규칙을 입증하는 일종의 예외일 뿐이다"(p. 108). 아가젠스키는 실제로 성적 정체성은 재생산 경험을 통해 형성된다고 말을 이어나갔다. "'계급의식'과 같은 일종의 '성의식(sex consciousness)'이 있는데, 그것은 재생산 경험을 동반하며 섹슈얼리티와는 다른 것이다"(p. 105). 그녀에 따르자면 아이들은 이러한 성의식을 가족 안에서 발전시키게 되고, 자신이 남자(male)/여자(female)가 결합한(coupling) 산물이라는 것을 배우는 곳이 바로 가족이며, 남성(men)과 여성(women)으로서 그들은 자신의 정체성이 부모임을 깨닫게 된다. 아가젠스키는 '어리석게도' 모성(maternity)이 여성(women)의 결정적인 특징임을 부정했던 시몬느 드 보봐르(Simone de Beauvoir)와 연관된 페미니즘적 논리를 거부했다. 그리고 과거에는 모성이 정말로 낮게 평가되었을 수 있지만 이제는 모성이 여성(women) 권력의 원천이라는 점이 인정되어야 한다고 주장했다(pp. 59, 80).

그녀는 재생산에 대한 실제 경험이 젠더 정체성을 형성하는 데에 영향을 미친다고 주장하면서도 주위 환경이 개인에게 그러한 경험을 허용하지 않을지도 모른다는 것 또한 인식했다. 따라서 그녀는 "친족의 상징적·법적 질서가 항상 세대의 자연적인 질서를 의미해야만 한다"는 것이 그만큼 더욱 중요하다고 주장했다(p. 132). 시험관 아기, 복제기술, 한부모 가구는 아이들이 필요로 하는 주요한 경험을 빼앗을지도 모른다. 하지만 삶의 자연적 질서를 보호하는 것, 다시 말해 아이들에게 자신이 한 남성(man)과 한 여성(woman)에게서 태어났다는 사실에 대해 알 '권리'를 보장하는 것은 법에 달려 있었다(p. 135). 아가젠스키는 법이 '자연적 질서'를 반영하기보다는 실제로 이를 생산할 수 있다는 가능성을 직접적으로 받아들이지는 않았다. 하지만 그녀의 주장이 가지고 있는 논리는 정확히 다음과 같이 읽힐 수 있다. 새로운 과학기술, 그리고 무엇을 재생산으로 간주할 것인가, 무엇을 가족으로 이해할 것인가에 대한 새로운 개념에 의해 '자연'이 침식되고 있기 때문에 이 '자연'을 보존하려는 시도로서 말이다. "상호 보완적인 부모 커플을 제도화함으로써 가족(the family)은 삶의 기원에 대한 상징적 재현을 제공한다. … 사실상 우리는 이 출산 모델을 버릴 수 없다. 복제기술을 예외로 하면 아이의 생물학적 기원은 늘 2인(dual)이다. … 친족을 형성하는 데서 상호 보완적인 부모 커플이라는 모델을 폐기하는 것이 과연 바람직한가? 나는 그렇게 생각하지 않는다. 원칙상 친족은 자연적인 이원적 기원에 의해 뒷받침되어 유지되어야 한다"(p. 135). 동성애 가족을 인정하는 것이 왜 삶의 '자연적인 이원적 기원'에 대한 이러한 앎을 억압하는지에 대해서는 아가젠스키나 그녀가 자신의 논리에 포함시킨 다른 사람들의 주장에 의해서 조금도 분명해지지 않았다. 생물학적인 이유로 충분하지 않다면 '인간의 이원적 기원'을 주장해야 할 윤리적인 이유들도 있었다. 이는 "타자의 성이 타자에게 있어서 근본적인 형상"이라는 사실과 관련이 있는데, 이것이 없이는 사회적 연대와 인간들 간의 연결이 불가능할 것이다(p. 136). 이성애 커플은 **모든** 인간관계의 기본이 되었고, 이는 바로 상보성의 모델이자 뒤르켕이 유기적 연대라고 지칭했던 것이 되었음을 의미한다.

아가젠스키는 아리스토텔레스, 프로이트, 라캉의 글을 인용하면서 커플 개념이 역사적으로 항상 젠더 평등에 기초했던 것은 아니라고 인정했다. 그러나 그녀는 페미니스트들이 커플 개념은 영원히 불평등하다고 가정하는 오류를 범했다고 주장했다(pp. 48-49). 그녀는 (데리다적 사유를 기이하게 오역하면서) 이원체계가 필연적으로 위계적인 것은 아니며, 차이는 이원성 중의 한 쪽에 내재해 있는 결핍이나 부족을 의미할 필요는 없다고 주장했다. 그녀의 '혼성' 개념은 위계가 없는 차이였다. 현존/부재, 충족/결핍의 자리에 대신 상호 보완성, 양성의 상호 의존성, 완성을 위해 타자가 필요하다는 것에 대한 인정이 있어야 했다. "두 개의 성 각각은 다른 성이 가지고 있는 것을 결핍하고 있거나 다른 성 자체를 결핍한다"(p. 50). 이러한 사고는 프랑스에서 새로운 것이 아니었다. 프랑스에서 이성애적 상호 보완성의 개념은 오랜 역사를 가지고 있었다. 모나 오주프의 책을 끌어오면서 아가젠스키는 프랑스 문화에서 양성 간에 전쟁이라고 부를 만한 것이 부재했다는 점이 주목할 만하다고 보면서 오히려 프랑스 문화는 우정, 사랑, 유혹, 심지어 방탕함으로 특징지어진다고 지적했다. 그녀는 "다른 어떤 나라보다 훨씬 더 남성과 여성이 서로를 이해하고 서로의 맘에 들기 위해 언제나 애써왔고 자신의 성에게서 부족한 것을 다른 성에게서 차용하는 것을 경멸하지 않았다. 예컨대 우아함이 하나도 없는 남성이나 강한 특성이 결여된 여성이야말로 우리를 괴롭게 한다"고 보았다(p. 159). 여기서 프랑스 문화의 역사가 가지고 있는 특수성은 자연이 의도하는 바를 가장 훌륭하게 표현한 것이 되고, 프랑스는 인류의 문화적 성취를 최고로 구현한 나라가 된다.

아가젠스키는 이러한 상보성 개념을 정치영역으로 도입해야 할 때라고 말했다. 그녀가 볼 때 그렇게 하지 않는 것은 수치스러운 일이며, 근대 민주주의가 그것을 필요로 하기 때문이었다. 권한이 작동하는 영역이 분리되어 있음을 입증하기 위해 양성 간의 차이를 사용하는 대신에 권력을 평등하게 공유하고, 주권적 국민이 두 성으로 되어 있다는 것을 인지하고, 상보성을 주권의 개념에 도입시킬 때였다. "국가가 갖는 인간성을 **온전히** 대의하기 위하여 '남녀동수'는 **온전히** '국가 대의제'에 대한 상보성이어야 한다"(p. 196). 이는 남성이 남성을 대표하고 여성이 여성을 대표한다는 것을 명확하게 의미하는 것은 아니었다. 아가젠스키는 오히려 대의제에 대한 공화주의 이론과 연극에 대한 유추—아리스토텔레스에 근거한 것이라고 그녀는 주장했다—를 끌어오면서 연극이 '인민'에 대한 반영이 아니라 '인민'을 모방하는 것처럼 국가는 대의제를 통해 현실화된 허구이며, '남녀동수'는 그러한 대의제를 형상화하는 것과 관련된다고 지적했다. "그러므로 남성과 여성의 공평한 대의제는 ⋯ 다시 말해 보편적으로 인민은 남성과 여성으로 구성된 인민이라는 사실과 **관련된 형상**이 되어야 한다"(p. 202). 전통적 단일 개념 대신 이원적 '인민'(남성과 여성)을 형상화하는 것이 국가 주권의 불가분성에 대한 도전을 의미한다고 우려하는 것은 정말 잘못된 생각이었다. 이 지점에서 아가젠스키는 초기 '남녀동수' 지지자들의 주장과 공명하고 있었다. 하지만 그들과 그녀의 차이는 근본적이었다. '남녀동수'가 정치체를 **탈성화하는**(unsexing) 수단으로서 추상적 개인에게 **성적 특징을 부여하고**(sex) 싶어한 반면, 아가젠스키는 이성애 커플을 완전한 상보성의 모델로 위치시키면서 정치체(국가)에 **성적 특징을 부여하고** 싶어했다. 이러한 본질주의적 관점에서 그녀는 '혼성'이 분절적이거나 파편적인 것이 아니라 통일체이며, 이것이 통일체라는 것을 보여주는 가장 좋은 예가 바로 재생산을 하려는 커플이 아이를 가지기 위해 하나로 합치는 것이라고 주장했다.

　　초기의 '남녀동수' 지지자들은 여성을 추상적 개인이라는 범주에 끼워넣는 어려움과 씨름했고, 양성 간의 '엄밀한 평등'을 충족시키는 법만이 그것을 달성할 것이라고 결론지었다. 인간 개인은 여성과 남성 모두로 형상화되어야 했다. 만약 국가를 구현하는 기구인 하원의 절반이 여성으로 이루어진다면 그때야말로 비로소 여성이 남성과 똑같은 차원의 시민(개인)이라는 점이 분명해질 것이다. 그리고 국가기구 안에서 여성의 가시성은 삶의 다른 많은 영역에서 긍정적으로 가지쳐 나갈 것이다. 그 목적은 여성을 개인으로 보이게 하고 이렇게 해서 성에 기초한 차별에 대항하는 것이었다. '남녀동수'와 더불어 현존하는 권력관계는 법에 의해 변화될 것이다. '남녀동수' 지지자들이 볼 때 이때의 법은 양성 간의 관계가 사회 어딘가에서 작동하고 상징화되는 방식을 변화시키는 것뿐만 아니라, 가족 안에서 작동하고 상징화되는 방식도 변화시킬 수 있는 능력을 가지고 있는 그런 법이다. 대조적으로 아가젠스키에게 있어서 성차는 상보적인 젠더 역할이라는 변하지 않는 인간적 속성이며, 이성애적 이끌림으로 표현되며, 이는 법이 단지 반영할 수 있는 자연적 토대일 뿐이었다.

1998-1999년 사이에 일어났던 '시민연대협약(PaCS)'에 관한 논쟁의 맥락에서 '남녀동수'에 대한 아가젠스키의 관점이 우위를 차지하게 되었던 것은 놀랍지 않다. 본질주의적 가능성들이 초기 '남녀동수' 주장의 주위를 항상 맴돌고 있었지만 초기 '남녀동수' 지지자들은 그 주장들을 밀고 나가지도 않았고, 그렇다고 그것들의 한계를 정하지도 않았다. 그 주장들을 본격적으로 이끌어낸 것은 바로 아가젠스키의 책이었다. 그녀에 의해서 '남녀동수'는 규범적 이성애를 승인하는 것이 되었으며, 뿐만 아니라 '시민연대협약(PaCS)'에 대한 정부의 견해를 특징짓는 강력한 동성애 혐오적인 충동을 승인하는 것이 되었다. 아가젠스키의 책은 입법자들이 두 법 모두를 통과시키도록 설득하는 데 도움이 되었을 것이다. (그녀가 현직 수상의 아내라는 것이 손해가 되지는 않았다. 사실 그렇게 유명한 부부인 것과 상관없이 그 책이 그만큼의 주목을 얻을 수 있었을지는 상상하기 어렵다.) 책이 출판된 이후 '남녀동수'에 대한 그녀의 견해가 몇

해 안에 지배적인 견해가 된 것은 확실하다.

아가젠스키의 뒤를 이어

1998년 12월 2일에 하원은 발의된 헌법개정안과 관련하여 카트린 타스카가 작성한 보고서를 받아들였다.[75] 비록 '남녀동수'라는 용어 자체는 조항에서 삭제되었지만 정치 공직에 접근하는 문제에서 "법은 여성과 남성 간의 평등을 장려한다"고 명시한 3조가 이제 추가되었다. 12월 15일, 대부분이 여성으로 구성된 극소수의 하원의원들이 정부안에 대해 토론했고, 제1차 심의에서 이를 채택했다. 몇 주 후인 1월 말 상원의 법사위원회(commission on laws)는 그 헌법개정안을 기각했다. 기각하자는 주장들 중 하나는 여성과 정치는 대립적이라는 데에 기반한 것이었다. "여성들이 정말로 정치를 좋아한답디까?"라고 한 상원의원이 물었다.[76] 그후 몇 주 동안 용어에 관한 협상이 이어졌다. 예컨대 보다 강력한 표현인 '보장한다(guarantee)'나 '확립한다(establish)'가 다소 약한 단어인 '장려한다(encourage)'로 대체되어야 하는지와 같은 논의가 있었던 것이다. 그리고 '남녀동수'와 헌법개정안에 대한 찬반론이 다시 불붙었을 때 한 달 동안 열띤 방송 토론이 이어졌다. 하원은 1999년 2월 16일에 새로운 법안에 대해 논의했고, 3월 4일 상원은 이 법안을 승인했다. 그리고 3월 10일에 하원은 만장일치로 새로운 원문을 채택했는데, 국가 주권을 다룬 3조는 "법은 남성과 여성이 선출 공직에 동등하게 접근할 것을 장려한다(encourage)"로 수정되었고, 정당을 다룬 4조는 "정당은 법이 정한 조건 하에서 3조 마지막 줄에 열거한 원칙을 실현하기 위해 기여할 것이다"로 수정되었다. 그후 상원과 하원은 이 수정안을 최종적으로 채택하기 위해 5월 31일 베르사이유(Versailles)에서 열린 임시 회기에서 만났다.

개정안 통과로 이끈 논쟁의 과정에서 많은 견해들이 발표되었다. 헌법개정은 긍정적 차별의 형태이자 여성에게 완전한 시민권을 부여하는 수단, 그리고 정치계급과 시민사회 간의 간극을 좁히는 방법으로 옹호되었다. 단순한 일반 법률이 아닌 헌법을 개정할 필요성에 대해서 심각한 의견 대립이 있었다. 또한 헌법개정은 프랑스를 더욱 현대적이고 더욱 민주적으로 만드는 방식으로 환영받기도 했다. 하지만 내가 지금 초점을 맞추고자 하는 것은 선출 공직에 여성이 완전하고 동등하게 접근할 수 있도록 요구하기 위해 아가젠스키의 주장이 제공한 정당화의 방식에 대해서, 그리고 아가젠스키 자신이 스스로 '남녀동수'를 위한 대변인이 된 방식에 대해서이다. 초기의 주장이나 이것을 지지하는 사람들이 사라졌다는 것은 아니다. 즉 젠더에 대한 규범적 관점이 영속적이고 자연적이라는 사고를 거부하면서 여성이 인류의 절반을 구성한다는 지점을 반복하는 것은 '남녀동수' 지지자들이 10년 동안 해온 주장들과 공명하는 것이었다. 그러나 그 주장들이 커플의 이미지로 완전히 뒤덮인 것은 아니었다 하더라도 점차 그러한 이미지와 결합했고, '시민연대협약(PaCS)'에 대한 논쟁에서는 보다 강력하게 이러한 이미지가 용인되었다.

1998년 12월에 시작된 논쟁 이전에 타스카는 상당수의 전문가들에게 증언을 요청했고, 이들의 논평은 그녀의 보고서 말미에 포함되었다. 법학자 다니엘르 로샥은 여성과 남성을 인간의 두 형태로 이야기하려고 하는 시도에 숨어 있는 본질주의의 위험을 지적하면서 헌법개정안의 반차별적 측면을 주장했다. 오히려 그녀는 프랑스 정치인들의 여성혐오를 감안한다면 '남녀동수'가 여성을 위한 실질적인 기회의 평등에 도달할 수 있는 가장 좋은 방법이라는 것을 제기하며 실용적인 정당화 논리쪽으로 향했다. 그러나 보편주의적 수사학이 지배하고 있는 곳에서 로샥의 주장은 소수자의 목소리였다. 1979년 시의회 선거에서 할당제를 지지했던 모니크 펠레티에는 커플의 상보성을 강조했다. 그녀는 많은 여성들과 마찬가지로 자신도 "스스로를 다른 존재이자 상보적인 존재로 인식하고, 그러므로 의사결정에 부분적으로 역할을 하며, 여성들의 상보적 역할에 의해 의사결정 과정이 풍부해질 것"이라고 말했다.[77] 1970년대와 1980년대에 또 다른 노련한 페미니스트였던 지젤 알리미는 이미 재임(在任) 중인 남성들에 관해 상당수의 여성들이 제기했던 문제를 풀기 위하여 진작부터 나왔던 해법을 수용했다. 그녀는 각 선거구의 대표자 수가 두 배가 되어야 한다는 제안에 대해 대표자들은 "하나의 커플을 형성할 것이다. 말하자면 한 명의 남자 의원과 한 명의 여자 의원이 나오게 될 것"이라는 생각을 덧붙였다.[78] 하원에서의 논쟁에서 법무부 장관 엘리자베트 기구는 여성은 인류의 절반이라는 자신의 주장에 권위를 부여하기 위해 아가젠스키를 인용함으로써 이 법이 '공동체주의적'이라는 비판을 무효화시켰다.[79] 한 남성 하원의원이 '여성과 다른 소수자들'이라고 언급하자 분노가 일어났다. 한 여성 하원의원은 "여성이 소수자란 말입니까?"라고 소리쳤고, 다른 여성은 "우리는 소수자가 아닙니다. 우리는 세상의 절반입니다"라고 외쳤다. 또 다른 여성은 "실비안느 아가젠스키를 읽으시지요!"라며 쏘아붙였다.[80] 일단 인구학적 기술(記述)로서 여성이 인류의 절반이라는 항변을 상상하는 것이 가능해진 반면, 아가젠스키의 작업을 참조하는 것은—자연적 사실로 간주되는 문화적 의미들로 가득 찬—이데올로기적인 것이었다. 그리고 이는 커플이라는 표상을 수반했다. 국가 주권이 두 개의 성으로 구현된다 할지라도 그것은 하나이고 분리될 수 없는 것이기에 나누어지지 않을 것이라는 개념은 이제 커플이 시민권의 기본 단위라는 사고에 의존했다.

　　단순히 커플의 이미지를 넘어서 아가젠스키의 본질주의—성차에 대한 사회적 이해가 자연 또는 문화에 대한 전(前) 정치규칙과 같다는 주장—는 '남녀동수'를 특징짓게 되었다. 영국의 가디언(*The Guardian*)은 '남녀동수'를 아가젠스키의 '창작물'이라고 불렀고, 미국의 《신공화국(*New Republic*)》에 실린 (어이없이 미흡한 정보로 쓰인) 기사에서는 아가젠스키의 『성의 정치』를 '운동의 성서'라고 언급했다.[81] '남녀동수'에 대한 초기 비평가들에게 이 본질주의는 여성이 50%인 대의제를 요구하는 것이 필연적으로 젠더에 대한 규범적 규칙을 승인하는 것처럼 보일 것이라는 그들의 예언이 이루어지는 것이었다. 이블린 피시에는 '남녀동수'가 개인보다는 여성에 강조점을 둔다고 생각하면서 오랫동안 반대해왔는데, 1998년에 그녀는 '시민연대협약(PaCS)'의 가장 급진적인 가능성이 좌절된 것을 '남녀동수' 캠페인의 탓으로 돌리는 것처럼 보였다. "만약 성적 다름(alterity)이 자연의 법칙이라면 우리는 한 쌍 내에 존재하는 '같음'과 어떤 관계가 있는가?"[82] 철학자 자크 데리다는 정치영역에서 여성의 지속된 과소대표성을 교정하는 하나의 방식으로 '남녀동수'를 지지했지만(이것이 지속된 차별보다는 '덜 사악'하기 때문에), 그럼에도 불구하고 그는 성차(데리다는 THE difference of sex라고 표기했다)를 정치적 장으로 재도입하는 것의 영향에 대해 우려했다. 그는 어떤 범주적 개념이든 범주 안의 차이를 동질화하고, 그렇게 함으로써 "남근중심주의의 게임(the game of phallocentrism)"을 재생산할 것이라고 경고했다.[83] 그에게는 해부학적 이원성과 성차 간에 어떤 구별도 있을 수 없는 것으로 보였다. 혹은 그는 적어도 그러한 주장에 관여하지 않았는데, 아마도 이유가 있다면 그러한 주장이 더 이상은 '남녀동수' 주장의 한 측면으로 가시화될 수 없었기 때문일 것이다. 게다가 데리다는 '남녀동수'가 주권이라는 환상을 받아들이는 것에 반대했다(주권이 분리될 수 없는 것이든 양성으로 나뉘어 있는 것이든 간에 말이다). 여성에게 주권이라는 환상은 진정한 평등과는 조화를 이루기 어려운 일종의 모성애와 쉽게 결합될 수 있었다.[84] 데리다와의 대화에서 엘리자베트 루디네스코(Elisabeth Roudinesco)는 '남녀동수'가 여성성에 대한 '모성중심주의적(maternalocentrist)' 개념을 가정하고 있다는 동일한 염려에서 이를 반대했다.[85] 사회학자 로즈-마리 라그라브(Rose-Marie Lagrave)는 아가젠스키의 본질주의를 전체 '남녀동수' 운동을 표상하는 것으로 채택했다. '남녀동수'에 '차이주의' 관점이라는 그릇된 특징을 부여하고, 이 운동이 평등과 차이에 대한 페미니즘 논쟁이 가지고 있는 오랜 역사의 한 장(章)인 것처럼 기술함으로써 그것의 독특함을 부인하면서 말이다.[86]

　힘의 재조정 양태는 임박한 헌법개정에 대해 페미니스트들 사이에서 나타난 분열을 다루는 데에 몰두했던 1999년 1월 《누벨 옵세바테르》의 기사들에서 가장 분명하게 나타난 듯했다.[87] 대립되는 양쪽 입장은 '남녀동수'가 생물학적 결정론으로의 위험한 귀환이자 공화국의 보편주의에 대한 위협이라고 수년 동안 비난해 온 엘리자베트 바댕테르가 대표하는 한쪽과, 성차가 '새로운 민주주의 모델'을 위한 기초임에 틀림없는 '보편적 차이'라고 주장했던 실비안느 아가젠스키가 대표하는 쪽이었다.[88] (페미니즘 논쟁에서 이 두 사람이 대표주자로 등장한 것은 아무리 헤아려 보아도 아이러니하다. 왜냐하면 두 사람 모두 남편의 명성에 힘입어 대중적 주목을 얻었기 때문이다. 아가젠스키가 수상의 아내로서 그런 것처럼 바댕테르는 수차례에 걸쳐 정치적 직위에 선출되거나 임명되었던 유명한 변호사인 남편

로베르의 이름을 등에 업고 작가이자 철학자로서 자신의 명성을 얻었다.) 아가젠스키와 바댕테르에 관한 한 기사는 프랑소와즈 가스파르를 인용했는데, 그녀는 "실용주의보다 교조적 주장을 더 선호하는 바로 이러한 프랑스적 경향에 재미있어 했다."[89] 가스파르는 '남녀동수'가 '헌법이라는 대리석에 새겨두어야 하는 새로운 기본 원칙'이 아니라 프랑스를 후진적 상태에서 이끌어내기 위한 용이한 전략이라고 계속해서 지적했다. 보편주의와 차이주의 간의 논쟁에서 그녀가 취했던 방관자적인 입장과 더불어 그녀의 이러한 언급들은 『여성 시민들에게 권력을!』에서 처음으로 제기한 해부학적 이원성과 성차 간의 엄격한 구분을 유지하려고 노력하는 것이 (법 개정 캠페인의 한복판에서) 얼마나 헛된 것이 되었는지에 대한 그녀의 감정을 보여주었다. '실용주의'는 가스파르와 그녀의 동료들이 자신들이 진전시켜 온 정치적 목적을 따르면서도 동시에 변화를 추구하는 데 성공하지 못했던 논쟁을 벗어나는 한 가지 방법이었다. 하지만 법이 통과되는 데 필요한 힘을 유지하기 위한 '용이한 전략'을 만들어낸 것은 '남녀동수'가 아니라 실제로 실용주의였다. 가스파르는 아가젠스키가 본질주의적으로 다시 쓴 '남녀동수'를 받아들이기보다 이를 "평등을 향한 필수적인 단계—궁극적으로는 넘어설 수 있는 단계—이자 남성적 지배를 종식시키는 것을 목표로 하는 하나의 전략"으로 재정의했다.[90] 가스파르는 새로운 보편주의를 완전히 단념하지는 않은 채 다음과 같이 그 프로젝트를 연기했다. "여전히 형성 중에 있는 보편주의를 향한 단계인 '남녀동수' 요구는 보다 온건하고 현실적인 해법이다."[91]

사회학자 이브 생토메가 그랬듯이 가스파르가 처음부터 이러한 입장을 가지고 있었다고 가정하는 것은 잘못일 것이다.[92] 그렇게 생각하는 것은 그 운동이 (추상성의 개념 안에서) 추상적 개인주의를 재개념화하고자 했던 독창적인 방식을 놓치게 할 수 있다. 게다가 그 운동의 발상이 지적 역사뿐만 아니라 정치적 역사를 가지고 있다는 사실도 지나칠 수 있게 될 것이다. 그 당시 철학적 논쟁은 초점을 비켜나 있었고, 초기의 '남녀동수' 지지자들이 대체하려고 추구해 온 평등주의/차이주의 대립의 덫에 이미 걸려 있었다. 이제 주목해야 하는 것은 단지 헌법개정이 아니라 여성에게 대의제를 개방하는 법을 통과시키는 것이다. 헌법이 개정된 후에 가스파르가 논평했던 것처럼 "이제 문제는 세부적인 것에 있다 (now the devil is in the details)."[93]

제6장 **법의 힘**

'남녀동수' 운동은 법이 사회관계를 변화시킬 수 있는 힘을 가졌다고 믿었다. "정치영역에서 '남녀동수'는 여성과 남성이 동등한 대표라는 것을 법에 의해 인정하는 것을 의미한다."[1] 『여성 시민들에게 권력을!』의 슬로건이 "법을 통과시키는 것이 필수적이다"였음은 분명했다.[2] '남녀동수' 지지자들은 법이 변화를 일으키도록 작동하는 방식을 정교하게 인식하고 있었다. 그들은 몇 가지 즉각적인 결과들을 기대했다. 예컨대 참정권이 여성에게 투표권을 확대한 것과 같이 '남녀동수' 법이 보다 많은 여성들을 단시간 내에 정계로 끌어들일 것이라고 생각했다. 하지만 '남녀동수' 지지자들은 또한 현실주의자들이었다. 그들은 자신들이 상상하는 완전한 평등을 성취하는 데에 시간이 걸릴 것임을 알고 있었다. 당면한 목표는 차별을 가시화하는 것이었다. 프랑소와즈 가스파르는 헌법개정안이 통과되기 직전에 " '남녀동수' 요구가 … 즉각적인 효과로 나타나지는 않을 것이다. 하지만 그것은 여성과 남성의 불평등 문제를 제기해 나갈 것이며, 이는 의심할 여지없이 사회문제들 중에서 가장 어려운 일이 될 것이다"[3]라고 예고한 바 있다. 가스파르의 예측은 옳았다. '남녀동수' 법으로 알려진 그 법은 단기적으로는 정치권력에 대한 남성 지배에 도전했지만 이를 전복시키지는 못했다. 동시에 단지 정치영역에만 국한되지 않고 여성에 대한 차별에 더 주의를 기울이도록 이끌었다. 젠더를 대표자 선택과 무관한 것으로 만들고자 하는 그 법의 궁극적 목표가 성취될 것인지 여부가 금방 판명날 수는 없다. 다시 말해서 법적 변화의 효과가 정치 행위자들의 심리와 태도에서 느껴지기까지는 상당한 시간이 걸릴 것이다.

'남녀동수' 법 준비에서의 타협

저자들이 상상했던 법은 평등원칙에 기반하고 있었지만 일종의 현실주의에 기반한 것이기도 했다. 만약 그 법이 바라던 결과를 구체화하지 않았더라면 견고한 이해관계를 고수하려는 저항을 극복하지 못했을 것이다. 그러한 이유로 '남녀동수' 지지자들은 선출의회의 구성이 여성과 남성 간에 균등하게 분배되어야 한다는 조항을 법안에 명시했다. "선출의회는 지역 차원이든 전국 차원이든 남성과 같은 수의 여성으로 구성될 것이다."[4] 이 법이 어떻게 실행될 것인가는—대표자 수를 두 배로 하든 선거구를 둘로 나누든—입법적으로 고려해야 할 문제로 남을 수 있었다. 하지만 핵심은 바라던 결과를 가져오는 것이었다. "입법가들은 법조문에 원칙을 끼워넣고 싶을 때 대단히 창조적이다"[5]라는 논평은 '남녀동수' 법이 절대 실현될 수 없다고 주장한 사람들에 대한 반박으로 나온 것이다. 하지만 되돌아보면 여기에는 아이러니가 있다. 헌법개정안과 그 다음에 만들어진 법 — '남녀동수' 운동이 제기한 목표를 완전히 잘라 내지는 않았지만 최소화시킨 2000년 6월 6일의 법 — 을 작성하고 이행 하는 과정에서 입법적 창조성이 얼마나 개입되었던가!

공화주의 이론과는 반대로 법은 순수 원칙에 대한 일반의지의 만 장일치적 표현이 아니라 협상과 타협의 산물이다. 정치 공직에 남성과 여성의 동등한 접근을 '장려한다(encourage)'라는 헌법 제3조 개정안의 문구는 페미니스트들이 제안했던 '확립한다(establish)'나 '보장한다(gua-rantee)' [6]가 나타내는 보다 강한 가능성에 비하여 약화된 수준이었다. '장려한다'는 단지 다른 요소들에 의해 지연되거나 중단될 수도 있는 선 호나 경향을 암시할 뿐이었다. 입법가들이 반대했음에도 불구하고 시라 크 대통령과 대부분의 정치인들이 이 법을 승인하려고 했던 이유는 바 로 그 문구가 갖는 모호함 때문이었다. 제4조 개정안은 새로운 선거법에 기재되는 식으로 이 원칙을 현실화하기 위해 정당들이 '기여(contribute)' 할 것이 기대된다고 기술되었다. '장려'와 마찬가지로 '기여'는 '남녀동 수' 지지자들이 의도했던 어떤 힘도 동반하지 않는 모호한 용어였다.

이것은 명백히 기대에 어긋난 것이었다. 하지만 '남녀동수' 운동의 지도자들은 원칙에 대한 표현이 약하더라도 법 제정이 변화를 위한 강 력한 수단이 될 수 있다고 보고 이를 위해 압력을 가했다. 지젤 알리미 의 잡지 《선택 : 여성의 주장》사설에서는 "헌법개정은 … 그것이 법률과 법규로 만들어질 때에야 비로소 '남녀동수' 개혁이 될 것이다"[7]라고 단 호하게 표현했다. 법에 대한 정부의 약속은 확고했다. 1999년 9월에 사 회당이 조직한 대회의에서 수상은 할당제를 단계적으로 부과하자고 강 권했던 사람들에 맞서서 자신에게 "'남녀동수'는 50/50"[8]이라고 주장했다. 그리고 2000년 1월 하원에서 새로운 법이 논의 중이었을 때 정부 대변인들은 공화주의자들의 우려에 개의치 않고 차별을 종식시켜야 한다는 긴급한 필요성을 언급했다. 헌법위원회의 서기인 베르나르 로망(Bernard Roman)은 '효과적인 해결책'을 마련할 필요성을 주장하였다. "공화주의적 보편주의는 본질적 가치이자 숭고한 추상성이며, 강력한 가설이고 근본적인 주문(呪文)이다. 하지만 이 훌륭한 공화주의 이론의 원칙은 시대의 흐름을 따르지 못하고 있다. 그것은 현실, 규범의 무게, 사회적 제약의 힘을 무시한다. 이상(ideal)을 향해 나아가기 위해서는 현실(real)을 이해하는 것이 필수적이기 때문에 오늘 우리는 법이 그것을 요구하지 않으면 어떤 평등도 없을 것이라는 이 끔찍한 사실에 직면한다."9)

그러나 정부가 마음에 두고 있었던 그런 종류의 평등은 실제적인 이해관계에 의해, 그리고 아가젠스키가 제안한 '혼성'이라는 개념으로 인해 한계에 부딪쳤다. 다시 말해서 '남녀동수' 법은 자신의 지위와 권력을 지키려고 하는 남성 하원의원과 상원의원들의 지지를 얻을 필요가 있었으며, 아가젠스키의 혼성 개념은 이성애적 커플의 상보적 역할을 의미하는 것이었다. 여성은 성차에 대한 문화적 이해로부터 추상화될 수 있고, 그래야만 개인으로 간주될 수 있다는 '남녀동수' 지지자들의 근원적 개념은 한동안 수면 위로 올라오지 못했다.10) 이런 식으로 공화주의와 성적 차이 간의 거래(connection)가 유지되었다.

적극적 조치와 반차별법을 거부하는 프랑스 특유의 정서(animus)가 있었음에도 불구하고 헌법개정안과 2000년 6월 6일의 법은 모순적이게도 그러한 정책들과 아주 닮아 있었다.11) 그 정책들은 배제된 집단을 명명했지만 그 배제의 근원적인 이유를 분명히 하지 않은 채 이들을 포함하려고 했다. 이런 식으로 하면 성차는 추상성과 국가적 통합 모두에 대한 안티테제를 의미하게 되었다. 확실히 차별의 문제가 새롭게 주의를 끌었고, 공직 (및 프랑스 사회의 다른 고위직)에서의 여성 부재는 과거 어느 때보다도 가시화되었다. 하지만 개인으로 재정의될 방법들이 없다면 여성은 계속해서 다르게 대우받을 것이다. 여성은 국가 전체의 대표자가 아닌 특정한 유권자와 그들의 이해관계를 대변하는 존재로 취급될 것이며, 더구나 이는 특수주의를 반영한 것이기 때문에 여성의 영향력은 제한되고 권력은 억제될 것이 틀림없었다. 그 법의 단기적인 효과는 정확히 이런 것이었다. (공직의 중요성을 인정하기는 하지만 비균형적으로 인정하기 때문에) 선출 공직에서 여성의 수적 증가를 용인하지만 이들을 '프랑스'의 대표자가 아니라 여성의 대표자로 인정할 뿐이었다.

하지만 이것이 이야기의 끝은 아니다. 비록 단기적이었지만 그 법은 남성 권력이 작동하는 방식을 (전복한 것은 아닐지라도) 폭로하고 성(sex)과 대의제 간의 관계에 대한 질문을 제기하면서 분열적인 성격을 띠었다. 상당수 '여성 정치인(femmes politiques)'의 등장, '정치인(hommes politiques)'으로 간주되는 여성들의 등장, 그리고 이 두 범주에 모두 부합하는 몇몇 사람들, 이러한 것들이 제기하는 모순은 그 자체로 정치와 남성성의 말끔한 상관관계를 불안정하게 했다. 왜냐하면 여성이 자신의 성 때문에 결여되어 있다고 가정되어 온 어떤 능력을 증명하는 것이 가능하게 되었기 때문이었다. 이러한 현상이 기존의 권력관계를 침식하는 데에 어느 정도 효과가 있는지 초기 단계에서 예견할 수는 없다. 다만, 변화의 과정이 시동을 걸기 시작했다고 말하는 것이 안전할 듯하다.

2000년 6월 6일의 법

　정부는 2000년 1월에 '남녀동수' 법안을 제출했다. 그 법안은 25일에 하원에서 만장일치에 가까운 찬성(반대표 1표)으로 가결되었다. 하원에서의 토론은 예전에 의원들을 분열시켰던 대원칙—한 하원의원이 "보편주의에 대한 잘못된 논쟁"이라고 언급했던 것[12]—에 대해서가 아니라 차별을 시정할 필요성에 초점이 맞추어졌다. 그 법이 여성을 폄하하고 상품화시킨다고 주장하며 반대했던 사람들조차도 평등에 대한 정당한 '주장(cause)'은 인정했다. 여론의 압력과 여론을 만족시키고 싶은 사회당의 열망은 시장을 겸직하고 있는 하원의원들로 하여금 그들이 여성을 시공무원으로 채용하려는 신실한 노력을 했는지, 유능한 여성 후보자를 찾는 것이 얼마나 어려운지, 그들을 발굴하는 일이 얼마나 중요한지를 입증하도록 했다.

　2월 29일, 상원은 하원에서 통과된 법안을 거부했다. 협상이 이어졌고, 3월 30일에 제2차 심의를 위한 법안이 만들어졌다. 4월 27일, 이 법안은 상원과 하원에서 모두 가결되어 5월 20일 헌법위원회에서 효력을 인정받았으며, 6월 6일 국법으로 선포되었다. 결국 가장 끈질겼던 반대자들조차도 그 법이 통과될 때에는 여성과 남성의 평등을 촉진시키는 데에 프랑스가 세계를 주도하고 있다고 자랑스러워하면서 법안에 찬성표를 던졌다. 공화국연합당(RPR)의 하원의원인 티에리 마리아니(Thierry Mariani)는 다음과 같이 말했다. "나는 우리가 법에 의지해야 한다는 것이 유감스럽다. 그리고 시간이 너무 촉박하다는 것이 유감스럽다. 하지만 내가 정치영역에서 여성의 대표성이 진전되기를 지지한다는 것을 보여주기 위해 당신들의 법안에 표를 던질 것이다."13) 법이 통과된 직후 배포된 정부 홍보물은 "이 법은 정계의 근대화를 가속화하고 민주주의를 강화할 것이다"14)라며 프랑스가 성 평등 문제에 선구적으로 접근했다고 환호했다.

하지만 이 홍보물의 의기양양한 어조는 선출의회에서 여성과 남성을 동수로 한다는 목표를 현실화하는 데에 있어서 그 법 자체의 심각한 한계와 배치되는 것이었다. 50/50 규칙이 선거결과가 아닌 공직 후보자들에게 적용되었기 때문이다. 이 법이 이전에 비해 많은 여성에게 정치적 장을 개방한다는 중요한 효과를 가지고 있다 하더라도 남성 정치인들이 자신들 권력의 핵심 요소를 보호하는 것을 막지는 못했다.

그 법은 여러 종류의 선거에 다양한 방식으로 적용되었다. 프랑스는 두 개의 선거체계를 가지고 있는데, '비례대표제(scrutin de liste)'와 '소선거구 다수대표제(scrutin majoritaire or scrutin uninominal)'가 이에 해당한다. 비례대표제는 셋 이상의 상원 의석을 가지고 있는 데파르트망과 유럽의회 대표자 선출에 적용되며 시 선거, 권역의회, 코르시카 의회에도 적용된다. 정당들은 비례대표 명부를 제출하고 득표에 비례해서 의석수를 얻는다. 따라서 명부에 배정된 위치는 실제로 누가 의석을 차지하게 될 것인지를 결정한다. 관례적으로 당선자 명부의 1순위에 있는 사람(chef de file)이 시 선거에서 시장이 된다. 시 선거, 권역 선거, 코르시카 선거는 2차에 걸친 투표로 결정된다. 반면, 상원의석의 비례대표 부분과 유럽의회의 경우에는 1차 투표만으로 결정한다. 그리고 상원의 잔여석과 하원의 모든 의석은 다수대표제에 의해 선출되며, 최종 결과가 공표되기에 앞서 두 번의 선거가 있다. 6월 6일의 법으로 인해 상원과 유럽의회는 후보자가 성별(sex)에 따라 교대로 배치될 때에만 명부를 접수할 수 있게 되었다. 인구 3,500명 이상[15])의 지방자치단체, 그리고 시의회와 코르시카 의회의 경우 6명의 후보자 집단마다 3명의 여성이 있어야 한다.[16]) 하지만 실제로는 엄격한 평등으로부터 후퇴하고 있었고, 이는 여러 가지 방법으로 정당화되었다. 예컨대 1차 선거에서는 '남녀동수' 원칙을 준수하더라도 2차 선거에서 명부를 섞어버리는 경우가 있었다. 그리고 이 법은 (결코 분명하게 설명하기는 어렵지만) 투표자의 선택을 제한할 수 있는 여지는 적었던 동시에 그 법이 통제하려고 했던 지역 정당 지도자들에게는 보다 많은 재량권을 남겨두고 있었다. 남성과 여성을 교대로 배치하는 방식이든 6명씩 묶음을 짓는 방식이든 당선 가능성이 낮은 명부 아래쪽에 여성을 배치하는 것을 법이 완전히 막지는 못했다. 또한 여성들이 명부의 위쪽에 배치됨으로써 이들이 지도부 자리를 확보할 수 있도록 할 필요가 있다는 점에 대해서 한 마디 언급도 없었다. '남녀동수' 법은 비례대표가 아닌 (하원과 상원의 일부에 해당되는) 다수대표제의 입후보 자격에 관해서는 덜 강력하게 작용했다. 그 법은 전국에 있는 남성 후보자와 여성 후보자 총수의 차이가 1차 투표에서 2%를 넘는 정당에게 국고보조금의 일부를 지급하지 않았다. 하지만 비평가들이 지적하듯이 선거의 최종 결과에 관해서는 어떤 불이익도 없기 때문에 정당들은 의석을 잃을 것이 뻔한 자리에 여성 후보자들을 형식적으로 지명했다.[17]) 그 법은 칸통(canton) 선거에는 전혀 적용되지 않았다. 칸통은 학교 배정뿐만 아니라 도로, 교통, 기타 인프라를 유지하는 책임을 담당한 행정단위인데, 칸통 선거는 "전국의 모든 주요 선거의 산실"로 간주되며, 여성이 드문 것으로 악명이 높다.[18])

　　종합하면 6월 6일의 법은 비례대표제 위주의 선거에서, 그리고 권력이 적게 위협받을 것으로 생각되는 선거에서 가장 효과적이었다. 그 법의 조항들은 보다 많은 수의 여성을 시의회와 권역의회에 접근할 수 있게 해주었고 유럽의회 의석을 점유할 수 있게 해주었다. 이 자리들 역시 권력이 있는 자리이기는 하지만 하원 의석에 비해서는 힘이 훨씬 적었다. 그리고 그 법은 시의회와 권역의회에서 실권을 행사하는 자리로 여겨지는 집행임무를 배정하는 데에는 영향을 미치지 못했다. 전국 수준의 최고 권력은 다수대표제로 대표자를 선택하는 선거에 있는데, 거기에서 정당들이 승산 없는 지역에 여성 후보자를 입후보시키는 것을 막을 수 있는 어떤 방법도 없었다. 그리고 앞으로 보게 될 것이지만, 재정적 불이익을 주는 것이 거대 정당들로 하여금 법을 엄격히 따르도록 강제할 수 있을 만큼 충분히 치명적인 것이 아니었다. 게다가 그 법에 순응하는 척하면서 법의 정신을 위반하는 정치인들의 창의성을 예상하지 못했다. 시, 상원, 입법, 권역, 유럽의회에 대한 한 차례의 선거가 지나고 다시 선거가 뒤를 이으면서 그 법의 취약성은 점차 명확해졌다. 그리고 '남녀동수' 지지자들이 법의 통과를 환호하며 초기에 가졌던 행복감은 회의주의로 대체되었다. 이는 법의 권력에 대한 일반적인 회의가 아니라 바로 이 법의 효과성에 대한 회의주의였다.

6월 6일 법의 적용

법이 통과된 이후 치러진 선거결과들을 보면 비례대표제와 소선거구 다수대표제 간의 뚜렷한 차이를 보여준다. 하지만 비례대표제 위주이면서 여성이 선전한 곳에서조차 권력의 경계선은 분명히 그어져 있었다.

2001년 3월 시의회 선거

2001년 1월 일간지들은 새로운 법이 치르는 첫 번째 시험인 3월 시의회 선거 준비에 대해 일찍부터 보도하기 시작했다. 정당 지도자들의 계략, 여성 의석을 놓고 벌이는 조작, 정치인들의 타산적 행동, 지역에서의 자잘한 연극적 사건들은 정치영역에서 여성들이 경험하는 바에 대한 정보를 독자들에게 꾸준히 제공했다. 르몽드는 이러한 동향을 상세하게 싣는 고정 칼럼 '여성의 자리(Place aux femmes)'를 운영했으며, 다른 일간지들은 시의원에 입후보하려는 새로운 세대에 대한 연재 기획기사를 실었다.

정당 지도자들은 공식적으로는 그 법을 준수해야 할 필요성을 인정했다. '남녀동수' 감시단이 실시한 여론조사에서는 주민 수 3,500명 이상의 코뮌에서 시의회 선거 명부상 당선 가능성 범위 안에 있는 인사들의 76%가 그 법에 찬성한다고 말했다.[19] 회의론자들의 예견과 달리 공직에 출마할 수 있는 여성의 수는 전혀 부족하지 않았다.[20] 사실 여성들은 법이 열어준 가능성에 크게 열광했으며, 동시에 많은 이들이 이전에 '남녀동수' 법에 적의를 가지고 있었음을 시인했다. 엘렌 프레스-콜콩베(Hélène Fraisse-Colcombet)는 "나는 '남녀동수'에 반대했다. 나는 그 법이 여성혐오주의적이고 보호주의적이라고 생각했다. 하지만 이제 그 법을 이해한다"라고 말했다. 그녀는 이 새로운 법이 자신을 리옹 제2 아롱디스망의 프랑스민주주의연합당(UDF) 명부에서 2순위에 배치될 수 있게 해주었다고 보았다.[21] 엔(Aisne) 데파르트망 좌파 연합 정당(Gauche plurielle) 명부에서 후보자 순위 5위인 사회당의 마르틴 봉비시니(Martine

Bonvicini)는 자신이 한때는 그 법이 여성의 가치를 "폄하한다"고 여겼음을 고백했다. 이제 그녀는 다르게 믿고 있다. "나는 그 개혁이 성공적이라는 것을 실감한다. 이 법이 없었다면 내가 출마할 수 있었을까? 나는 확신할 수 없다."[22]

그 법은 단순히 여성들을 공직으로 초대하기만 한 것이 아니라, 여성의 참여를 오랫동안 반대해 온 완고한 지역 지도자들의 지배력을 통제했다. 그 법의 존재는 지도자들이 여성 후보자를 찾을 수 없다고 공표했을 때 여성들이 정당 명부에 포함될 수 있도록 압력을 행사하고, 또한 여성들 스스로 자원할 수 있도록 용기를 불어넣었다. 평등원칙을 승인하는 것조차 침묵해 온 지도부와 오랜 갈등을 겪어야 했던 보수정당의 여성 당원 중 한 명인 어느 정치학자는 "활동가들이 자신의 정당에 일종의 복수를 하기 위해 '남녀동수' 개념을 '전유했다'"고 언급했다.[23] 전략을 짜기 위해 여성 정당인들이 주최하는 저녁식사 모임이 열렸고, 여성들의 연설을 준비시키는 강좌가 제안되었으며, 선거 유경험자들은 어떻게 하면 여성이 자신을 후보자로서 최상의 상품으로 만들 수 있는가에 대해 조언해 주었다.[24] 몇몇 도시에서는 정당 명부상의 순위를 두고 추한 싸움이 있었는데, 이전에 시의회 의석을 보장받았던 남성들이 자신들보다 여성들이 우선권을 얻는 것에 격분했기 때문이었다. 2001년 5월 사회당 청년 그룹은 여성에게 주어진 우선권은 새로운 (남성) 세대가 정당에 진출하는 것을 방해할 것이라고 항의했다. 그들은 젠더를 세대와 적대적인 것으로 둠으로써 "여성들이 오랜 세월 동안 역사적으로 배제되었다고 해서 새로운 남성 세대를 밀쳐내고 그 자리를 대신 차지하는 것은 … 정당화될 수 없다. 우리는 여성들을 젊은 세대와 경쟁시키는 체제를 수용하지 않을 것이다[25]"라고 주장했다. 협상에 긴장감이 맴돌았지만 정당 지도부는 규칙을 지켰다.[26] 여성들로 인해 자리를 빼앗긴 남성들 중 소수는 책략을 멈추라고 위협하기도 했지만, 대부분은 지역의 다른 공직을 찾거나 정치적 입장이 다른 정당의 명부에 이름을 올렸다. 그 결과 특정 지역에서는 정당의 통일성이 깨졌다.[27]

그 법으로 인해 여성이 이익을 얻을 것이라는 판단은 그 법이 적용되지 않는 작은 마을에서조차 명백했다. 250가구가 사는 지롱드(Gironde) 지역의 작은 마을인 블레지그낙(Blésignac)의 보고서는 시의회 의장과 오랫동안 갈등해 온 한 여성에 대해 전했다. 그녀는 그와의 다툼 때문에 두 번이나 시의회를 그만두었다. 2001년에 의장이 자신의 명부에 적합한 어떤 여성도 찾을 수 없다고 발표했을 때 그녀는 스스로를 추천하며 나섰다. 하지만 그가 그녀의 제안을 거절하자 그녀는 다섯 명의 다른 여성들과 연합하여 의장의 명부에 대항하는 의미에서 모두 여성으로 구성된 명부를 제출했다.[28] 에쏜(Essone)에 위치한 카마랑드(Chamarande, 인구 1,026명)에도 전원 여성으로 된 명부가 있었는데, 이는 '여성들의 요구를 배타적으로 대변하기' 위해서가 아니라, 여성들이 느끼기에 남성들이 직무를 독점하면서 절박한 경제문제에 대해 여성들이 제안한 해법을 진지하게 수용하지 않는 경향이 있었기 때문이었다.[29]

여성들이 새로운 법을 이용하겠다는 결단을 표현하는 가운데 이 법의 영향을 최소화하려는 남성의 결단 또한 마찬가지로 강력하게 표현되고 있었다. 후보자 명부상의 순위를 놓고 갈등이 전개됨에 따라 현직 시장들은 여성의 제한적 진출만을 허용한다는 점을 분명히 했다. 즉 여성은 시장이나 부시장이 아니라 시의원으로만 선출될 수 있다는 것이었다. 관례적으로는 승리 명부의 1순위자가 자동적으로 (신규 의회의 투표 절차를 거쳐) 시장이 되었다. 그리고 시장 바로 밑에 의원들이 있다. 하지만 그 법의 어떤 조항도 이러한 관습이 그대로 계승되도록 요구하고 있지 않았다. 명부상 1순위에 오르지 못한 일부 현직 시장들은 관습을 위반하겠다는 자신들의 의지를 공식적으로 발표하기도 했다. 파리 제13 아롱디스망에서 있었던 경우를 보면, 우파 연합 정당의 결정에 따라 현직 시장이자 전 법무부 장관인 자크 투봉이 프랑소와즈 포레트(Françoise Forette) 다음으로 명부에 올라가 있었다. 의학교수인 포레트는 정식 당원이 아니었지만 당 지도부는 '시민사회' 대표자 자격으로 그녀를 지명했다. 이런 조치는 '남녀동수' 법을 인정하는 것이자 일반적인 분위기를 수용한 것이었다. 언론 보도에 따르면 투봉은 자신의 지위가 강등된 것에 격렬히 저항했으며, 그 명부로 승리하더라도 자신이 다시 시장이 된다는 조건 하에 2순위 자리를 받아들였다. "프랑소와즈 포레트가 제1순위로 명부 첫머리(conduite)에 올라와 있지만 그 명부를 진두지휘(dirige-rai)하는 것은 내가 될 것이다. … 선거결과가 호의적이라면 나는 다시 한번 제13 아롱디스망의 장(長)이 될 것이다." 기자는 "우두머리 따로, 지휘하는 사람 따로"라고 비꼬아 적었다. 하지만 포레트는 이런 식의 조정에 반대하지 않는다고 말했다. 투봉은 역시 노련한 정치인이었다. 많은 다른 도시들에서는 여성이 명부의 1순위자로 거의 올라가지 않았다. 사실 많은 경우 여성들은 여섯 명으로 된 각각의 집단 중에서 아래쪽 세 개의 자리에 있었으며, 이는 여성들이 시장 자리를 열망조차 할 수 없다는 것을 확실히 하는 것이었다. 선거 전날 우파와 좌파의 여성들은 여성 시장이 나올 가망이 없다는 데에 의견이 일치했다. 샤르트르(Chartres)에서 지역 프랑스민주주의연합당(UDF)에 결합했던 콜레트 코빈네-부르랑(Colette Cauvigné-Bourland)은 자신은 많은 여성이 시장으로 선출될 것이라는 데에 회의적이라고 기자에게 말했으며, 페미니스트 단체 〈엘르 오시〉의 콜레트 보네(Colette Bonnet)는 "부시장과 초선 의원의 수는 증가할 것이다. 하지만 여성 시장의 경우는? 이는 나중에나 가능할 것이다"[30]라고 예견했다. 여성의 66%와 남성의 63%가 여성 시장에 반대하지 않는다는 2001년 1월의 여론조사에도 불구하고 말이다.[31] 선거결과 여성은 시의회의 47.5%를 차지했지만 인구 3,500명 이상 도시의 시장 중에서는 6.9%만이 여성이었다. 시장을 선택하는 것, 그리고 보네의 예측과 달리 부시장 자리까지도 일반 유권자에 달려 있는 것이 아니라 지역에서 정당 사무를 담당하는 남성들에게 달려 있었다.[32]

이 남성들은 지배체제를 유지하는 다른 방법을 가지고 있었다. 어떤 이들은 정당 명부에 들어오려는 집단들과 협상하는 데에 여성이라는 카드를 이용했고, 이러한 식으로 충성스러운 남성 당원들의 자리를 보호했다. 한 예가 좌파 연합 정당이 북아프리카 조직 출신의 대표자를 영입하려고 했던 파리 제11 아롱디스망에서 있었다. 협상에서 그들은 자신들이 하나의 돌멩이로 두 마리의 새를 잡기를 희망한다는 것을 명확히 했다. 북아프리카 단체의 지도자는 "당신들 집단이 우리 명부에서 대표되는 것은 좋습니다. 하지만 우리는 여성을 원합니다. 여자(beurette)는 없습니까?"라는 말을 들었다.[33] 오세르(Auxerre)의 한 후보자는 자신이 명부에 포함된 것을 자신의 존재가 속해 있는 여러 기반의 덕으로 돌렸다. "저는 여성으로서 … 사회당원으로서 그리고 아프리카 출신 흑인으로서 … 적절한 때를 만났습니다. 그들은 여러 사람을 두는 대신에 한 사람을 택했고, 그것은 더 적은 수의 의석만을 필요로 하는 것이었습니다."[34] 몇몇 도시에서는 지도부가 지역 명사의 아내, 연인, 미망인 같이 자신들을 대리할 수 있는 여성들에게 의지했다[그 실천방식을 비판한 한 비평가는 이를 '부부 동수(conjugal parité)'라고 불렀다]. 그리고 어떤 경우에 이 여성들은 권력 있는 남성들과 자신의 관계를 감추기 위해 결혼 전 이름으로 입후보했다.[35] 다른 정당 지도자들은 경험이 많고 정치적인 여성보다 신출내기를 선호했는데, 왜냐하면 이들은 남성 전문가들에게 의존할 것이기 때문이었다. 한편으로 여성 후보자들은 근대성에 대한 정당의 약속을 상징하는 존재였으며, 다른 한편으로는 순응적이고 의존적인 존재, 즉 정치인이 아니라 단지 정치 공직에 있는 여성이라고 여겨졌다. 사회당의 한 지도자는 오세르 지역 선거를 추적·연구하는 사회학자 팀에게 다음과 같이 말했다. "그들을 명부에 등록시킨 것은 적어도 '시민사회' 사람들이 아니라 바로 나입니다. 그리고 어떤 사람들도 그런 나에게 도전할 수 없습니다. 그들은 정치경험이 없기 때문에 나와 개별적으로 연결되어 있습니다. 이것은 정치영역에서 그들의 준거가 바로 나라는 것을 의미합니다. 그들과 나 사이에는 즉각적인 이해(理解)가 형성되어 있습니다."[36] 오세르에서의 연구는 새로 들어온 사람들이 상당한 대중적 주목을 누리고, 이런 식의 가가호호(door to door) 선거운동으로 이용되는 반면(여기서 성차는 투표자들로부터 호기심과 관심을 끌어내는 하나의 자원이었고 시민사회에 정당의 개방성을 알리기 위해 사용될 수 있었다), 전략이 수립되고 이익이 거래되는 비밀 회합에는 거의 접근하지 못했음을 보여주었다. 노련한 한 정치인은 인터뷰를 요청한 사람에게 다음과 같이 설명했다. "실천적 수준에서 지난 6개월 동안 저는 그들에게 기초적 지식을 가르치고 그들을 훈련시켰습니다. 하지만 정치적 게임에 대한 훈련이 아닌 다른 것이었습니다."[37]

몇몇 지역 갈등이 기사화되기는 했지만 선거운동에 대한 언론 보도는 여성의 출현이 완전히 새로운 일이라는 것과 그것이 미래에 갖는 함의를 강조하면서 앞으로 진행될 일에 대해 장밋빛 전망을 제공하고 있었다. 일간지들은 후보자들의 다양성, 정치 활성화를 위한 희망의 상징인 이들의 상대적 젊음을 강조하면서 후보자 사진으로 지면을 도배했다. 주간 경제지《르포앵(*Le Point*)》의 표지는 '여성의 물결'을 예고했다. 기자는 본문에서 조스팽이 수천 명의 여성 시의원의 출현이 임박했음에 대해 특징적으로 묘사하며 "부드럽고 민주적인 혁명"이라고 했던 말을 인용했으며, 프랑스 정치에서 새로운 시대의 여명을 공표했다.[38] ('부드러운' 같은 단어에서 여성성이라는 차이의 암시를 듣는 것은 어렵지 않다.) 한때 (미국) 수입품으로 비난받았던 '남녀동수'는 언론보도에서 독창적인 프랑스 정치행위 방식의 새로운 특징이 되었다.[39]

3월 11일과 18일에 선거결과가 공표되었을 때 '남녀동수'는 많은 관심과 흥분을 불러일으켰다. 개표결과 38,000여 명의 여성들이 인구 3,500명 이상의 도시에 있는 모든 시의회 의석 중 47.5%를 차지했으며, 이는 이전의 두 배에 가까운 것이었다. 1995년에 여성들은 이 도시들에서 의석의 단지 25.7%만 차지할 수 있었다. 한편 법의 효과는 그 법이 적용되지 않았던 인구 3,500명 미만의 시에서도 자명했다. 1995년에 21%였던 것과는 대조적으로 이제 이 도시들에서 의원의 30.5%가 여성이었다. 예측대로 시장으로 선출되는 수의 증가는 미약해서 인구 3,500명 이상의 도시 중에서 단 6.9%만이 여성을 시장으로 임명했다. 3,500명 미만 도시들에서는 증가폭이 조금 컸는데, 1995년 7.8%에서 2001년에는 11.2%로 증가했다.[40] '남녀동수' 법이 필요한지에 대한 의심과 관련해서는 동시에 개최되었던 칸통 선거가 그 법의 중요성을 입증했다. '남녀동수'는 의회의 절반이 3년마다 뽑히는 칸통 선거에 적용되지 않았고 선출된 여성의 수에는 거의 변화가 없었다. 과거(1998년 15.1%)에 비해 보다 많은 여성이 입후보했지만(20.1%) 선출된 비율은 1998년 8.3%에서 2001

년 9.4%로 조금 증가했을 뿐이다.[41]

시의회 선거에서 우파 정당들이 보다 크게 성공함으로써 일부 좌파 정치인들은 기대했던 정치개혁이 실패했다고 결론지었다. 어떤 논평가들에게 새로운 의원들의 프로필은 다른 측면에서 새로운 유권자를 향한 통로이자 구체제에 대한 새로운 피의 수혈을 시사하고 있었다. 선출된 여성들은 평균적으로 남성들보다 젊으며, 아직 정당장치라는 톱니바퀴의 톱니가 아니었다. 많은 사람들이 어떤 공식적인 당파관계도 가지고 있지도 않았다. '직업이 없는' 주부와 여성들이 새로 선출된 의원들의 15%에 달했다. 13%는 교사이며, 학생 신분으로 선출된 사람 중에서 여성이 남성보다 2배가 많았다. '남녀동수' 감시단 단장은 선거결과를 성별로 보면 도시에 따른 차이가 거의 없으며, 이는 명부 작성 규칙이 정당 지도부에서 존중되었음을 의미한다고 지적했다. 여성 권리 담당 정무차관은 "선출된 여성의 상당 비율이 당파 관계를 가지고 있지 않다는 사실은 쇄신의 상징이다"라며 승리를 선언했다.[42]

하지만 숫자 그 자체가 반드시 쇄신을 의미하는 것은 아니었다. 당파관계가 없다는 것은 강점뿐 아니라 약점의 표상이기도 했다. 집행권력은 여전히 남성의 손아귀에 남아 있었으며, 단지 소수의 예외[파리, 렌느, 스트라스부르(Strasbourg)]를 제외하고 신임 시장들은 남성을 부시장으로 지명했다. 가스파르는 "부시장 직위의 배분은 '남녀동수'적인 것과 거리가 멀다"고 논평했다.[43] 게다가 새로운 의원들은 성별 고정관념에 부합하는 경향의 직무를 받았다―남성들은 재정, 스포츠, 건설, 도로와 같은 문제들을 다루는 반면, 여성들은 교육, 노인, 공공보건, 문화사업과 같이 보다 '가정적인' 관심을 담당하는 쪽에 배치되었다.[44] 다수의 '새로운' 여성의 출현은 의심할 여지없이 하나의 성취였지만 노동분업은 커

플의 방식을 닮아 있었다. 즉 남성들은 여전히 가부장들(chefs de famille)
이었다.

2004년 3월 권역의회 선거와 2004년 6월 유럽의회 선거

2007년까지 효력이 지속되는 가장 최근에 열린 선거인 권역의회와
유럽의회의 선거는 '남녀동수' 법 하에서 비례대표 선거의 전개형태를
다시 확인시켰다. 여성 후보자 및 여성 의원 선출에서 의미 있는 증가가
있었으며, 가장 힘 있는 자리를 보전하려는 남성들의 결연하고 성공적
인 노력이 여기에 동반되었다. 유럽의회 선거의 경우 새로운 법은 전국
기반이 아니라 권역에서 의원을 뽑도록 하였는데, 이는 각 권역의 명부
가 '남녀동수'적(paritaire)이라고 하더라도 남성이 선출될 가능성을 높인
다.

권역의회 선거 명부에서 남성과 여성의 엄격한 교차 순번을 요구
하는 법이 2003년 4월 통과된 결과 여성은 시의회에 비해 권역의회 의석
에 보다 많이 접근할 수 있었다.[45] 명부는 데파르트망 별로 작성되지만
각 정당은 권역 전체 명부 중에서 한 명의 대표를 지정한다. 선거운동 포
스터를 장식하는 것은 바로 그 사람의 얼굴이며, 투표자들이 명부에서
동일시하는 것 역시 그 사람의 이름이다. 권역의회 의석은 정당의 총 득
표수에 따라 비례로 할당된다. 2001년 시의회 선거에서처럼 2004년에도
의회 의석과 실권을 갖는 자리 간의 구분은 분명했다. 2004년 3월 선거
이후 권역의회가 "프랑스에서 가장 여성화된 의회"로 주목받았지만 의
회 지도부는 여전히 압도적으로 남성들이 차지하고 있었다.[46] 여성의 비
율은 1998년 27.5%에서 47.6%로 거의 두 배가 되었지만, 명부의 1순위

가 누구에게 할당되든 관계없이 의회의 수장과 관련해서는 진보 비슷한 것도 없었다. 부의장 또한 데파르트망 명단의 1순위자(전형적으로 남성) 중에서 선택되었다. 두 개의 주요 정당인 국민운동연합(UMP, l'Union pour la majorité presidentielle, 우파들의 우산 역할을 하는 정당)과 사회당은 자신들의 명부에서 오직 한 명의 여성만을 명부의 첫 줄에 지정했다. 다른 정당들은 다소 나은 편이었다. 프랑스민주주의연합당(UDF)의 경우 21개 권역 중 4개 권역의 명부에서, 국민전선당은 18개 중 4개 권역에서 여성이 대표였다. 단지 두 개의 작은 좌파 정당인 노동자 투쟁당(Lutte ouvrière)과 공산주의자 동맹(Ligue communiste)의 연합 명부에서만 명단의 1순위에서 '남녀동수'가 달성되었다.[47] 선거 후 프랑스 전역에서 단 한 명의 여성만이 권역의회의 의장이 되었는데, 그녀가 바로 사회주의자 세골렌 루아얄이다. 현직 수상인 장-피에르 라파랭(Jean-Pierre Raffarin)의 당을 상대로 승리했다는 사실로 인해 사회주의자들 사이에서는 그녀가 유력한 대통령 후보라는 말이 돌게 되었다.[48]

칸통 선거는 권역의회 선거와 동시에 개최되었지만 2004년 칸통 선거에서는 '남녀동수' 법이 적용되지 않았다. 칸통 선거결과를 권역과 비교해 보면 비록 미약하기는 하더라도 그 법의 긍정적 효과가 분명하게 나타났다. 칸통 선거에서 후보자의 21.5%와 선출된 의원의 10.9%만이 여성이었고 100개의 의회 중 세 곳만이 여성이 의장이었다. 아레트 아르노-랑도(Arlette Arnaud-Landau)는 사회주의자로서 2001년 보수적 도시인 푸이 앙 브레이(Puy-en-Velay)에서 시장이 되었고, 권역 선거에서 자신의 데파르트망 명부에서 1순위를 차지했으며, 이에 권역의회의 부의장이 되었는데, 그녀는 자신의 성공을 '남녀동수' 법 덕분으로 돌렸다. 반대로 칸통 선거는 오트-루아르(Haute Loire) 의회에서 최초이자 유일한 한 명의 여성만을 산출했다고 그녀는 말했다. 그녀는 "우리는 후회할지도 모른다. 하지만 여성이 정치권에 진입하기 위해서는 '남녀동수' 법과 같은 도구가 필요하다"고 강조했다.[49]

2004년 봄, 유럽의회 선거가 가까워지자 페미니스트들은 새로운 투표방법이 '남녀동수' 법의 잠재적 영향력을 약화시킬 것이라고 경고했다. 2004년 이전에 각 정당은 프랑스 전역을 포괄하는 단 하나의 명부를 제출했지만 2004년에 전국이 8개의 선거구로 나누어졌고, 각 선거구별로 의원 수가 할당되었다. 선거구가 탈중심화되고 숫자가 늘어나자 제출된 명부의 수도 증가되었고, 그렇게 해서 명부의 위쪽에 등록된 후보자가 의석을 확보할 가능성이 높아졌다. 한 여성단체는 남성들이 명부의 1순위에 있고 선출될 의원 수가 홀수라면 선거결과는 남성들에게 유리하게 될 것이며, 프랑스 대표단에서 여성 비율이 감소하게 될 것이라고 주장했다. 사실 결과는 걱정했던 것에 비해서는 훨씬 나은 것으로 밝혀졌다. 단일한 전국 선거구가 유지되었을 경우만큼은 아니지만 말이다. 2004년 선거에서 정당 명부 제1서열의 3분의 1 정도가 여성이었다. 선거 후 총 78석 중에서 34석을 여성이 차지했고, 이는 대표단의 43.5%를 나타내는 것으로 '남녀동수' 법이 통과되기 이전인 1999년의 여성 점유율 40.3%보다 다소 상승한 것이다.[50] 그럼에도 이 선거들을 보면 선거구를 여러 개로 분할하는 것은 확실히 '남녀동수' 법의 영향력을 감소시켰다.

2001년 9월 상원 선거

다수대표제뿐만 아니라 비례대표제로도 치러지는 상원 선거는 비례대표제가 ('남녀동수' 법의 규칙을 따를 때) 여성에게 호의적이기는 하지만 그렇다고 그것이 평등을 전적으로 보장하는 것은 아니라는 점을 확인시켜 주었다.

상원을 구성하는 데에는 두 가지 투표방식이 있다. 3석 이상의 상원 의석을 확보하고 있는 지역에서는 선거를 비례식으로 치르기로 2001년에 결정되었다. 이에 따라 정당들은 교차 순번의 엄격한 '남녀동수' 명단을 제출해야 했다. 그 외 나머지 지역에서는 후보자들이 개별적으로 출마했으며, 다수 득표자가 당선자가 되었다. 이렇게 두 개의 다른 투표 체제에 대해 '남녀동수' 법의 영향력은 102개 의석 모두에 영향을 미쳐야 한다고 했던 만큼 대단하지는 않았다. 기껏해야 여성 상원의원의 비율을 5.9%에서 10.9%로 증가시킨 효과를 냈을 뿐이다.[51] 이는 의미 있는 증가였지만 '남녀동수' 운동이 기대했던 정도의 결과는 아니었다. 재선에 입후보한 이들 중에서 단 7명만이 여성으로서 전체의 6.9%였으며, 선출 의원 중에서는 22명이 여성으로 전체의 21.6%였다. 이와 같이 상원에서 여성의 수는 확실히 늘어났다. 하지만 다수대표제 방식의 지역들에서는 예상대로 여성의 진출이 비례대표제 지역에 비해 훨씬 덜 두드러졌다. 이는 '남녀동수' 법이 다수대표제보다는 비례대표제에서 더 효과적으로 작동한다는 이 법의 특징적 효과를 증명하는 것이었다. 다수대표제로 선출된 28명의 상원의원 중에는 단 2명만이 여성으로서 그 비율은 7.14%였다. 반면, 비례대표제로 선출된 74명 중에는 27.3%인 20명이 여성이었다. 하지만 후자의 경우에 규칙이 잘 지켜졌다면 그 비율은 50/50에 훨씬 가깝게 올라갔어야 했다. 무엇이 잘못된 것인가?

지역의 정당 지도자들은 사회당이 상원에서 자신들의 대표성을 늘리기 위해 고안한 법을 자신들에게 유리하게 이용했는데, 사실 사회당은 1958년 이래로 상원에서 다수 의석을 차지해 본 적이 없었다. 이 법은

(명부에서 후보자 두 사람 중 하나는 여성일 것을 요구하는) '남녀동수' 법의 적용을 약화시키기 위해 상원 의석 수가 3석 이상인 지역에까지 비례대표제를 확대시켰다.[52] 자리가 아주 소수일 때 가장 선호되는 자리는 분명히 명부의 제일 첫 번째였지만 여성은 상원 선거에서 1순위를 거의 차지하지 못했다. 여성들이 2순위와 4순위일 때 명부의 3순위나 5순위여서 의석을 잃을지도 모르는 남성들은 자신들을 첫 번째로 올리는 독자적인 명부를 만들었다. 르몽드는 속임수 쓰기의 대표적인 예로 망슈(Manche) 지역을 들었다. 망슈에는 세 명의 우파쪽 현직의원이 있었는데, 두 명은 남성이었고 한 명은 여성이었다. 명부식이 아닌 개별 후보로 출마했던 이전 선거에서 두 남성은 공화국연합당(RPR) 소속이고 여성은 프랑스민주주의연합당(UDF) 소속이었지만 그들은 서로 협력하여 선거에서 승리했다. 하지만 비례선거가 정세를 변화시켰고, 두 명의 남성은 각자 독자적인 명부를 꾸렸다. 그리고 이 중의 하나에 현직 여성 의원이 2순위로 올랐다. 하지만 제2의 명부로 인해 (그리고 의석이 비례로 할당된다는 사실이 최소 하나의 의석은 좌파가 차지할 길을 열어주기 때문에) 그녀는 자리를 잃을 위험에 처했다. 한 취재기자가 언급했던 것처럼 그녀는 남자 동료들의 태도 대신 사회주의자들이 통과시킨 법을 비난하며 "지금까지 우리 셋은 함께 일했습니다. 하지만 투표방식의 변화와 '남녀동수' 법은 우리에게 분리된 명부를 만들도록 했습니다"라고 불만을 터트렸다.[53] 이러한 전략의 결과 두 명의 남성은 망슈에서 다시 당선된 반면 여성은 낙선했다. 좌파쪽에서도 여성들은 명부의 1순위에 거의 배치되지 못했다. 당시 사회당원이었던 프랑소와 오탱(François Autain)은 "명부의 1순위에 올릴 만큼 신뢰할 만한 여성은 거의 없다"고 단언했다. 현직 상원의원들은 '남녀동수'에 동의하더라도 정당의 공식적인 명부에 2순위

로 자신의 이름을 올리는 것을 받아들이지 않았으며, 그렇게 되지 못하면 자신들이 맨 위에 있는 새로운 반대 명부를 만들었다. 대표적인 사례는 바로 오탱 자신이 녹색당과 함께 반대 명부를 조직했던 오트-루아르 지역에서였다. 이런 식으로 그들은 좌파연합 정당 명부의 2순위에 있었던 사회주의자 마리-마들렌 디유랑가르(Marie-Madeleine Dieulangard)를 패배시켰다.[54]

논평가들은 '남녀동수' 법에는 찬성표를 던져놓고 실제로는 이를 위반하는 정치인들의 위선을 비난했지만 구체적인 개선책은 거의 제안하지 못했다.[55] 상원이 시의회에 비해 보다 힘 있는 기관일 뿐만 아니라 상대적으로 의석 수가 적다는 사실은 자리를 보전하고 싶은 남성들로 하여금 분리 명부 제작을 그럴싸한 전략으로 삼게 만들었다. 그리고 '남녀동수' 법에는 이와 같은 행위를 저지할 어떤 방법도 없었다. 물론 여성들 또한 자신들이 만든 명부의 맨 위에 스스로를 올려놓을 수 있었다. 하지만 그들은 보통 독립적으로 행동할 수 있는 영향력과 대외적인 인지도(visibility)가 부족했다.[56] 대부분 남성들의 통제권 하에 있는 정당 지지가 없다면 이와 같은 전략을 취하는 것은 어려우면서 동시에 쓸모없는 것이 될 형편이었다. 이처럼 2001년 상원 선거는 비례대표제만으로는 여성을 위한 평등을 보장할 수 없음을 증명하였다. 그것은 또한 '남녀동수' 법이 완고한 정당 지도자들과 함께 나아갈 수밖에 없음을 보여주었다.

2002년 6월 하원 선거

가장 힘 있는 공직이 다수대표제에 의한 의원 선출결과와 반드시 일치하는 것은 아니지만 '남녀동수' 법은 이런 방식의 선거에서 그 효과가 가장 적게 나타났다. 2002년 6월의 하원 선거는 이를 분명히 입증했다. 그해 4월의 대통령 선거로 인해 조성된 특별한 환경은 주요 정당들이 '남녀동수' 법을 지키기보다는 선거운동에 재정적 지원을 안 받기로 결정하는 것에 대한 편리한 합리화의 근거를 제공했다. 하지만 합리화는 차치하고라도 그 선거는 '남녀동수' 법이 다수대표제에 적용될 때 얼마나 취약한지를 증명했다. 모든 후보자의 절반이 여성이어야 한다고 명문화하고 있는 그 법의 적용을 받는 선거에서 이를 따르지 않을 경우 정부의 정당 보조금이 삭감되더라도 다른 제재는 전혀 없었다.

2002년 4월 대통령 선거는 유권자들에게 일종의 권태감으로 특징지어졌다. 모든 사람들은 그 선거가 현직 대통령인 우파쪽 자크 시라크와 사회주의자 수상인 리오넬 조스팽 간의 경합이 될 것이라고 가정했다. 1차 선거의 15명 후보자들 중에는 사회당 내에서 오랫동안 비판적인 목소리를 대변했던 장-피에르 슈베느망과 국민전선당의 영원한 후보인 장-마리 르 펜이 있었다. 다른 후보들은 다양한 좌파와 우파 집단들을 대표했으며, 특히 좌파쪽에서는 1차 선거에서 항의성으로 조스팽에게 투표하는 대신 군소 좌파 정당에 투표를 한다는 많은 풍문이 있었다. 4월 21일 1차 투표일에 기권표는 27.6%라는 높은 수치를 기록했다.[57] 여론조사에서 르 펜이 예상보다 높은 득표를 할 것이라고 예고했지만 어느 누구도 그가 두 번째로 많은 득표를 할 것에 대비한 것 같지는 않았다. 하지만 그는 조스팽을 제치고 상위 단 2명만이 경쟁하는 2차 선거에 올라갔는데, 1차 선거 개표결과 자크 시라크가 19.8%, 르 펜이 17.2%, 조스팽이 16.3%를 득표했다.[58]

정치학자들은 조스팽의 부진한 성적을 선거운동에서 약세였던 결과로, 그 중에서도 여성 유권자의 지지를 굳히는 데 실패한 것으로 설명했다. 여론조사 결과는 조스팽이 1997년 선거에서 사회당의 승리를 도왔던 여성들에게서 지지를 잃었음을 분명히 보여주었다. 논평가들은, 사실 조스팽이 '남녀동수' 법에 대한 공(功)을 주장했지만, 그는—뉴욕과 워싱턴에서 9·11 공격으로 고조된 테러리스트와 이민자들에 대한 불안과 같은—국가적 '안보 위협(insecurity)'에 대한 논쟁에 말려들도록 스스로를 방치했다고 말했다. 이것들은 전형적으로 우파의 쟁점이며, 더구나 르 펭이 설정할 의제로 가능한 것들이었다. 몇몇 페미니스트들은 조스팽이 여성들에게 영향을 미치는 실업, 불평등 임금, 저임금 파트타임 일자리, 가정폭력과 같은 경제적·사회적 문제에 힘을 쏟은 만큼만 국내 안보 위협이라는 문제를 다루었다면 훨씬 성적이 나았을 것이라고 주장했다.

르 펭의 성공이 비정상적인 것으로 여겨지든 극우파의 호소력이 증대하는 것에 대한 경고로 여겨지든 간에 위기감은 쉽게 감지되었다. 언론인들은 프랑스가 '지진'의 타격을 입었다고 선언했으며, 학생들은 민주공화국에 대한 지지를 재결집하기 위하여 대규모 가두시위에 나섰다. 사회주의자들은 이 선거를 좌파의 결정적인 몰락으로 진단하는 것에 저항하며 사태 수습을 위해 모여들었다. 시라크가 부정부패로 조사를 받고 있는 중이었기 때문에, 그리고 대통령 면책권으로 보호받지 못했다면 결국 유죄로 결론났을지도 모르기 때문에 풍자적 주간지 《르카나르 앙쉐네(Le Canard enchaîné)》는 프랑스가 2차 선거에서 "사기꾼과 파시스트" 사이에서 비참한 선택을 했다고 비평했다.[59]

2차 선거전을 준비하고 있을 때 시라크가 압도적으로 많은 표를 얻을 것이라는 데에는 어떠한 의심의 여지도 없었다. 난파상태의 사회당 내에서 생존하고 있는 당원들이 약간 머뭇거렸고 좌파 정치인들이 지지와 영향력을 교환하려는 협상을 시도하기는 했지만, 르 펭을 패배시키는 방법이 시라크를 당선시키는 것이라는 데에는 거의 의문의 여지가 없었다. 5월 5일에 2차 선거전이 열렸다. 다행히 시라크가 거의 80%에 가까운 득표로 압승을 거두었고, 이는 공화주의의 힘에 대한 확신으로 간주되었다. 하지만 르 펭이 (몇몇 지역에서는 보다 강한 세력을 보여주었으며) 전국적으로 20% 이상을 얻었다는 사실은 그의 대중적 호소력이 증가하고 있음을 끊임없이 상기시키는 것이었다. 시라크 내각(당선 이후 간단히 붙인 이름)은 페미니스트들에게는 다가올 미래의 징후였다. 시라크 내각에서 28명의 각료 중 여성은 단 6명뿐이었으며, 여성의 권리 및 이해관계에 전념하는 직위는 하나도 없었다. 게다가 보건가족부 장관으로 임명된 남성 장-프랑소와 마테이(Jean-François Mattéi)는 〈여성 권리를 위한 전국 단체(Collectif national pour les droits des femmes)〉가 낙태 같은 문제에 "특별히 도덕주의적이고 반동주의적인 정책"을 내놓을 사람으로 판단했던 인물이었다.[60] 법의 요구를 넘어서 도달가능한 '남녀동수' 정신은 그저 이 정도란 말인가!

대통령 선거가 결판나자마자 6월 하원 선거를 위한 선거운동이 바로 시작되었다. 우파 정당들은 사회주의자들로부터 하원을 되찾으려는 결의를 다졌는데, 이러한 욕망은 시라크의 압도적 승리로 부추겨졌다. 주요 정당들[한편에는 사회주의자와 그들의 동맹들, 다른 한편에는 보수주의 정당인 공화국연합당(RPR), 프랑스민주주의연합당(UDF), 그리고 구성 중에 있었던 국민운동연합(UMP)] 사이에서 하원을 차지하기 위한 싸움은 그들 모두로 하여금 '남녀동수' 법을 지키는 것을 거부하게 하였다. '남녀동수'에 입각한 투표에 가장 책임이 있는 정당인 사회당은 대통령 선거 훨씬 전인 1월에 이미 하원의원 후보자 중 단 40%만 여성으로 출마시킬 것이라고 발표했었다. 그러다가 대통령 선거의 대실패 이후에는 지도부가 그 숫자를 36%로 낮추었다. 우파는 여성을 입후보시키는 데에 훨씬 더 소극적이었는데, 국민운동연합(UMP)은 1차 선거에서 19.9%의 여성을 입후보시켰다. (하지만 정부 보조금을 포기할 형편이 안 되는 군소 정당들 사이에서는 '남녀동수' 법이 존중되었다. 공산당은 44%의 여성을 출마시켰으며, 국민전선당의 경우 후원하는 후보자의 48.9%가 여성이었다.)[61]

좌파와 우파 모두 정당 지도자들은 남성들을 "당연한 후보자"로 간주하는 경향이 있었다.[62] 몇몇 사람들에게 이것은 특정한 후보들이 폭넓은 인지도와 호소력을 가지고 있는 잘 알려진 인물임을 단순히 의미했다. 하지만 새로운 인물 중에서조차 남성들이 여전히 선호되었는데, 이는 이들이 승리할 가능성이 더 높다고 여겨졌기 때문이었다. 남성들은 자신들이 국민전선당에 대응할 '보다 강력한' 대안인 양 굴었고, 이들은 국가 정치의 요구에 보다 정통할 것으로 가정되었다. '중대한' 문제가 걸려 있을 때 입장을 취해야 하는 사람은 바로 남성들이었다.[63] 공화국연합당(RPR)의 재정 및 행정 담당인 아모리 드 생-캉탱(Amaury de Saint-Quentin)은 "여성을 패배시키는 것보다 남성을 당선시키는 것이 보다 유리하다"고 선언했다.[64] 이 논평은 현직 의원들(대부분 남성)이 보다 안전하다는 것을 나타낼 뿐만 아니라 대표성을 개인성 및 남성성과 등치시키는 것이다.

실패한 후보자들 중 한 명인 정치학자 마리온 파오레티(Marion Pa-oletti)는 하원 선거가 "정치영역에서의 여성이라는 주제를 야만적으로 축출한" 증거가 되고 있다고 논평했다. 두 주요 정당들은 승산이 있는 지역에서는 남성에게 호의적이고 이길 가능성이 거의 없는 지역에서는 여성의 입후보를 허용하는 식으로 똑같은 행동방침을 따랐다. 페미니스트들이 1997년 선거가 여성들이 어려운 경쟁에서도 이길 가능성이 있음을 입증했다고 주장했고, 여성은 정계 내부에서 갈등의 역사를 덜 가지고 있기 때문에 통합 정당 명부의 경우 남성보다 여성이 더 나은 선택일 수 있음을 주장했지만 정당 지도부는 거의 주의를 기울이지 않았다. 때때로 차별은 너무나 명백해서 파리 제17 아롱디스망의 국민운동연합(UMP)에서 발생한 일처럼 완벽히 자격을 갖춘 여성들이 도외시되었다. 전직 장관(해고된 '쥐페의 여자들' 중 한 명)이면서 하원의원이었고 현직 시장이자 명망 있는 골(Gaullist) 가(家)의 딸인 프랑소와즈 드 파나퓨(Françoise de Panafieu)의 입후보는 당규에 따르면 은퇴해야 할 나이인 75살의 현직 의원 베르나르 퐁(Bernard Pons) 때문에 거부되었다. 파나퓨는 "왜 여성에게 출마가 거의 허용되지 않는지 그 이유를 알고 싶다면 후보자를 임명하는 위원회를 보라. 그들은 모두 남성이다"라고 말했다.[65] 몇몇 정당 지도자들은 "적당한 수준의 여성들을 찾을" 수 없다고 공언했고, 또 다른 사람들은 "여성은 개념과 정책에 대한 논쟁이 오가는 국가 정치에는 별로 관심이 없기" 때문에 그들 스스로 불출마를 선택했다고 주장했다.[66] 여성이 시 단위에서 일하는 것은 수용될 수 있을지 몰라도 중대한 문제와 막중한 임무는 단지 남성(men)이 아니라 '정치적 인간(hommes politiques)'을 요구했다.

아주 소수의 여성들만이 당에 대한 공헌을 인정받아 후보에 지명되었다. 여기서 시의회 선거는 고위직으로 가는 발판이 되었다. 예를 들어 캉(Caen) 지역의 새로운 시장인 공화국연합당(RPR) 당원 브리지트 르브르통(Brigitte Lebrethon)은 대통령 선거운동 기간 동안 시라크를 위해 표를 규합하는 데 기여했던 공적으로 하원 후보로 추천받았다.[67] 법의 효과를 장기적으로 내다 본 사람들에게 그녀의 예는 고무적이었다. 하지만 단기적으로 보면 하원 선거결과는 엄청나게 실망스러운 것이었다. 국민운동연합(UMP)은 사회주의자들을 참패시켰으며, 하원에서 여성의 비율은 1997년 10.92%에서 2002년 12.2%로 간신히 조금 증가했다.

'남녀동수' 감시단은 결과 분석을 통해 "이와 같은 미약한 진전에 기뻐하기는 어렵다"고 결론짓고 정당 지도자들의 협조를 촉구할 새로운 방책을 요구하는 것으로 나아갔다.[68] 그 보고서는 결말에서 여성은 당선될 수 없다는 전제에 도전하는 수치들을 제시했다. 현직에 있는 여성 의원에 비해 훨씬 많은 남성 의원들이 재선에서 당선되었지만(남성 68.6%, 여성 49.1%) 그 이유는 부분적으로 사회당 의석이 전반적으로 줄어든 것에 있었다. 왜냐하면 패배한 여성 의원들의 다수가 1997년 사회당이 압승했을 때 당선되었기 때문이었다. 더 언급해 보면 여성은 당선자가 우파에서 좌파, 또는 좌파에서 우파로 변경되는 지역에서 남성보다 승산이 있는 후보자였던 것으로 판명되었다. 이같은 뒤집기의 35.2%가 여성이 남성을 패배시킨 경우였는데, 아마도 여성들이 변화의 주체로 인식되었기 때문일 것이다. 이와는 반대로 남성이 여성을 꺾은 경우는 단지 26.3%에 그쳤다. 하지만 그 보고서는 또한 이런 사실들만으로는 의지가 별로 없는 정치인들이 자신의 마음을 변화시키도록 설득하지는 못할 것이라고 결론지었다. 남성들은 국가를 대표하기에는 여성의 능력이 부족하다고 단언함으로써 권력을 유지하려는 자신들의 욕망을 정당화하였다. 비례대표 선거가 분명히 여성에게 호의적이기는 하지만 이 방식을 하원 선거에 채택하는 것은 정치적으로 불가능했다. 대신에 감시단은 주요 정당에게 징벌이 될 수 있는 지점까지 재정적 불이익을 증가시킴으로써 그 법을 강화할 것을 권고했다. 게다가 감시단은 의원들 각자가 의회에서 대변인을 두는 체계는 의원의 성(sex)과 반대의 성이 대변인이 되어야 한다는 요구로 변화될 수 있을 것이고, 이렇게 해서 선거 명부에서 여성의 대중적 인지도를 증가시킬 수 있다고 제안했다. 하지만—내가 보기에—이런 방식은 공직에서 여성과 남성의 '커플' 이미지를 고정시킬 위험을 안고 있는 것이기도 하다.[69] 그리고 그 보고서에는 단지 정당 내부에서 뿐만 아니라 사회 전반에서 "'남녀동수' 문화"를 촉진시키도록 하는 요청이 포함되어 있었다. 정당 내에서 조성해야 할 "'남녀동수' 문화로는 정당 내 지도부 지위의 보다 균등한 배분이 바람직하다"는 것, 그리고 회의시간 조정 및 육아에 대한 규정이 '일상적 삶'의 요구를 고려할 수 있다는 것 등이 있었다. 만약 양성 간의 경제적·사회적 불평등(실업률의 차이, 불평등한 임금, 기업 및 전문영역에서의 유리 천장)이 적극적으로 제기된다면 보다 많은 여성들이 삶의 어느 시점에서 정치적 직위에 진출할 것을 고민해 볼지도 모를 일이다. 여기에는 '남녀동수' 법—적어도 지금의 법—만으로는 지지자들이 예견했던 것처럼 권력의 젠더 균형을 변화시킬 수는 없다는 암묵적인 인정이 있었다.[70]

하원 선거의 직접적인 교훈은 2000년 6월의 법이 그 법에서 제기하려고 했던 "대의제의 위기"를 해결하는 데에 큰 성과를 올리지는 못했다는 것이었다. 여성 후보자의 약력은 남성들에 비해 훨씬 더 많은 사회적 다양성을 보여주었다. 예컨대 남성들이 공공부문의 피고용인이거나 회사, 상업, 공업, 농업영역에서 일하고 있었던 반면에 여성들은 교사, 전문직, 민영부분의 피고용인이었다. 남성들은 다른 선출 공직에 이미 속해 있는 경우가 여성에 비해 두 배 이상이었다. 그리고 그들은 평균적으로 여성들보다 나이가 많았다. 대부분의 '새로운 여성들'이 공직을 얻는 데에 실패한 것은 '정치적 인간(hommes politiques)'이라는 준거가 여전히 그 자리에 남아 있음을 확인시켜 주었다.[71] 시민사회 대표자로서, 그리고 여성으로서 여성 후보자들은 양쪽 모두로 인한 제한을 받았다. 최고 수준의 공직 진출에 있어서 정당들은 계속해서 권력을 가진 남성들이 운영하는 폐쇄적인 체계를 작동시켰다. 프랑스는 국가 선출기구의 여성 비율이라는 측면에서 보면 68위로 다른 국가들과 비교할 때 여전히 낮은 등급에 있다.

6월 6일의 법을 강화하기 위한 제안들

선거가 차례대로 전개되면서 그 법의 한계가 명확해짐에 따라 법의 감독 책임을 맡고 있는 정부기구는 개선책을 모색했다. 법의 실천이 원칙에 보다 부합되도록 하기 위해서, 즉 정당들이 헌법을 존중하고 '법의 정신'에 입각하여 행동할 수 있도록 장려하기 위해서 '남녀동수' 감시단은 2003년에 여러 정당 지도부들을 포함한 프랑스 내의 많은 집단에게 충고와 논평을 청했다. 토의는 광범위하게 이루어졌고, 장-마리 르 펜이 '남녀동수'의 이름으로 하원 선거가 비례식으로 결정되어야 한다고 권고했던 것처럼 종종 사리사욕적이기도 했다.[72] (물론 그의 목적은 여성의 평등을 촉진하는 것이 아니라 그의 정당이 보다 많은 의석을 확보하는 데에 있었다.) 이에 법의 작동을 개선하기 위한 제안들이 등장했다. 예를 들어 시장과 시의 집행위원들이 후보자 명부상의 위치에 따라 선정되어야 함을 명하는 것, 그 법을 칸통 선거까지 확대하는 것, 여성이 당선될 가능성에 불리하게 영향을 미치는 어떠한 변경도 승인하지 않는 것, 하원 선거에서 '남녀동수'를 잘 지킨 정당에게 재정적 인센티브를 주는 것 등이었다. 법학자 기 카르카손(Guy Carcassonne)은 "우리의 경험상 정당들이 소소한 벌금으로는 자극받지 않는 반면, 자신이 잃은 돈이 경쟁자에게로 간다는 발상에는 아주 부정적으로 반응할 것이다"[73]라며 50%로 여성 후보들을 배정하지 않은 정당에게서 벌금을 받아 그 돈을 법을 잘 지킨 정당들에게 주자고 제안했다. 그를 포함하여 다른 사람들 또한 선거결과가 '남녀동수'에 가까운 정당들에 대한 재정적 보상을 제안했다. 몇몇 발언자들은 여성 정치인을 모집하고 훈련시키기 위한 독특한 계획을 내놓기도 했다.

감시단의 보고서를 읽어보면, 완전한 이행과정이 더딜 것이고 이는 최소한 몇몇 정치인들의 책임 있는 기여를 필요로 할 것이라는 느낌을 받게 된다. 선거절차, 선거법에서 제안된 변화가 갖는 함의, 또 완고한 정치인들로부터 협력을 얻어내거나 강제하는 것, 이런 것들에 주목하는 것은 흥미진진한 일이 아니다. 또한 '남녀동수' 감시단과 같은 모니터링 기구는 단지 개혁을 권고할 수 있을 뿐 개혁을 요구할 수는 없다. '남녀동수' 법이 완전한 영향력을 성취하고자 한다면 정치 권력자들에게서 점차적으로 양보를 이끌어낼 수 있는 도구로 사용되어야만 할 것이다. 이는 감시단과 같은 '내부의' 기구와 평등이 위협받거나 더디게 달성될 때 여론을 동원함으로써 압력을 넣을 수 있는 '외부의' 페미니스트들이 법이 집행되는 세부사항에 계속적인 관심을 가져야 함을 의미한다. 이러한 노력을 앞장서서 이끄는 지도부는 그 법으로부터 직접적인 수혜를 입은 새로운 여성 정치인들이 될 것이다. 하지만 그들의 상황은 쉽지 않다. 왜냐하면 '여성' 카드를 쓰는 것은 그들이 단지 여성이 아니라 남성들과 동일한 정치인임을 입증해야 하는 필요성과 타협해야 하므로 그들이 갖고 있는 정당성이 침해될 수 있기 때문이다.

여성으로서의 정체성 : 자산인가 부채인가?

'남녀동수' 지지자들의 목표가 대표 선택에서 성(sex)에 대한 고려를 제거하는 것이었다 하더라도 '남녀동수' 법의 초기 효과는 불가피하게 성을 강조하는 것이었다. 이러한 점에서 그 법은 이전에는 그들에 대한 배제를 야기했던 차이에 대해 긍정적인 주목을 끌어내면서 반차별법이나 적극적 조치법처럼 작동했다. 법 통과 후 전개된 선거운동은 차별을 바로 잡는 것의 온갖 어려움을 증명해 보였다. 즉 차이에 대한 주목을 피하고 그렇게 해서 그들이 대체하고자 하는 바로 그 용어들을 재생산하지 않으면서 차별을 교정할 방법은 하나도 없었다. 여성 후보들은 여성인가, 정치인인가? 여성은 정치인이 될 수 있는가? 그들은 '정치적 인간(homme politiques)'과 다른가, 같은가? 선거운동 과정에서 이러한 종류의 질문이 암묵적으로 (때로는 명시적으로) 제기되었다.

후보자 여성들은 자신들이 이중적 속박(double bind)에 직면해 있음을 발견했다. 이 말은 2002년 하원 선거에 입후보하는 데에 성공하지 못했던 정치학자이자 사회당원인 마리온 파오레티가 날카롭게 기술한 것으로, 그녀는 여성과 어머니로서의 정체성을 불러내는 것은 '남녀동수' 법 하에서 선거운동을 하는 데에는 확실히 자산이었지만 정당 내부에서 중요한 입지를 확립하는 데에는 그렇지 않았다고 보고했다. 자신의 남성성을 드러내라는 어떠한 압력도 받지 않는 것처럼 보이는 남성 동료들과는 달리 "2002년 선거에서 여성 후보자들은 여성이 되라는 무언의 집단적 요구를 부과받았다." 하지만 "누군가가 여성이 되어야 한다면 그 사람은 정치적인 존재가 아닐 위험에 처한다."[74] 여성이라는 성적 차이를 추상화할 수 없다(nonabstractablity)는 오래된 문제는 여전히 남아 있었다. 선거유세에서 여성성은 전략적인 자원이었다. 파오레티는 화장을 하고 보다 여성스러운 용모를 가꾸라는 조언을 종종 들었다. 한 여성 동료는 그녀에게 "당신의 몸은 무기입니다"라고 말했다. 하지만 정당 내에서는 이와 같은 행동이 장애가 될 수 있었다. "여성은 오로지 유혹에만 몰두하는 것인 양" (여성적인 속성으로 여겨지는) 매력은 (남성에게 속하는 특징으로 생각되는) 카리스마와는 아무런 관계가 없었고, 정치경력을 쌓기 위해 자신의 젠더를 이용하는 것과 섹스를 사용하는 것 간의 경계는 아주 모호했다.[75] 파오레티가 생각하기에 그녀의 정체성을 여성으로 불러내는 그런 식의 주목은 사회적 편견을 강화하고 자신을 보다 많은 권력을 가진 남성의 의존자로 내던짐으로써 여성이라는 정체성을 자연화하도록 작용할 수 있었다. 그녀는 여성 정치인의 표상이란 잘해봤자 '모호'한 정도라고 지적했다. 하지만 내 생각을 덧붙이자면 그러한 이유 때문에 그 표상은 그녀가 피하려고 했던 바로 그 고정관념에 대한 잠재적인 파괴력을 가지고 있었다.

같은 하원 선거 동안 있었던 로셀린 바슐로의 선거운동은 다른 방식이기는 하지만 여성 정치인이 갖는 모호성(ambiguity)의 좋은 예가 된다. 오랫동안 공화국연합당(RPR)의 당원이었고 1988년 이래로 하원의원이었으며 영향력 있는 정치가문을 배경으로 가진 바슐로는 2002년 하원 선거에서 파오레티가 했던 것처럼 '젠더 카드를 내놓지' 않았다.[76] 대신 그녀는 다른 남성 후보들처럼 유권자들에게 중요한 쟁점들을 강조해서 말했다. 그녀는 '시민연대협약(PaCS)'에 찬성하고 '남녀동수' 감시단 제1대 단장으로서 여성주의적인 목표를 지지하는 등 당 내에서 여러 차례 비판적 입장을 취한 것으로 전국적인 지명도를 가지고 있었지만, 지역 회합에서 연설할 때 그러한 지위를 이용하지 않았다. 하지만 그러한 태도는 그녀가 용기 있고 정직한 사람이라는 이미지를 심는 데에 기여했다. 그녀는 정당의 진부한 당원(party hack)이 아니라 비전형적인 존재였으며, 여기에는 그녀가 여성이라는 사실에 대한 일종의 함축적 반향이 있었을 것이다. 하지만 바슐로는 자신의 차이를 성(sex)이 아니라 행동과 입장의 문제로 전환시켰다. 2002년 선거에서 그녀의 선거운동에 관심을 가졌던 두 명의 정치학자는 바슐로가 11명의 경쟁자들(이들 중 5명은 여성)에 비해 정치적·문화적 자원을 더 많이 가지고 있었다고 말했다. 실제로 그 정도로 많은 여성들이 출마했다는 사실('남녀동수' 법의 직접적인 결과)은 여성으로서의 정체성에 호소하는 것을 '진부하게' 만드는 효과를 가졌다. 그녀를 구별짓는 특징은 여성으로서가 아니었다. 그것은 지역 문제에 대한 깊은 지식과 오랜 국정경험 덕분이었다.[77] 하지만 피에르 르루(Pierre Leroux)와 필리페 테일레(Philippe Teillet)는 바슐로의 전략이 가지고 있는 복합성에 주목한다. 그들에 의하면 그 전략은 간접적이기는 하지만 여성 정체성과의 관련성을 감추기 혹은 이용하기 사이에서 동요했다는 것이다. 그들은 바슐로가 명백하게 피하고 싶었던 위험이란 '영원히' 여성들을 위한 존재가 되는 것인데, 왜냐하면 이런 표상은 "정치영역에 여성들은 적합하지 않음을 상기시키기" 때문이다.[78]

　남성의 권력 독점이 영원하다고 가정한다면, 즉 남성성이 영원히 정치세계의 결정적 특징으로 남아 있을 것이라고 가정한다면 문제는 다음과 같다. 어떻게 영원하다는 것인가? 바슐로가 필요했던 것은 자신의 정당성을 끊임없이 증명하는 것인가? 여성으로서의 정체성을 요구하는 함정에서 파오레티가 느끼는 분명한 불편함은 여성 정치인의 운명인가? 르루와 테일레는 그러한 결론을 내리는 것은 시기상조일 거라면서 다음과 같이 지적한다. "여성이 정치에 진출하는 것으로 오랜 남성 독점의 관습적·문화적 결과들이 강하게 표상하고 있는 세계의 가치를 총체적이고 즉각적인 변화로 이끌 수는 없다."[79] 파오레티는 문제의 일부를 '남녀동수' 법 자체의 탓으로 돌린다. 그녀에게 "그 법은 약해 빠진 자원일 뿐"이다. 하지만 어떤 법도 젠더와 권력이 오랫동안 뒤얽혀 온 상황을 순식간에 변혁시킬 수는 없었을 것이다.[80]

이 지점에서 남성성과 정치 간의 결합을 풀어보는 것은 흥미로운 일이다. '남녀동수' 법은 정치적 장에 혼란과 경악을 초래했다. 역사적으로 전례가 없는 여성들의 공격에 대한 남성들의 방어적인 반응들이 있었다. 그 반응들은 법을 변경하거나 그것의 적용을 방해하기 위해 고정관념, 모욕, (이 장에서 보았던 것처럼) 기성 권력에 의존하는 방식으로 나타난다. 한편, 반대로 (보다 드물지만 아주 중요한 것으로) 여성의 능력에 대한 정치인들의 인정도 있었으며, 이는 '남녀동수' 지지자들이 마음 속에 두었던 탈상징화(desymbolization)를 정확하게 반영하는 것이다. 예를 들어 렌느의 시장은 한 인터뷰에서 남성과 여성은 많은 문제와 전망을 공유한다고 주장했다. "개인적으로 저는 유권자의 목소리를 듣는 데에 매우 전념하고 있습니다. 한 명의 여성만이 내가 전념해야 할 유일한 존재는 아닙니다. 그녀는 한명의 시민이고, 모든 사람과 관계를 가지고 있어야 합니다. 저는 도구화에 반대합니다. 누구나 시민으로서 정치를 하며, 바로 그것이 중요합니다."[81] 여성 정치인들의 혼란스러운 반응도 있었는데, 이들은 새롭고 복잡한 전략적 결정에 직면했고 이들의 선택은 다양했다. 여성이—여성으로 정체화된 존재가—단지 본질주의적 개념으로만 여겨질 위험을 무릅쓰더라도 이들이 정치에 실제로 개입하는 것은 여성 정치인(femmes politiques)에 대한 단일하고 일관된 정체성이라는 특정 관념을 파열시킨다. 예를 들어 파오레티는 사회당에 새로 들어온 보다 젊은 여성들이 자신의 이익을 위해 페미니스트 여성위원회의 개입에 대해 보이는 양가감정을 (그리고 젊은 여성들이 페미니즘을 거부하는 것에 대한 파오레티 자신의 양가감정을) 설명한다. 그들 중 일부는 지지(support)를 여성 연대의 상징으로 환영하는 반면, 다른 사람들은 그러한 집합적 정체화를 거부했다. 2001년에 칸통 선거에 나간 24세의 후보자는 "저는 여성이 다른 종류의 정치를 한다는 이야기에 동의하지 않습니다. 그것은 사실이 아닙니다. 우리는 같은 방식으로 정치를 합니다"라고 언급했다. 시의원에 당선된 또 다른 여성도 이런 관점을 되풀이했다. "저는 이해할 수 없습니다. 여성위원회는 저를 성가시게 합니다. 남성위원회는 없지 않습니까."[82] 렌느에서 노동자투쟁당으로 시의원 선거에 출마한 (오랫동안 정치적 투사였던) 한 여성은 정치를 하는 내내 자신은 여성과 남성 간의 차이보다는 유사성을 더 많이 보았다고 주장했다. "저는 저의 정치적 환경에서 여성과 남성을 봅니다. 그리고 그들은 정말로 똑같습니다. 저는 여성들에게서 남성만큼이나 많은 호전성을 발견합니다. 저는 어떤 차이가 있는지 모르겠습니다. … 정치를 하는 데 있어서 상이한 방식들이 대단히 많이 존재하는 것은 아닙니다."[83] 또한 기존의 권력과 겨루는 어려움에 대해 일부 여성들이 공유하는 이해관계가 있다. 권역의회와 시의회 공직을 겸하고 있던 한 여성은 다음과 같이 의견을 말했다. "시의회에는 권력관계가 있습니다. 남성 동료들과의 관계는 너무 어려워요! 저는 예전에는 그것을 상상할 수 없었습니다. … '남녀동수' 때문에 어떤 것들은 변화하고 있지만 변화는 아주 어렵습니다. 당신이 완전히 바보는 아니라는 것을 입증해야 합니다. … 그것이 바로 권력관계이며, 여성들은 그러한 관계를 그렇게 좋아하지 않습니다."[84] 확실한 '전문화

(professionalism)'를 위한 포부를 보이면서 정치적 요령을 터득하려고 결의를 새롭게 다진다는 증언 또한 있다. "저는 여성들이 시작에서는 차이가 있다는 것을 말하고 싶습니다. 하지만 3년 임기의 마지막에도 우리가 말할 것이 있을 때 여전히 의석에서 일어나 발언하고 있을지는 확실치 않습니다. 저는 확신할 수 없습니다. 왜냐하면 정당들은 우리가 영향력과 동맹의 세계에 통합되도록 할 것이기 때문입니다."[85]

놀라운 것은 언론 보도가 성별(gender) 고정관념을 자극하고 이것에 호소하고 있음에도 불구하고 투표자들이 그 법을 쉽게 받아들였다는 것이다. 이는 정치적 장에서의 동요와 현저한 대조를 이룬다. 예를 들어 2004년 3월 여론조사에서 응답자의 70% 이상이 정치영역에 여성의 수가 증가해야 한다고 응답했다.[86] 이런 종류의 대중적 지지는 그 자체로 '남녀동수' 운동의 영향이 정치적 장을 넘어서 대중적 여론으로 미치고 있다는 것을 보여주는 주목할 만한 증거이다. 스포츠, 비즈니스, 학술영역 및 그 밖의 영역에서도 여성의 과소대표성에 대한 새로운 자의식이 존재한다. 남성의 수가 압도적인 위원회는 종종 내부 구성원들에 의해 비판받고, 동등한 수의 여성과 남성이 존재하는 것은 축하받을 이유가 된다. 언론은 요즘 과거에 비해 스포츠와 정치영역의 여성들에게 더 많은 시간을 할애한다. '남녀동수' 법으로 인해 성평등은 원칙적인 입장이 되었다. 비록 때로는 실천에서 위반이 있기도 하지만 선출 공직에 대한 동등한 접근이라는 원칙은 우리를 기다리고 있는 정치적 투쟁의 날들을 위한 준거를 제공하면서 여전히 유지되고 있다. 모든 한계에도 불구하고 그 법은 지지자들이 희망했던 어떤 것을 성취했다. 차별의 부당함에 대한 폭로, 그리고 정치적 삶을 쇄신할 수 있는 장기적인 잠재성이 바로 그 것이다.

—— 결론

'남녀동수'의 본래 개념과 그 이름으로 통과된 법 사이에는 상당한 거리가 있었다. 그 거리는 의미와 시기, 이 모두와 관련되었다. '남녀동수' 지지자들은 여성이 남성과 마찬가지로 개인이라고 주장하는 방법으로 성차를 추상성에 수용될 수 있는 것으로 만들고자 했다. 대의제에서 성차라는 상징을 제거하고, 이로써 여성을 보편이라는 형상에 완전히 포함시키는 것이 핵심이었다. 그러나 해부학적 이원성과 성차 간의 구분을 유지하는 것은 매우 어렵다고 판명되었다. 왜냐하면 추상적인 성적 신체(sexed bodies)에 대한 언급이 그 신체에 귀착된 구체적인 사회적·역사적 의미들로부터 완전히 분리될 수는 없기 때문이었다. 요컨대 여성의 신체를 가진 개인들은 항상 '여성'이고 늘 여성이었으며, 앞으로도 계속 여성으로 존재할 것처럼 여겨졌다.[1] 이러한 어려움에 더하여 역사가 개입했다. 즉 '남녀동수'를 위한 이론적 근거가 '시민연대협약(PaCS)' 논쟁 기간 동안 바뀌어 버린 것이다. 실비안느 아가젠스키로 인해 추상성은 포기되고 이성애 커플이 대의제의 보편적 단위로서 추상적 개인을 대신하게 되었다. 1999년의 헌법개정과 이를 이행하는 2000년 6월의 법은 그녀의 논리를 반영했다. 결과적으로 그 법들은 '남녀동수' 운동 창시자들이 개선하고자 했던 여러 유형의 반차별 법안들과 유사했다. 여성은 개인이 아니라 여성으로서 선출 공직 진출을 인정받았다. 다시 말해 그들의 진출은 순탄치 않았는데, 공직의 권력이 증가했을 때 여성들의 진출은 감소했고, 그 법의 적용을 뒤엎거나 반대했던 정치인들은 널리 퍼져 있는 젠더 배열의 불가피성을 거듭 주장함으로써 자신들의 의도를 관철시키려 했다. 그렇다면 이게 그 이야기의 끝인가?

'남녀동수'에 대한 몇몇 견해들은 그렇다고 주장한다. 초기 지지자인 모니크 덴탈에게 그 법은 선출의회 구성에서의 평등을 성취하는 데에 아무런 도움도 되지 않는 것이었다. "사적인 삶과 공적인 삶 간의 관계를 재정의 하도록 이끌어낼 사회적 변혁에 대한 실질적인 자극"으로서 불충분하다는 것이다.[2] 정치학자 마리에트 시노는 설령 매우 많은 여성들이 마침내 선출 공직에 진출한다 하더라도 그것은 "정치영역이 평가절하되고 남성에 의해 버려지고" 난 이후일 뿐일 거라고 부언했다.[3] 이러한 점에서 실질적인 권력은 항상 여성들을 교묘히 피해갈 것이다. 만약 여성들이 하원 수준에서 권력을 얻게 된다면 그것은 의회가 그 지위를 잃어버리고 권력이 대통령 직무실로 옮겨갔기 때문일 것이다. 그 법은 또한 여성과 남성 간의 사회적·경제적 불평등을 무시했다고 비난받는다. 두 명의 정치학자에 따르면, "10년에 걸친 운동의 각 단계에서 대의제라는 더 큰 정치가 평등의 의미를 정치적인 것으로 한정시키고, 사회적인 것이든 경제적인 것이든 다른 유형의 차별과 불평등을 시정하려는 요구들을 침묵시키도록 작동했다."[4] 덧붙여 '남녀동수'는 인종차별주의는 아니라 할지라도 "여성들 간의 차이를 설명하는 데 실패했다"고 비난받아 왔다.[5] 한 논평가는 "동수법(parity law)으로 이끌었던 공적 논쟁에서 이주 여성의 목소리가 거의 완전히 부재했다"고 지적한다.[6] 몇몇 비평가들에게 있어서 그 운동이 통합에 대한 프랑스 공화주의의 주장을 민주주의에 대한 다원주의적 전망으로 대체하기를 의식적으로 거부한 것은 기회를 잃어버린 것으로, 다시 말해서 정치에서 여성을 오랫동안 주변화해 왔던 바로 그 조건을 용인하는 것을 의미했다. 공화국을 위기에 빠뜨리는 데에 기여하는 대신에 '남녀동수'는 "프랑스의 자유민주주의 제도를 구원하기 위한 도구가 되었다."[7]

이러한 비판들은 이중적으로 몰역사적이다. 그 비판들은 운동 그 자체의 역사, 즉 내가 이 글에서 윤곽을 그리려고 애썼던 그 복잡함을 무시한다. 그리고 법 제정과 같은 사건들이 그 효과를 얻는 방식을 고려하지 못한다. 초기 '남녀동수' 지지자들이 주장했던 것처럼 법은 변화를 위한 도구이다. 이와 같이 법의 장기적 영향은 단기간의 적용으로부터 추론될 수 없다. 마찬가지로 전략적 개입과 그 결과 간에는 어떠한 깔끔한 상관관계도 존재하지 않는다. '남녀동수' 운동이 프랑스 공화주의의 원칙 내에서 움직였다는 사실은 그 운동이 공화주의적 원칙들을 단순히 재생산했음을 의미하지는 않는다. 즉 철학자들이 우리에게 분명히 말하고 정치 활동가들이 몸소 보여주듯이 반복이 늘 보수적인 것만은 아니다. 그것은 변혁적일 수도 있다.[8]

'남녀동수'에 대한 요구는 프랑스 공화국이 처한 위기의 순간에서의 전략적 개입이었다. 그리고 그 순간은 결코 끝나지 않는 순간이다. 북아프리카 '이주민', 동성애자, 그리고 여타 조직화된 집단들은 자신들의 차이가 동화되는 것이 아니라 인정되기를 원했는데, 이들로부터의 도전에 반응하면서, 그리고 전 지구화와 유럽화라는 압력에 반응하면서 정부 대변인과 대중적 지식인들은 추상적 개인주의라는 보편주의적 원칙을 거듭 강력하게 강조했다. 그들은 이 원칙이 프랑스 공화주의의 특징일 뿐만 아니라 국가의 온전성을 보존하는 핵심이라고 주장했다. '남녀동수' 운동의 창시자들은 차이, 즉 성차가 추상성과 양립할 수 있다고 주장함으로써 이러한 원칙을 수용함과 동시에 그것에 도전했다. 그들은 정치이론에의 호소와 정치인 및 정당에 새로운 규칙을 부과할 수 있는 법의 통과를 위한 실용적인 노력을 결합시켰다. '남녀동수' 지지자들이 성공했다고 본다면 그들은 추상적 개인이라는 개념이 더 이상 환원될 수 없다고 여겨지는 차이와 양립할 수 있다는 것을 보여주었다. 그들이 실패했다고 본다면, 모순적이게도 그들은 프랑스 보편주의의 불충분성(사실 특수성)을 드러내고 국가주권과 성차에 대한 기존의 이해가 몇 세기에 걸쳐 오랫동안 서로 결합되어 있음을 폭로했다.

그러나 그들이 성공했는지 실패했는지를 말하기에는 너무 이르다. 왜냐하면 보편적인 추상적 개인과 같은 개념들은 이론적인 선언보다는 실제적인 경험에 의해 더 많이 변화될 것이기 때문이다. 여성이 아래로부터 정치체제에 서서히 진입하는 것은 결국 정치에서 성차를 고려하는 것을 부적절하게 만들면서 탈상징화 효과를 가질 것이고, 그렇게 함으로써 우리가 아직은 예측할 수 없는 방식으로 정치적 힘의 장을 변화시킬 것이다. (이것이 미국에서는 적극적 조치의 전제였고 스칸디나비아 국가들에서는 정치적 경험의 전제였다.)[9] 가스파르가 주장했던 것처럼 권역의회와 시의회에 많은 수의 여성이 유입되는 것은 확실히 새로운 세대의 소녀들이 자신이 살고 있는 시의 시장을 꿈꿀 수 있도록 그들의 상상력을 자극할 것이다.[10] (물론 '남녀동수' 훨씬 이전에 시장이 되고 하원의원이 되었던 가스파르 자신의 경력이 분명히 말해주듯이 열망을 자극하기 위해 실제 사례만이 필요한 것은 아니다.) 아마도 더 중요한 것은 비판적 여성 집단의 출현이 남성적 정당문화와 관련된 몇몇 관행들을 이미 변화시키기 시작했다는 것이다. 예컨대 파리 시의회의 여성들은 모든 선출 공직자들이 정치적 과업과 가사 책임을 병행할 수 있도록 회의시간을 조정할 것을 주장했다. 몇몇 사회학자들은 많은 수의 정치 신참자들이 오랫동안 프랑스 정치를 지배해 온 직업 정치인들의 카스트 제도를 일종의 아마추어리즘, 요컨대 '시민사회'의 목소리로 대체하면서 정치를 보다 많이 변화시킬 것이라고 추측했다.

여기서 문제가 되는 것은 아마추어리즘적 가치, 즉 여성성의 영향력일 수 있는 주요 동인(vector)으로의 회귀를 경축하는 것이 아니다. 우리는 전문가와 아마추어 간의 대립이 정치권력의 단계적 이행 및 정당화를 위한 투쟁에서 역사적·사회적으로 어떻게 이용되어 왔는지 알고 있다. 그것은 오히려 정치적 권력(political temporality)에 대해 성적으로 구별된 이해(理解)가 있다는 가정을 유포시키는 문제이다. 여성들이 공직 임기를 정치경력으로 전환하지 않는 새로운 아마추어리즘의 가능성을 정치에 도입한다는 점에서 그들은 정치의 전문화(professionalization)가 가지고 있는 깨지기 쉬운 메커니즘에 마찰을 … 가져올 수 있다.[11]

다른 가능성 또한 존재한다. 시의회는 여성들이 정치경력을 쌓는 첫 번째 단계가 될 수 있으며, 이 여성들의 포부는 지금 '남녀동수' 법의 도움을 받고 있다. 이런 방식으로 법은 그 실제 조항들로 인해 효력을 발휘하며, 동시에 젠더 차별을 공개된 장으로 끌어낸다는 점에서도 효과적이다. 이렇게 해서 차별이 정부감시위원회와 정치 활동가들에 의해 추적되고 공표될 수 있다. 장기적으로 모든 수준의 정치활동에 다수의 여성들이 진출하는 것(대부분의 분석가들은 30%가 최저한도여야 한다는 데 동의한다)은 실제로 그들의 성(sex)에 대한 고려를 부적절하게 만들 것이다. 이 지점에서 정치인들은 남성이나 여성 모두 개인으로 간주될 것이고, 그들의 차이는 성적인 것이 아니라 이데올로기적이고 (정당의) 방침에 따른 것이 될 것이다. 이러한 예언이 너무 유토피아적이라면 추상과 구체 간의 긴장이 어떤 점에서는 지속되더라도 적어도 정치영역에서는 상당히 축소될 것이라고 말할 수는 있을 것이다. 이는 성차가 더 이상 사회적 정체감의 대상으로 보이지 않게 되었기 때문이 아니라 성이 정치적 목적으로는 완전히 탈상징화될 것이기 때문이다. 간단히 말해 젠더 정형(stereotypes)이 대표 선출에 있어서 더 이상 문제가 되지 않을 것이다.[12]

'남녀동수' 지지자들은 법을 탈상징화 작업을 할 수 있는 도구로 보았다. 법에 의해 시작된 변화는 느리고 종종 눈에 보이지 않는 과정이기 때문에 새로운 질서가 생성되기 위해서는 시간이 걸릴 것이다. 그럼에도 불구하고 어떤 형태이건 간에 일단 변혁이 발생하면 그 변화는 불가피하며 사물의 본성을 반영한 것으로 여겨질 것이다. 클로드 세르방-슈레이버는 1994년 여성들의 모임에서 했던 한 연설에서 그것을 감동적으로 지적했다.

나는 여성의 권리를 비롯하여 역사적 과정에서 획득된 모든 권리들이 바로 그 권리를 법에 새기는 것으로 종결된 투쟁들에서 비롯되었음을 상기하면서 끝을 맺을 것이다. 오늘날 그러한 권리들은 우리에게 자명한 것처럼 보인다. 우리는 보편적 참정권이 제정된 이후 50년간, 이전의 여러 세대들에게는 여성의 투표권이 결코 그렇게 자명한 것으로 여겨지지 않았다는 것을 잊어왔다. 나는 미래의 어느 날 '남녀동수'는 너무나 '자명하기' 때문에 법으로 제정되었다고 이야기될 것을 확신한다.[13)]

세르방–슈레이버가 옳다면 여성들은 언젠가 적어도 대의제의 영역에서는 남성만큼 동등하게 추상성에 허용되는 존재로 대우받을 것이다. 국가를 대표할 능력을 가지고 있는 보편적 개인으로서 말이다. 그런 일이 발생할 때 비로소 보편주의가 널리 적용된다고 말할 수 있을 것이다. 물론 이것이 배제의 종식은 아닐 것이다. 왜냐하면 성차 이외의 다른 어떤 것이 보편주의의 안티테제, 즉 그것의 "음란한 이면(obscene underside)"을 구체화할 수도 있기 때문이다.[14)] 보편주의는 특수주의, 다시 말해 추상성에 영구히 저항한다고 말해지는 몇몇 범주들과의 대비에 의해 그 의미를 획득한다. 공립학교에서의 히잡 사건에 대한 투쟁이 보여주는 것처럼 이슬람은 이미 특수주의의 범주에 속해 있으며, 과거보다 지금이 훨씬 더 강력하게 그러하다.

물론 이러한 결과를 기획하기 위해서는 프랑스 공화주의의 바로 그 본질로 정의되어 1990년대에 신화화된 보편주의가 무한히 유지될 것이고, 그렇게 정치참여의 규칙을 만들 것이라는 사고를 필요로 한다. 이것이 사실이 될지는 전혀 확실하지 않다. '시민연대협약(PaCS)' 투쟁, 북아프리카인이 완전한 프랑스인으로 수용될 권리를 위한 투쟁과 마찬가지로 '남녀동수'를 위한 투쟁은 프랑스 정계를 민주화하기 위한 일련의 압력으로 여겨질 수도 있다. 이러한 민주화는 차이의 추상화가 아니라 차이의 인정을 필요로 할 것이고, 따라서 보편적인 것이 모자이크처럼 형상화될 보다 다원주의적인 전망을 수반할 것이다. '남녀동수' 운동의 몇몇 지지자들은 '남녀동수'가 사회 부정의에 대한 구체적인 쟁점들을 제기했기 때문에 소수자 대의제와 관련된 판도라의 상자를 열 것이라고 예측했다. 예를 들어 법학과 교수 에릭 밀라르(Eric Millard)와 로르 오르티즈(Laure Ortiz)는 권력관계를 재구성하려는 '남녀동수'의 목표가 쟁점을 추상적 정치로부터 현실의 사회적 행위자들이 가진 구체적인 문제로 옮겨놓았다고 주장했다. "이러한 영역에 그 자신을 위치시킬 때 '남녀동수'는 대의제에 대한 공화주의적 모델을 완전히 침식시키게 된다. 그것은 정치 지도자들이 가진 현실의 사회적 지위와 그들의 지위를 뒷받침하는 사회적 관계의 논리에 대해 사고하도록 만든다."[15]

　　'남녀동수' 운동의 기획자들은 사회정의라는 구체적인 목표와 추상성에 대한 그들의 주장 간에는 어떠한 모순도 없다고 보았다. 그들은 보편주의에 확실히 전념했고, 추상성이 평등의 핵심이라는 생각을 확고히 가지고 있었다. 즉 그들은 여성이 보편주의의 안티테제로 남아 있기보다 보편적 존재의 일부가 될 수 있다고 믿었다. 또한 민주주의의 가능성이 추상적 개인주의에 대한 그들의 견해를 통해 가장 잘 실현되었다고 믿었다. 그러나 오랜 동안 문제는 '남녀동수'의 이행이 공직 진출에서 여성들의 점진적인 증가를 넘어서는 방식으로 민주주의의 작동에 영향을 미칠 것인가, 그리고 그 증가는 어떻게 성취될 것인가이다. 이러한 질문들은 오직 다가올 미래에만 대답될 수 있을 것이다. '남녀동수'에 대한 이야기는 철학자들의 사색이 아니라 역사의 우연성 안에서 그 결말을 기다리고 있기 때문에 나는 결론에 이르지 못한 채 끝을 맺는다.

주

서문

1. 벨기에 역시 할당을 부과하는 법을 가지고 있었지만 지금은 비율을 50%로 올렸고, 이탈리아는 잠시 동안 균등법이 있다가 무효화되었다. 종합적인 정보에 관해서는 International IDEA의 "Electoral Quotas for Women"과 스톡홀름 대학 정치학과 웹사이트 www.quotaproject.org나 www.idea.int/quota 참조.
2. *La parité entre les femmes et les hommes à portée de main* (Observatoire de la parité entre les femmes et les hommes, September 2000).
3. "Frenchwomen Say it's Time to be 'a bit Utopian,'" *New York Times*, December 31, 1993.
4. Joan W. Scott, *Only Paradoxes to Offer : French Feminists and the Rights of Man* (Cambridge : Harvard University Press, 1996).
5. 특히 미국과 프랑스의 차이에 대한 예리한 논의를 보려면 Eric Fassin, "L'épouvantail américain : Penser la discrimination française," *Vacarme*, nos. 4 and 5 (September–November 1997)와 "The Purloined Gender : American Feminism in a French Mirror," *French Historical Studies* 22 (Winter 1999), pp. 113–138, 그리고 "Du multiculturalisme à la discrimination," *Le Débat*, no. 97 (November–December 1997), pp. 131–136 참조.
6. Naomi Schor, "French Feminism is a Universalism," in Schor, *Bad Objects : Essays Popular and Unpopular* (Durham : Duke University Press, 1995), p. 17.
7. Clifford Geertz, "The World in Pieces : Culture and Politics at the End of the Century," in Geertz, *Available Light* (Princeton : Princeton University Press, 2000), pp. 218–264, 그리고 "What Is a State If It Is Not a Sovereign? Reflections on Politics in Complicated Places," *Current Anthropology* 45 (December 2004), p. 584.

1장

1. Hubertine Auclert, "Programme électoral des femmes," *La citoyenne*, August 1885, *Hubertine Auclert : La citoyenne 1848–1914*, ed. Edith Taïeb (Paris : Syros 1982), p. 41에서 인용.

2. William Guéraiche, *Les femmes et la république : Essai sur la répartition du pouvoir de 1943 à 1979* (Paris : Les Editions de l'Atelier/Editions Ouvrières, 1999), p. 43 에서 인용. The deliberations of the provisional assembly : *Débats de l'Assemblée consultative provisoire*, 3 vols. (Paris : Imprimerie des journaux officiels, 1943–1945) 참조.

3. 프랑스 하원에서 여성 비율을 보면 1946년 6.8%로 최고에 이르던 것에서 제 5공화정의 첫 번째 회기인 1958년에는 1.5%로 떨어졌다. 1978년에는 3.7%로 상승했고, 미테랑 대통령 선거가 있던 1981년에 5%를 넘었으며, 1993년에는 6%에 이르렀다. Jane Jenson and Mariette Sineau, *Mitterrand et les Françaises : Un rendez-vous manqué* (Paris : Presses de la Fondation nationale des sciences politiques, 1995), apps. 7 and 8, p. 368–370 참조.

4. Paul Friedland, *Political Actors : Representative Bodies and Theatricality in the Age of the French Revolution* (Ithaca : Cornell University Press, 2002).

5. Pierre Rosanvallon, *Le peuple introuvable : Histoire de la représentation démocratique en France* (Paris : Gallimard, 1998), pp. 48–49에서 인용.

6. Maximilien Robespierre, "Sur le gouvernement représentatif," in *Robespierre : Textes choisis* (Paris : Editions Sociales, 1957), 2, p. 142.

7. Alain Juppé, "Ouverture du débat sur la place des femmes dans la vie publique" (Assemblée nationale, March 11, 1997)에서 인용. 전문은 프랑소와즈 가스파 르의 개인 소장 자료 Typescript of the full speech, p. 6에서 참조.

8. Chap. 1, sec. 3, art. 7 of the Constitution of 1791.

9. Keith Michael Baker, "Representation Redefined," in *Inventing the French Revolution : Essays on French Political Culture in the Eighteenth Century*, ed. Baker (Cambridge : Cambridge University Press, 1990) 참조.

10. Eric Millard and Laure Ortiz, "Parité et représentations politiques," in *La Parité-Enjeux et mise en œvre*, ed. Jacqueline Martin (Toulouse : Presses universitaires du Mirail, 1998), p. 192에서 인용.

11. Maximilien Robespierre, "Lettres à ses commettants," no. 2 (Spring 1973), in *Oeuvres complètes*, vol. 5 (Paris : Société des Etudes Robespierristes, 1962), p. 209.

12. Friedland, *Political Actors*, p. 12.

13. Etienne Balibar, "Ambiguous Universality," *Differences* 7 (Spring 1995), p. 58.

14. Jacques Rancières, "Post-Democracy, Politics and Philosophy," *Angelaki* 1, no.

3 (1994), pp. 171-178.

15. Pierre Birnbaum, *Jewish Destinies : Citizenship, State, and Community in Modern France*, trans. Arthur Goldhammer (New York : Hill and Wang, 2000), p. 19에서 인용.

16. Jean-Jacques Rousseau, *Emile, ou De l'éducation*, in *Oeuvres complètes*, vol. 4 (Paris : Gallimard 1969), book 5, p. 697.

17. Jean-Jacques Rousseau, *Lettre à d'Alembert* (Paris : Garnier-Flammarion, 1967), pp. 195-196.

18. Pierre Rosanvallon, *Le modèle politique français : La société civile contre le jacobinisme de 1789 à nos jours* (Paris : Seuil, 2004), p. 54에서 인용. 로장발롱은 역사학자이자 정치이론가이다. 그는 오늘날의 상황에 자유주의 이론을 작용하는 작업을 추구하고 있다.

19. 같은 책, pp. 52-53.

20. 로장발롱은 성차의 자명한 의미에 대해 혁명론자들의 의견에 근본적으로 동의하기 때문에 여성 배제의 근거에 대한 여성주의적 분석을 거부한다. 그에게 있어 성이란 "사회적으로 구성"—1789년의 남성들과 로장발롱에게는 불가능한 사고이다—되거나 자연적인 것이다. 그에게 자연적인 것 (성적으로 구분된 신체가 아무런 의미를 가지고 있지 않다는 것)에 의미가 부과되었다는 생각은 부재하는 것 같다. 같은 책, pp. 47-55.

21. Condorcet, "Sur l'admission des femmes au droit de cité" (1790), in *Oeuvres de Condorcet* (Paris : Firmin Didot Frères, 1874), 10, p. 122.

22. Darlene Gay Levy, Harriet Branson Applewhite, and Mary Durham Johnson, *Women in Revolutionary Paris, 1789-1795* (Urbana : University of Illinois Press, 1979), p. 220-221에서 인용.

23. Jules Tixerant, *Le féminisme à l'époque de 1848 dans l'ordre politique et dans l'ordre économique* (Paris : Girard & Brière, 1908), p. 86.

24. 놀랍게도 로장발롱은 출판물에서 확인가능한 충분한 증거가 있음에도 불구하고 19세기와 20세기 페미니스트 운동의 역사를 무시한다. 그는 여성을 정치적 주체로 주장했던 '남녀동수'의 정체성을 "이전에 존재하지 않았던, 또는 적어도 표현되지 않았던" 것으로 취급한다. Rosanvallon, *Le peuple introuvable*, p. 448.

25. 같은 책, pp. 118-129.

26. Hubertine Auclert, *Le vote des femmes* (Paris, 1908), p. 20.

27. Rosanvallon, *Le peuple introuvable*, p. 108에서 인용.

28. Hubertine Auclert, *Le vote des femmes*, p. 13.

29. Rosanvallon, *Le peuple introuvable*, pp. 266-283.

30. *Le Modèle politique français*에서 피에르 로장발롱은 이러한 갈등들이 프랑스

정치사상의 특징을 설명할 때 간과되거나 무시되어 왔다고 주장한다. 그의 계획은 사상사에서 사회적 역사의 발견을 통해 그러한 갈등을 드러내고, 그럼으로써 프랑스 정치 모델에 대한 새로운 이해를 창조하려는 것이다. Rosanvallon, *Pour une histoire conceptuelle du politique* (Paris : Seuil, 2003) 참조.

31. 소수자에 대한 기록은 오늘날 공화주의자들에게 남아 있는 기록과 일치하지 않는다. 사실상 1950년대에 북아프리카인들을 위한 적극적 조치 프로그램이 있었다. Todd Shepard, "Integrating France : Rethinking Equality during the Algerian Revolution," 미간행 보고서(저자 소유), June 2004 참조.

32. 이 문제에 관해 인구학자들 사이에 상당한 논쟁들이 있다. 예를 들어 François Héran, "La fausse querelle des catégories 'ethniques' dans la statistique publique," *Débat : Démographie et catégories ethniques* 12 (November 1998) 참조.

33. Hafid Gafati, "Nationalism, Colonialism, and Ethnic Discourse in the Construction of French Identity," in Tyler Stoval and Georges Van den Abbeele, p. 198에서 인용, 그리고 Herrick Chapman and Laura Frader, eds. *Race in France : Interdisciplinary Perspectives on the Politics of Difference* (New York : Berghahn, 2004) 참조.

34. Joan W. Scott, "Symptomatic Politics : Banning Islamic Head Scarves in French Public Schools," *French Politics, Culture, and Society* 23, no. 3 (Fall 2005) 참조.

35. Riva Kastoryano, *La France, l'Allemagne et leurs immigrés : Négocier l'identité* (Paris : Armand Colin, 1996), pp. 15-40.

36. Françoise Gaspard and Claude Servan-Schreiber, *La fin des immigrés* (Paris : Seuil, 1984), p. 92 ; Adrian Favell, *Philosophies of Integration : Immigration and the Idea of Citizenship in France and Britain*, 2nd ed. (Basingstoke, UK : Palgrave, 2001), p. 40.

37. Gérard Noiriel, *Le creuset français : Histoire de l'immigration XIXe-XXe siècle* (Paris : Broché, 1988).

38. Kastoryano, *La France, l'Allemagne et leurs immigrés*, p. 132.

39. 출신 국가에서 프랑스로 교사를 파견하는 행위는 기대하지 않은 결과를 낳았다. 모로코나 알제리에서 달갑지 않게 여겨졌던 3-4천 명의 이슬람 학자들과 활동가들이 도착했던 것이다. 그들은 프랑스에 거주하는 북아프리카 학생들에게 언어 수업 교재로 코란을 사용했다.

40. Patrick Weil, *La France et ses étrangers : L'aventure d'une politique de l'immigration 1938-1991* (Paris : Calmann-Lévy, 1991), p. 90.

41. Henri Giordan, *Démocratie culturelle et droit à la différence* (Paris : La Documentation française, 1982), p. 48 ; William Safran, "The Mitterrand Regime and Its Policies of Ethnocultural Accommodation," *Comparative Politics* 18 (October 1985), pp. 41-63 참조.

42. Gaspard and Servan-Schreiber, *La fin des immigrés*, p. 70에서 인용.

43. 이는 드뢰 시(市)의 사례였다. Françoise Gaspard, *A Small City in France*, trans. Arthur Goldhammer (Cambridge, MA : Harvard University Press, 1995) 참조.

44. Schor, "French Feminism Is a Universalism," in *Bad Objects*, pp. 3-27 ; Pierre Bourdieu, "Pour un corporatisme de l'universel," in Bourdieu, *Les règles de l'art : Genèse et structure du champ littéraire* (Paris : Seuil, 1992), 그리고 Bourdieu, "Deux impérialismes de l'universel," in *L'Amérique des Français*, ed. Christine Fauré and Tom Bishop (Paris : Bourin, 1992).

45. Françoise Gaspard and Farhad Khosrokhavar, *Le foulard et la République* (Paris : La Découverte, 1995) ; Gaspard and Servan-Schreiber, *La fin des immigrés*, 그리고 Gilbert Chaitin, " 'France is my Mother' : The Subject of Universal Education in the French Third Republic," *Nineteenth-Century Prose* 32 (Spring 2005), pp. 129-159.

46. Ernest Renan, "Qu'est-ce qu'une nation?" (1882), in *Oeuvres Complètes* (Paris : Calman-Lévy, 1947), 1, pp. 905-906 참조. Herman Lebovics, *True France : The Wars over Cultural Identity, 1900-1945* (Ithaca : Cornell University Press, 1992) 참조.

47. Gaspard and Servan-Schreiber, *La fin des immigrés*, p. 77에서 인용.

48. Le Pen, Writing in the first issue of his journal *Identité* in 1991, P. Birnbaum, *The Idea of France*, trans. M. B. De Bevoise (New York : Hill and Wang, 2001), pp. 241-242에서 인용.

49. Gaspard and Servan-Schreiber, *La fin des immigrés*, p. 181.

50. 이민과 통합에 대한 일반적 질문들에 관해서는 John Crowley, "Immigration, racism and *intégration* : Recent French Writing on Immigration and Race Relations," *New Community* 19 (October 1992), pp. 165-173 ; Jean Leca, "Welfare State, Cultural Pluralism, and the Ethics of Nationality," *Political Studies* 39 (1991), pp. 568-574 ; Martin A. Schain, "Policy-making and Defining Ethnic Minorities : The Case of Immigrations in France," *New Community* 20 (October 1993), pp. 59-78 참조.

51. 여기에서 나는 2003-2004년에 이 문제에 관해 쏟아져 나온 많은 의견들 중 일부만을 인용하고 있다. Charlotte Nordmann, ed. *Le foulard islamique en questions* (Paris : Amsterdam, 2004) ; the special issue of the journal *Prochoix* on "le voile," no. 25 (Summer 2003) ; Etienne Balibar, Said Bouamama, Françoise Gaspard, Cathérine Lévy, and Pierre Tévanian, "Oui au foulard à l'école laïque," *Libération*, May 20, 2003 ; Etienne Balibar, "Dissonances dans la laïcité," *Mouvements : sociétés, politique, culture*, nos. 33-34 (May, June, July, August 2004) ; and "Le voile, la laïcité et la loi," *Le Nouvel Observateur*, November 20-26, 2003, pp.

54-63. Scott, "Symptomatic Politics" 참조.

52. *Le Monde*, October 28, 1993.
53. Elisabeth Badinter, Régis Debray, Alain Finkielkraut, Elisabeth de Fontenay, Catherine Kintzler, "Profs, ne capitulons pas!" *Le Nouvel Observateur*, November 2, 1989, pp. 58-59.
54. Régis Debray, "Êtes-vous démocrate ou républicain?" *Le Nouvel Observateur*, November 30, 1989, p. 51.
55. Jacques Le Goff, "Derrière le foulard, l'histoire," *Le Débat*, no. 58 (January-February 1990), p. 31. 이 잡지는 히잡에 대한 토론에 거의 전면(pp. 21-76)을 할애하고 있다.
56. Favell, *Philosophies of Integration*, p. 155에서 인용.
57. 같은 책, p. 68.
58. 같은 책, p. 70.
59. 같은 책, pp. 78-82. Rogers Brubaker, "The Return of Assimilation? Changing Perspectives on Immigration and Its Sequels in France, Germany, and the United States," *Ethnic and Racial Studies* 24 (July 2001), pp. 531-548 참조.
60. Favell, *Philosophies of Integration*, p. 85. 번바움(Birnbaum)은 프랑스에서의 새로운 종교적 관용을 극찬하면서 이러한 관용을 **정치적** 동화에 연계한다. "프랑스는 복합적이고 부분적인 충실로 간주하는 것에 대해 꺼리기 때문에 국민성이라는 특성 전체에 해당하는 완전하고 완벽한 프랑스 시민권을 [무슬림] 이주민에게 제공하는 것은 전통적인 프랑스 관념에 양립하는 유일한 대안으로 남아 있다." *The Idea of France*, p. 251.(번바움은 여기에서 '전통적인 것'의 개념이 허용하는 것보다 더 복잡한 역사를 가진 관념을 신화화하는 데에 기여한다.)
61. Harlem Désir, "Pour l'intégration : Conditions et instruments." In *Face au racisme*, pt. 1 : *Les moyens d'agir*, ed. Pierre-André Taguieff(Paris : La Découverte, 1991), p. 107.
62. 같은 책, p. 108.
63. 같은 책, p. 109.
64. Favell, *Philosophies of Integration*, p. 85.
65. 이 단락의 제목("Malaise dans la représentation")은 다음의 기사 제목을 인용한 것이다. Pierre Rosanvallon in François Furet et al., *La République du centre* (Paris : Calman-Lévy, 1989), pp. 133-182.
66. H. Portelli, "La crise de la représentation politique," *Regards sur l'actualité* 164 (October 1990), p. 4.
67. 같은 책, p. 7.
68. Bernard Lacroix, "La crise de la démocratie représentative en France : Eléments

pour une discussion sociologique du problème," *Scalpel* 1 (1994), pp. 6–29.

69. Rosanvallon, "Malaise dans la représentation," p. 139.

70. 같은 책, p. 135.

71. 같은 책, p. 151.

72. 같은 책, p. 142.

73. Marcel Gauchet, "Pacification démocratique, désertion civique," *Le Débat*, May–August 1990, p. 92.

74. Lacroix, "La crise de la démocratie représentative en France." 이 주장을 고려할 경우 몇 가지 장점이 있는데, 정치인과 "시민사회" 간의 중재자로서 사회정책에 관한 문제들을 심의하기 위해 새로운 전문가 집단이 만들어져야 한다는 로장발롱의 제안이 그 예이다. "문제는 정치권력의 사회적 타당성이 아니라 구체적인 시민과 정책 간의 관계에 관한 것이다." Rosanvallon, "Malaise," pp. 181–182. 이것은 1982년에 창립되고 1999년에 폐쇄될 때까지 로장발롱이 대표로 있었던 생시몽 재단을 정당화하는 것이다. Pierre Rosanvallon, "La Fondation Saint-Simon, une histoire accomplie," *Le Monde*, June 23, 1999.

75. Lacroix, "La crise de la démocratie représentative en France," p. 27.

2장

1. Jenson and Sineau, *Mitterrand et les Françaises* ; Eric Fassin and Michel Feher, "Parité et PaCS : Anatomie politique d'un rapport," in Daniel Borrillo, Eric Fassin and Marcela Iacub, *Au-delà du PaCS : L'expertise familiale à l'épreuve de l'homosexualité* (Paris : Presses universitaires de France, 1999), pp. 13–44.

2. 미테랑이 속한 당은 현재 사회당(the Socialist Party, PS)이지만 이 기간 동안 여러 차례 당명을 바꾸었다. 1905년 설립에서 1969년까지 the Section française de l'internationale ouvrière(SFIO), 1969년부터 1971년까지 NPS(Nouveau parti socialiste)였으며, 1971년 이후로 le Parti socialiste(PS)라고 불렸다.

3. Jenson and Sineau, *Mitterrand et les Françaises*, p. 38.

4. 이 단체는 1961년에 설립되었으며 '프랑소와 미테랑에 의해 주도된 공화제 협의체 내 하위 단체'였다. 이 단체는 미테랑의 측근인 마리 테레즈 에퀴움 (Marie-Thérèse Eyqueim)이 1966부터 1970년까지 이끌었다. *Projets féministes* 4-5(1996), p. 191에 실린 드니즈 카쇼(Denise Cacheux) 참조. 이 특집호는 일 년 간의 세미나 내용을 담고 있다. 개인 논문이 아니므로 페이지만 인용한다.

5. "Interview de François Mitterrand," *La Femme du 20ieme siècle* 3 (June–July

1965).

6. Gauchet, "Pacification démocratique, désertion civique," p. 93.

7. Mariette Sineau, "Pouvoir, modernité, et monopole masculin de la politique : Le cas français," *Nouvelles questions féministes* 13, no. 1 (1992), p. 57.

8. 젠슨과 시노는 제5공화정 기구가 여성의 정치적 진전을 잠정적으로 중단했음에도 불구하고 이들의 선거 참여가 증가했음을 지적한다. 정치인들 또한 교육받은 젊은 여성들이 그럴 것이라고 가정되는 보수적인 성향들을 더 이상 받아들이지 않는다는 것을 알고 있었다. *Mitterrand et les Françaises*, p. 51. 여성 유권자들의 또다른 변화에 관해서는 같은 책, pp. 37–38 참조. 또한 Janine Mossuz-Lavau, "Le vote des femmes en France (1945–1993)," *Revue françaises de science politique*, August 1993, pp. 673–682 참조.

9. 담당 장관은 프랑스 정부에서 장관보다 낮은 지위이다.

10. 1975년 1월 낙태를 합법화한 법은 베이유 법(*la loi Veil*)이라 불린다.

11. Guéraiche, *Les femmes et la république*, p. 229에서 인용. 또한 대통령 임명에 관한 그의 논의는 p. 232 참조.

12. Guéraiche, *Les Femmes et la république*, p. 224에서 인용.

13. Jean Mauduit, *La révolte des femmes : Après les Etats généraux de Elle* (Paris : Fayard, 1971), p. 184.

14. Jenson and Sineau, *Mitterrand et les Françaises*, p. 197.

15. 미국은 여전히 할당제를 승인하고 있다.

16. Françoise Gaspard, "Les enjeux de la parité," *Parité-Infos*, 부록 no. 10 (1995), 그리고 Gaspard, in *Projets féministes* 4–5 (1996), p. 226.

17. Eliane Vogel-Polsky, "Les impasses de l'égalité, ou pourquoi les outils juridiques visant à l'égalité des femmes et des hommes doivent être repensés en termes de parité," *Parité-Infos*, special issue 1 (May 1994), p. 9.

18. 여성적인 것과 지역적인 것의 연합에 기반하여 지방 의회 선거에 여성들이 참여할 가능성을 기꺼이 받아들이고자 하는 경향은 1944년 참정권의 부여 이전부터 오래도록 있어온 것이었다.

19. Laurent Zecchini, *Le Monde*, November 23, 1980, Danièle Lochak, "Les hommes politiques, les 'sages' (?) et les femmes (à propos de la decision du Conseil constitutionnel du 18 Novembre 1982)," *Droit social*, no. 2 (February 1983), p. 132에서 인용.

20. Françoise Gaspard and Phillippe Bataille, *Comment les femmes changent la politique et pourqoui les hommes résistent* (Paris : La Déconverte, 1999), p. 73.

21. Cacheux, in *Projets féministes* 4–5 (1996), p. 196.

22. Gaspard, 같은 책, p. 230. 〈제3의 물결(courant 3)〉에 대해서는 Guéraiche, *Les femmes et la république*, pp. 242–247 ; Marie-Odile Fargier, "Le temps des

femmes … peut-être," *F Magazine*, no. 6 (June 1978), p. 28 참조.

23. Guéraiche, *Les femmes et la république*, p. 245.

24. Bataille and Gaspard, *Comment les femmes changent la politique*, p. 77.

25. 이는 중대한 증가였다. 비례대표제(scrutin de liste)가 개인후보제(scrutin majoritaire)에 의해 대체된 드골 정권 동안 하원의원의 1.5-2% 정도가 여성이었고, 1978년에는 3.7%였다. 그러나 미테랑 집권 하의 수치는 약속된 공약 근처에도 가지 못했다. 같은 책, p. 187, 190.

26. Bérengère Marques-Pereira, *La citoyenneté politique des femmes*(Paris : Armand Colin, 2003), pp. 157-158 ; Gisèle Halimi, *La nouvelle cause des femmes*(Paris : Seuil, 1997), pp. 107-121 ; Georges Vedel, "Le 'quota' aux élections munici-pales : Les 20% de femmes et la Constitution," *Le Monde*, February 3, 1979 참조.

27. 논쟁을 총망라하는 설명에 대해서는 *Journal officiel*, Assemblée nationale, 1st sess., July 26, 1982, pp. 4841-4843 ; 2nd sess., July 26, 1982, pp. 4860-4861 ; 3rd sess., July 27, 1982, pp. 4899-4918 참조.

28. 헌법위원회는 제5공화정의 헌법을 근거로 1958년에 탄생했다. 이 기구는 법과 선거의 합헌성을 평가할 책임을 가진 임명에 의한 사법체이다. (나폴레옹 시대의 발명품인 훨씬 오래된 최고 행정법원은 개인과 국가 또는 관료와 국가 간 분쟁을 심판한다.) 9명의 재판관은 상원의장, 하원의장, 대통령이 각각 3명씩 지명하는데, 이는 정당정치에서 기인하는 것이다(*Code administratif*, Constitution et pouvoirs publiques, Constitution, 1958, Titre VII, p. 10). 1974년 지스카르 데스탱 대통령 시절 60명의 하원의원 혹은 상원의원이 법의 최종 공표 전에 헌법위원회에 합헌성 판단을 요청하는 것을 허용하는 법이 통과되었다. 프랑스 정치분석가들은 종종 이 법과 헌법위원회 그 자체가 의회 체제를 희생하고 정부 내 집행부서와 관리부서를 강화하는 기구 중 하나라고 지적한다. 또한 헌법위원회는 법정이라기보다는 '제3의 입법부'로 언급되어 왔다. 실제로 비선출기구인 헌법위원회가 입법부의 다수에 의해 통과된 법을 뒤집는 데에 이용됨으로써 '대의제의 위기'를 불러온 하나의 원인이 되었다는 것이 1988년 이후 논평자들에게 광범위하게 받아들여졌다. 예컨대 Portelli, "La crise de la représentation politique," p. 7 참조.

29. *Journal officiel*, July 27, 1982, p. 4914, 그리고 Clarisse Fabre, ed. *Les femmes et la politique : Du droit du vote à la parité*(Paris : Librio, 2001), p. 68 (르몽드에 실린 매우 유용한 기사 모음).

30. 가스파르와의 인터뷰. 또한 Lochak, "Les homme politiques, les 'sages' (?) et les femmes," pp. 131-137 참조.

31. *Journal officiel*, July 1982, p. 4917, 또한 Fabre, *Les femmes et la politique*, pp. 67-

68에 실린 르몽드 기사 참조.

32. Code administratif, 1958년 헌법, p. 16.

33. Fabre, *Les femmes et la politique*, p. 70.

34. Yvette Roudy, "La part qui revient à chacun," *Le Monde*, November 24, 1982. 다른 비평가로는 Andre Laignel, "Le gouvernement des juges," *Le Monde*, January 27, 1983, 그리고 Lochak, "Les hommes politiques, les 'sages' (?) et les femmes," pp. 132-133 등이 있다.

35. 법학자 조르쥬 베델(Georges Vedel)이 주장했듯이 1979년 펠레티에의 제안서 〈à propos〉는 "우리 법체계는 양성 간 평등을 주장하고 있지만 양성이라는 관념이 합법적이라고 인정한다. 인종적 차별은 금지하지만 인종이라는 관념의 '합법성'은 거부한다. 피부색에 의거한 프랑스인 인구조사는 그 목적이 다른 인종의 권리 행사 능력을 강화하는 것이라 하더라도 허용할 수 없을 뿐만 아니라 위헌적일 것이다." Vedel, *Le Monde*, February 3, 1979.

36. Lochak, "Les hommes politiques, les 'sages' (?) et les femmes," p. 135.

37. *Journal officiel*, July 27, 1982, p. 4917.

38. 여성 장관들에 대한 다른 연구에 관해서는 Siân Reynolds, "The French Ministry of Women's Rights 1981-86 : Modernisation or Marginalisation?" in *France and Modernisation*, ed. John Gaffney (Brookfield, VT : Avebury, 1988), pp. 149-168 참조.

39. Jenson and Sineau, *Mitterrand et les Françaises*, pp. 360-366, 법연보 목록.

40. 개인이 입후보하고 다수를 득표하면 선출되는 것과 달리, 후보자들은 정당 명부에 등록하고 당이 받은 표의 비율에 따라 의석수가 배분되었다. 이러한 체제 내에서는 의석을 확보하려는 후보자의 능력은 (정당이 얼마나 성공적으로 득표할 수 있는가 뿐만 아니라) 정당 명부에서 그가 어디에 위치하는가에 따라 달랐다.

41. Gaspard and Bataille, *Comment les femmes changent la politique*, pp. 187, 190.

42. Jenson and Sineau, *Mitterrand et les Françaises*, p. 315.

43. Favell, *Philosophies of Integration*, p. 53.

44. Jenson and Sineau, *Mitterrand et les Françaises*, p. 315에서 인용.

45. 같은 책, p. 355.

46. "How does this serve these leaders, if not mask the oppression of other [women]?" asked Eliane Viennot, "Femmes et partis politiques : Une greffe impossible," *Nouvelles questions féministes*, October 1981, p. 37.

47. Mariette Sineau, "Les femmes politiques sous la Ve République : A la recherche d'une légitimité électorale," *Pouvoirs* 82 (1997), pp. 49, 54-55.

48. 가스파르의 설명 참조. "De la parité : Genèse d'un concept, naissance d'un mouvement," *Nouvelles questions féministes* 15, no. 4 (1994), p. 35. 아테네 선언

은 1992년 11월 3일 아테네에서 열린 '여성과 의사결정'에 관한 첫 번째 유럽정상회담에서 유럽연합 회원국의 여성 장관들이 서명했다.

49. 사실 프랑스는 자국의 하원보다 유럽의회에 더 많은 여성을 진출시켰다. 그러나 이는 유럽의회로 진출한 정치인들을 더 낮게 평가하기 때문이었다. 유럽의회는 적어도 당 지도부가 추구하는 종류의 권력의 중심지가 아니었다. 실제로 유럽의회 의석은 자국의 선거에서 진 남성들이 다시 선출되기 전까지 때를 기다리는 일종의 패자부활전을 제공했다. 유럽연합집행위원회에 대해서는 Agnès Huber, *L'Europe et les femmes : Identités en mouvement* (Rennes : Apogée, 1998)과 Gaspard and Bataille, *Comment les femmes changent la politique*, p. 188 참조.

50. Laure Bereni, "Le mouvement français pour la parité et l'Europe," in *Les usages de l'Europe : Acteurs et transformations européennes*, ed. Sophie Jacquot and Cornelia Woll (Paris : L'Harmattan, 2004) 참조. 또한 European community conferences : "Premier sommet européen, Femmes au pouvoir," Athens, 1992 ; conferences in Brussels (1993) and Dublin (1995) ; and the Rome summit (1996) 참조. 또한 Réseau européen d'expertes, "Les femmes dans la prise de décision," *Panorama : Données statistiques sur la participation des femmes à la prise de décision* (Luxembourg : Communautés européennes, 1992) 참조.

51. Mariette Sineau, "Pouvoir, modernité, et monopole masculin," *Nouvelles questions féministes* 13, no. 1 (1992), p. 47에서 인용.

52. 같은 책, p. 46.

53. "Dialogue de femmes, 18 octobre 1992," 회의록, p. 3. [〈Dialogue de femmes〉는 주기적으로 회합을 개최한 페미니스트 그룹이었다. 앨리스 콜라니스 (Alice Colanis)는 이 회합을 녹음하고 녹취하여 이를 참가자들에게 배포했다. 나는 1992년 10월 18일 회합 순간순간을 기록한 사본을 사용했으며, 이는 프랑소와즈 가스파르의 개인 소장 자료이다.]

54. 다니엘 가시에(Daniel Gaxie)는 1980년 이에 관해 이렇게 썼다. "규제되지 않는 정치적 경쟁은 [경제 혹은 문화 자본과 관련해 고려되는 사회집단 간의 위계뿐 아니라 인종, 나이, 성(sex)에 기반한 위계도 포함하는] 사회적 위계에 의해 특권을 가진 행위자들이 정치권력의 지위를 독점하게 되고, 그렇게 함으로써 그들의 사회적 우월성을 승인하는 정치적 권위를 강화하는 결과를 피할 수 없을 것이다." "Les logiques du recrutement politique," *Revue française de science politique*, no. 1 (1980), p. 6, Frédéric Besnier, "La parité hommes-femmes en politique : Histoire d'une revendication," Mémoire de diplôme approfondie, Université de Paris I, September 1996, p. 48에서 인용.

3장

1. 이와 동일한 '분석'이 2002년 대통령 선거에서 1차 투표가 끝난 후에 공식적인 목소리로 다시 제기되었다.

2. *Le Monde*, February 25, 1999.

3. "Le Manifeste des dix pour la parité," *L'Express*, June 6–12, 1996, pp. 32–33.

4. Françoise Gaspard, Claude Servan–Schreiber and Anne Le Gall, *Au pouvoir citoyennes : Liberté, égalité, parité* (Paris : Seuil, 1992), p. 10.

5. 인종차별에 대항하여 1972년에 만들어진 법을 모델로 하는 이같은 법은 1975년 시몬느 드 보봐르가 참여했던 조직인 〈Ligue des droits des femmes〉가 처음으로 제안했다. 선거 이후 프랑소와 미테랑은 1982년 이 법을 관용(tolerance)의 이름으로 승인했다. 반차별법 통과를 위한 노력은 대부분의 의원들이 발레리 지스카르 데스탱(Valéry Giscard d'Estaing)의 1980년 논평인 "L'avenir de la condition féminine est dans les esprits plutôt que dans les textes"에 동의한다는 것이 명백해졌던 대략 1986년까지 아무런 소득 없이 계속되었다. "La loi anti-sexiste," *Dialogue de Femmes*, January 31, 1988, pp. 6–8 ; Laure Bereni and Elénore Lépinard, "Les stratégies de légitimation de la parité en France," *Revue française de science politique* 54 (February 2004), pp. 71–98에 있는 앨리스 콜라니(Alice Colanis)의 설명 참조.

6. E. Vogel–Polsky, "Les tares génétiques du droit de l'égalité des sexes" [(1995–1996?), 프랑소와즈 가스파르의 개인 소장 미간행 논문 참조].

7. Eliane Viennot, in *Projets féministes* 4–5 (1996), p. 142.

8. Jean Vogel, 같은 책, pp. 127–139.

9. Françoise Gaspard, "La parité, pourquoi pas?" *Pouvoirs*, June 1997, p. 13.

10. Elisabeth G. Sledziewski, "Report," in *The Democratic Principle of Equal Representation : Forty Years of Council of Europe Activity : Proceedings of the Seminar at Strasbourg, November 6 and 7, 1989* (Strasbourg : Council of Europe Press, 1992). p. 23.

11. 섹스/젠더에 대한 미국의 저작목록 중에서 참고(이 목록은 결코 엄밀하지 않다). Gayle Rubin, "The Traffic in Women : Notes on the 'Political Economy' of Sex," in *Toward an Anthropology of Women*, ed. Rayna R. Reiter (New York : Monthly Review Press, 1975), pp. 157–210 ; Donna Haraway, *Simians, Cyborgs, and Women : The Reinvention of Nature* (New York : Routledge, 1991) ; Sherry B. Ortner and Harriet Whitehead, *Sexual Meanings : The Cultural Construction of Gender and Sexuality* (Cambridge : Cambridge University Press, 1981) ; Elizabeth Wilson, *Neural Geographies : Feminism and the Microstructure of Cognition* (New York : Routledge, 1998) ; Judith Butler, *Gender Trouble : Feminism and the Subversion of Identity* (New York : Routledge, 1990) 와 *Undoing Gender* (New York :

Routledge, 2004).

12. Eliane Vogel-Polsky, "Les impasses de l'égalité, ou pourquoi les outils juridiques visant à l'égalité des femmes et des hommes doivent être repensés en terms de parité," *Parité-Infos*, special issue 1 (May 1994), p. 11. 보겔-폴스키는 그녀의 패러다임 전환을 개념화하는 데에 토마스 쿤을 인용하고 있다.

13. Giselle Donnard, "Se réapproprier la politique par la parité," *Parité-Infos*, 부록 no. 8 (December 1994), p. 3. 또한 가스파르의 *Au pouvoir citoyennes*, p. 126 참조.

14. Etienne Balibar, "Ambiguous Universality," *Differences* 7 (Spring 1995), p. 64.

15. 같은 책, pp. 67-68.

16. Martha Minow, "Learning to Live with the Dilemma of Difference," *Law and Contemporary Problems* 48, no. 2 (1984), pp. 157-211. 재현과 성적 차이의 전반적인 문제에 대해서는 Philippe Maître, "Différence sexuelle et représentations de la politique dans la France contemporaine" (Mémoire de maîtrise : ethnologie, Université de Paris 8, Vincennes, 1997)를 참조.

17. Eliane Viennot, "Parité! : Les féministes entre défis politiques et révolution culturelle," *Nouvelles questions féministes* 15, no. 4 (1994), pp. 85-86.

18. Jacques Rancière, "Citoyenneté, culture et politique," in *Mondialisation, citoyenneté et multiculturalisme*, ed. M. Elbaz and D. Helly (Paris/Quebec : L'Harmattan/ Presses universitaires de l'Université de Laval, 2000), pp. 55-68.

19. 쥬느비에브 프레스, 자기 인용. 그녀와 카트린 타스카가 함께 검토한 '남녀 동수' 법에 대한 의사록은 *Rapport fait au nom de la commission des lois constitutionnelles, de la législation et de l'administration générale de la république sur le projet de loi constitutionelle (no. 985) relatif à l'égalité entre les femmes et les hommes* (Paris : Assemblée nationale, December 2, 1998), p. 48. 철학적 의제들의 연관성과 관련해서는 Christian Lazzeri, Janine Mossuz-Lavau, Evelyne Pisier, Gwénaële Calvès, Françoise Gaspard, Gisèle Halimi의 논문을 참조. "Débat sur le principe de parité," *Cités : Philosophie, politique, histoire* 3 (2000), pp. 169-194.

20. 《폴리틱스(*Politix*)》특별호 서문에서 에릭 파신은 동수법이 본질주의와 보편주의에 관해 야기한 철학적 논쟁들을 넘어서려는 노력으로 동수법의 전략적 측면을 지나치게 강조한 것 같다. 그는 이론적 위치를 분명히 하는 데에서 겪는 어려움을 '미국식 다문화주의'를 피해갈 필요 때문에 생기는 제약 탓으로 돌렸다. '남녀동수' 운동에 대한 파신의 독해에 많은 부분 동의하지만 나는 그가 이 운동의 가장 본래적인 부분을 놓치고 있다고 본다. 추상성과 구체성, 이원성과 차이를 구분함으로써 성차를 탈상징화하려는, 명백하게 **이론적인** 시도라는 점을 말이다. Eric Fassin, "La parité sans théorie : Retour sur un débat," *Politix : Revne des sciences sociales du politique* 15, no.

60(2002), pp. 19-32 참조.

21. 물론 이 책이 '남녀동수'에 대한 주장으로만 채워진 것은 아니다. '남녀동수'의 원래 주장뿐 아니라 프랑스와 그 시기 다른 유럽 페미니스트들의 저작과 논의들을 탁월하게 그려냈다.

22. 〈제3의 흐름(courant 3)〉에 대해서는 2장 "할당제" 부분 참조.

23. 르 갈과의 인터뷰, Paris, July 4, 1998.

24. Gaspard, "De la parité," p. 42. 또한 "La parité, pourquoi pas?" p. 13 참조.

25. Gaspard et al., *Au pouvoir citoyennes*, p. 54.

26. 같은 책, p. 144.

27. Besnier, "La parité hommes-femmes en politique," p. 49에서 인용.

28. 같은 글, p. 38.

29. 1장 "대의제의 주체" 부분 참조.

30. Françoise Gaspard, "Le fratriarcat : Une spécificité française," *Après-demain* 380-81 (January-February 1996), p. 4.

31. Claude Servan-Schreiber, "La fausse-vraie maire de Vitrolles : Une insulte pour toutes les femmes," *Parité-Infos*, no. 17 (March 1997), p. 5.

32. Alain Lipietz, "Parité au masculin," *Nouvelles questions féministes* 15, no. 4 (1994), p. 62.

33. Viennot, "Parité," p. 70.

34. Françoise Collin, "L'urne est-elle funéraire?" in *Démocratie et représentation*, et. Michèle Riot-Sarcey (Paris : Kimé, 1995), p. 71.

35. Françoise Collin, in *Projets féministes* 4-5 (1996), p. 103.

36. Claude Servan-Schreiber, "Dialogue de femmes" (typescript, October 18, 1992), p. 9.

37. 같은 글.

38. Gaspard et al., *Au pouvoir citoyennes*, p. 130.

39. 프랑스에서 '공동체주의자(communitarian)'라는 말은 미국에서의 용법과 달리, 국가에 의해 보호되는 개인 정체성과 마찰을 일으키는 집합적인 문화적 정체성, 인종적 또는 종교적 집단에 대한 귀속감을 뜻한다. 프랑스는 '공동체들'의 요구로부터 개인들을 보호한다.

40. Gaspard et al., *Au pouvoir citoyennes*, p. 166.

41. *Le Monde*, February 17, 1999.

42. Françoise Gaspard, "Des partis et des femmes," in Riot-Sarcey, *Démocratie et représentation*, p. 239.

43. 내가 여기에서 사용하는 '공화주의자(republicanist)'라는 단어는 공화국과 이것의 원칙을 수호하고자 하는 사명을 가진 이들을 지칭한다. 프랑스에서는 거의 모두가 공화주의자들이며, 그렇기에 이 단어가 그다지 특별해지는

않을 것이다. 내가 공화주의자라고 언급하는 사람들 중 다수가 스스로를 좌파라고 생각하며, 실제로 사회당원이거나 사회당을 지지했다.

44. Jean Vogel, in *Projets féministes* 4–5 (1996), p. 130.

45. Besnier, "La parité hommes–femmes en politique," p. 133에서 인용.

46. 같은 글.

47. Servan–Schreiber, "Dialogue de femmes," p. 29.

48. Yvette Roudy, "L'autre regard," *Après–demain* 380–81 (January–February 1996), p. 40.

49. "Election présidentielle–le vote des femmes peut faire la décision : Entretien avec Janine Mossuz–Lavau," *Parité–Infos*, no. 9 (March 1995), p. 2.

50. *L'Express*, June 6, 1996, pp. 32–33.

51. Voynet, Besnier, "La parité hommes–femmes en politique," p. 132에서 인용.

52. *Le Monde*, March 23, 1999, pp. 1, 16.

53. Sylviane Agacinski, *Politique des sexes* (Paris : Seuil, 1998).

54. Yves Sintomer, "Délibérer, participer, représenter : Vers une sociologie de la justification politique" (Mémoire d'habilitation, Université de Paris V, 2001) p. 17에서 인용.

55. 생토메는 같은 글(pp. 16–26)에서 좌파 진영의 이러한 비평을 '급진적 해체주의' 입장이라고 잘못 이름붙였다. 이 비평에 관여한 어느 누구도 형식적인 철학적 의미에서 해체주의자가 아니었다. 이들은 오히려 극좌파에 가입했던 전통적인 페미니스트들이었으며, 피에르 부르디외 같은 사회과학자들이었다. 이들은 선출직 여성에 강조점을 두는 것이 부르주아가 아닌 여성들을 피폐하게 만드는 사회적·경제적 조건들을 외면하기 때문에 엘리트주의적이라고 보았다.

56. Assemblée nationale, 2nd sess., December 15, 1998, p. 10506.

57. Helena Hirata, Danièle Kergoat, Michèle Riot–Sarcey, and Eleni Varikas, "Parité ou mixité?" in *Le piège de la parité : Arguments pour un débat*, ed. Micheline Amar (Paris : Hachette Littérateurs, 1999), p. 12. (이 논문은 1993년 "La représentation politique en question : Parité ou mixité?"라는 제목으로《전 미래(Futur antérieur)》에 실렸으며, 1994년에는 "Parité ou mixité?"라는 제목으로《폴리틱스》에 다시 실렸다.)

58. Hirata et al., *La piège de la parité*, p. 13 참조. 이러한 논평에 '여성' 대신 '남성'을 써보면 좌파 진영 비평가들의 모순이 드러나게 된다. 그러나 남성이 이미 개인과 동의어이기 때문에 그러한 불일치는 이들에게 식별되지 않았다.

59. Eleni Varikas, "Une représentation en tant que femme? Réflexions critiques sur la demande de la parité des sexes," *Nouvelles questions féministes* 16, no. 2 (1995),

pp. 81-127.

60. Josette Trat, "La loi pour la parité : Une solution en trompe-l'oeil," 같은 책, pp. 129-139.

61. Varikas, "Une représentation en tant que femme?" pp. 120-121.

62. Michèle Le Doeuff, "Problèmes d'investiture (De la parité, etc.)," *Nouvelles questions féministes* 16, no. 2 (1996), p. 14.

63. Pierre Bourdieu, *La domination masculine* (Paris : Seuil, 1998), p. 124.

64. Varikas, "Une représentation en tant que femme?" p. 112.

65. Hirata et al., *Le piège de la parité*, p. 13.

66. Varikas, "Une représentation en tant que femme?," p. 114.

67. 같은 글, p. 121.

68. Elisabeth Badinter, "La parité est une régression : Entretien avec Elisabeth Badinter réalisé par Isabelle Girard et Benoît Rayski," in Amar, *Le piège de la parité*, p. 88 (*L'événement du jeudi*, February 4-10, 1999에 첫 출판).

69. Evelyne Pisier, "Universalité contre parité," in Amar, *Le piège de la parité*, p. 15. (*Le Monde*, February 8, 1995에 첫 출판).

70. Danièle Sallenave, "Le piège de la parité," in Amar, *Le piège de la parité*, p. 24.

71. E. Badinter, "La parité est une regression," 같은 책, p. 88.

72. Elisabeth Badinter, "Non aux quotas de femmes," *Le Monde*, June 12, 1996. ENA 는 고위 관료와 공무원, 정치인을 훈련시키는 국립행정학교이다.

73. 같은 글.

74. 같은 글.

75. Sallenave, "Le piège de la parité," p. 23.

76. E. Badinter, "Non aux quotas de femmes."

77. *L'Express*, June 6, 1996, p. 31에서 인용.

78. E. Badinter, "La parité est une régression," p. 88.

79. Dominique Schnapper, *La communauté des citoyens* (Paris : Gallimard, 1994), p. 49.

80. Robert Badinter, 상원에서의 연설, January 26, 1999, in Amar, *Le piège de la parité*, p. 36.

81. E. Badinter, "La parité est une régression," p. 89.

82. Pisier, "Universalité contre parité," p. 16.

83. E. Badinter, "La parité est une régression," p. 89.

84. Sallenave, "Le piège de la parité," p. 24. Beur는 부모가 북아프리카인이고 프랑스에서 태어난 이들을 말한다. 이 용어는 인종차별적인 의미를 함축하지 않으며, 아랍어 은어에서 파생되었다.

85. E. Badinter, "La parité est une régression," p. 89.

86. 같은 글, p. 88.
87. Lipietz, in *Projets féministes* 4–5 (1996), p. 114.

4장

1. "Manifeste des 577 pour une démocratie paritaire, 2 avril 1993," *Parité–Infos*, 부록 no. 4 (December 1993).
2. Sledziewski, "Report," in *The Democratic Principle of Equal Representation*, p. 26.
3. Françoise Gaspard, "La parité–principe ou stratégie?" *Le Monde diplomatique*, November 1998, pp. 26–27.
4. *Guide pratique en 25 questions et réponses*, 《빠리떼-인포》에서 1995년에 출판함.
5. 연대기에 관해서는 *Parité–Infos*, no. 1 (March 1993), p. 7와 Bataille and Gaspard, *Comment les femmes changent la politique*, pp. 32–40 참조.
6. Evelyne Pisier, "Parité," in *Dictionnaire du vote*, ed. Pascal Perrineau and Dominique Reynié (Paris : Presses universitaires de France, 2001), p. 720.
7. *Projets féministes*, 4–5 (1996), p. 217.
8. 예를 들어 1993년 2월 23–25일에 실시된 SOFRES의 여론조사는 응답자의 62%가 정치인들에 대하여, 그리고 67%는 정당에 대하여 '불신임(不信任)' 의사를 표현했음을 보여주었다. Besnier, "La parité hommes–femmes en politique," p. 127에서 인용.
9. Philippe Petit, "Le grand réveil du deuxième sexe," *Marianne*, May 26–June 1, 1997, p. 62. 이 호에는 '남녀동수' 찬반에 관하여 클로드 세르방–슈레이버 와 다니엘 살레나브가 작성한 논설들도 실려 있다.
10. Bataille and Gaspard, *Comment les femmes changent la politique*, p. 146.
11. "Résultats des élections législatives : Les femmes symboles du renouveau politique?" *Parité–Infos*, no. 18 (June 1997), pp. 5–6.
12. Pisier, "Parité," pp. 720–721, 그리고 Hélène Le Doaré, "Parité," in *Dictionnaire critique du féminisme*, ed. Helena Hirata, Françoise Laborie, Hélène Le Doaré, and Danièle Senotier (Paris : Presses universitaires de France, 2002), pp. 136–141.
13. 아테네 선언의 사본은 *Les femmes dans la prise de décision en France et en Europe*, ed. Françoise Gaspard (Paris : Harmattan, 1997), pp. 207–210 부록에 포함되어 있다.
14. "Conseil national des femmes françaises," extrait de *L'historique des conseils nationaux affiliés* (Conseil international, 1938), pp. 121–126. 또한 Laurence Klejman and Florence Rochefort, *L'égalité en marche* (Paris : Presses de la Fondation

nationale des sciences politiques, 1989), pp. 149-158 참조.

15. 창간호는 상원의원인 모니크 벤-귀가(Monique Ben-Guiga)의 도움으로 300부가 복사되어 무료로 발송되었다. 1년 후 유럽연합집행위원회가 지원하는 여성법률서비스(Service des droits des femmes)로부터 받은 기금으로 발행부수는 3,500부로 증가했다. 이 중 약 300부는 유료로 발행되었고 나머지는 정치인들, 언론인들, 여러 도서관, 그 밖의 단체와 기관들에 무료로 보내졌다. 이러한 방식으로 '남녀동수'는 광범위한 대중적 주목을 받게 되었다.

16. 1993년 4월부터 12월까지의 〈'남녀동수'를 위한 여성조직(Réseau femmes pour la parité)〉의사록과 오고갔던 편지들의 사본, 연락처 목록은 프랑소와즈 가스파르의 개인 소장 자료로 되어 있다.

17. 그 외의 집단으로는 Association française des femmes diplômées des universités, Coordination française pour le lobby européen des femmes, Union féminine civique et sociale, Union professionnelle féminine, Organisation internationale des femmes sionistes가 있다. Gaspard, *Les femmes dans la prise de décision*, p. 205에 실려 있는 목록 참조.

18. *Parité-Infos*, no. 9 (March 1995)에 삽입광고로 포함되어 있음.

19. 이는 베스니에의 제언이다. Besnier, "La parité hommes-femmes en politique," p. 54.

20. "Table ronde : La Parité hommes/femmes en politique"는 그 대회의 의장을 맡았던 프랑소와즈 지루의 연설에 관한 보고서로 프랑소와즈 가스파르가 소장하고 있다.

21. Eliane Viennot, "Pour un front de femmes dans et hors des partis," *Parité-Infos*, no. 3 (September 1993), p. 6. 또한 Claude Servan-Schreiber, "La prochaine étape," *Parité-Infos*, no. 6 (June 1994), p. 1, 그리고 Servan-Schreiber and Françoise Gaspard, "Au delà du clivage droite/gauche : Une alliance pour la parité?" *Parité-Infos*, no. 12 (December 1995), p. 2 참조.

22. *Le Monde*, April 6, 1993.

23. Eliane Viennot, "Le second souffle des femmes pour la parité," *Parité-Infos*, no. 5 (February 1994), p. 5.

24. 아테네 정상회담에서는 여성의 불리한 지위를 증명하기 위한 젠더 통계의 수집을 행동계획으로 권고했다.

25. Renée Lucie (프랑소와즈 가스파르의 필명), "Législatives 93 : Plus ça change, plus c'est pareil," *Parité-Infos*, no. 1 (March 1993), pp. 1-4. 3페이지는 의회 선거에서 여성 후보자들이 어떻게 해나가고 있는지에 대해 정당 규모와 관련한 분석을 담고 있다.

26. *Le Monde*, April 6, 1993.

27. Coco Bonnier, "Choses vues : Devant l'Assemblée natiomâle, la parité en fête,"

Parité-Infos, no. 2 (June 1993), p. 7.

28. 세르방-슈레이버의 개인 소장 자료인 편지.

29. Gisèle Stievenard, *Projets féministes* 4-5 (1996), p. 210.

30. Denise Cacheux, 같은 책, p. 211.

31. Denise Cacheux, "Le Parti socialiste est-il prêt pour une vraie mixité?" *Parité-Infos*, no. 3 (September 1993), p. 5. [이것은 전국대표자회의의 회합에서 카쇼가 했던 연설의 본문이다. 노르 데파르트망(Départment du Nord) 출신으로 오랫동안 정당 활동가였던 카쇼는 하원의원이었다.] 또한 Hanem El Fani, "Les femmes du PS sortent de l'ombre," *Parité-Infos*, no. 3 (September 1993), p. 4와 Claude Servan-Schreiber, "Le coup d'éclat paritaire des socialistes," *Parité-Infos*, no. 4 (December 1993), p. 1, 2, 4 참조.

32. "J'ai pris cette décision seul," 미셸 로카르와의 인터뷰, *Parité-Infos*, no. 4 (December 1993), p. 3.

33. Bataille and Gaspard, *Comment les femmes changent la politique*, p. 89 ; Claude Servan-Schreiber, "La prochaine étape," 그리고 Françoise Gaspard, "Formidable progression du nombre de candidates sur les listes françaises," 두 자료 모두 *Parité-Infos*, no. 6 (June 1994), pp. 1-4.《빠리떼-인포》의 이번 호 역시 르파리지엥(*Le Parisien*) (April 21, 1994)의 기사를 인용한 것이다. 이 기사는 응답자의 59%가 정치영역에서 여성 대표성을 높이는 데에 '남녀동수'가 효과적인 방법이라고 생각하고 양성의 82%가 시의회 선거에서 여성에게 투표할 의사가 있으며, 80%는 의회 선거에서도 그렇게 할 것이라고 말했다고 전했다(p. 5).

34. Besnier, "La parité hommes-femmes en politique," p. 10.

35. *Parité-Infos*, no. 2 (June 1993), p. 8에 있는 기사 참조.

36. Elisabeth Weissman, "La parité et les médias dans l'élection présidentielle," *Parité-Infos*, no. 10 (June 1995), pp. 3-4.

37. Réseau femmes pour la parité, "Compte rendu de la réunion du 11 Novembre 1993," 세르방-슈레이버의 개인 소장 자료이다.

38. 전문(全文)과 모든 서명은 *Parité-Infos*, no. 14 (December 1993) 부록에도 발표되었다.

39. Eliane Viennot, ed. *La démocratie à la française, ou les femmes indésirables* (Paris : Cahiers du Cedref, 1996).

40. Françoise Gaspard and Claude Servan-Schreiber, "La solitude de Marie Curie," *Libération*, March 22, 1994, p. 6.

41. 이해 내내 열리던 세미나의 복사물들은 *Projets féministes* 4-5 (February 1996)에 출판되었으며, '남녀동수' 운동에 관한 연구에 귀중한 자원이 된다.

42. 가스파르가 지명되었을 때 지명된 사람의 단지 7.8%만이 여성들이었다. 그

녀는 (당시 수상이었던) 리오넬 조스팽이 훈장을 받은 남성과 같은 수의 여성을 지명했던 1998년에 마침내 자신을 지명한 것을 받아들였다. 그러나 소수의 장관들만이 그의 지시에 따랐기 때문에 전체 집단이 동수(paritaire)는 아니었다. *Parité-Infos*, no. 9 (March 1995), p. 8.

43. RPR=Rassemblement pour la République, the Rally for the Republic. UDF=Union pour la démocratie française, the Union for French Democracy. 둘 다 1970년대부터 중심적인 우파 정당이었다.

44. Besnier, "La parité hommes-femmes en politique," p. 139.

45. Gaspard, "Formidable progression du nombre de candidates," p. 4.

46. "Elections européennes : Les raisons d'une bonne surprise," *Parité-Infos*, no. 7 (September 1994), p. 7.

47. 1994년 3월 28일부터 4월 11일까지 프랑스여론연구소(Institut français d'opinion publique, IFOP)와 사회사업부(Ministère des affaires sociales)에 의해 실시된 여론조사(1,502명 대상)는 응답자의 62%가 '남녀동수'를 헌법에 추가하는 것에 찬성했음을 보여주었다. 이 문제에 대한 여론의 전개과정을 보려면 1974, 1981, 1987, 1994년에 실시된 조사에서 이 문항에 대한 응답을 비교한 "Une femmes présidente de la République?" *Parité-Infos*, no. 9 (March 1995), p. 4 참조.

48. *Parité-Infos*, no. 9 (March 1995), p. 8.

49. 같은 글.

50. 이 일이 있은 직후 크레더는 프랑스여성전국회의(CNFF)를 떠났고, 자신의 모든 시간을 〈'남녀동수'의 내일〉에 바쳤다.

51. Françoise Gaspard and Claude Servan-Schreiber, "Au delà du clivage droite/gauche : Une alliance pour la parité?" *Parité-Infos*, no. 12 (December 1995), p. 1.

52. Besnier, "La parité hommes-femmes en politique," p. 133에서 인용.

53. 같은 글.

54. 같은 글, p. 134. 프랑소와즈 가스파르와의 인터뷰, July 2001.

55. *Parité-Infos*, no. 10 (June 1995), p. 8.

56. 로셀린 바슐로와의 인터뷰, *Parité-Infos*, no. 12 (December 1995), p. 4.

57. "Un comité de vigilance contre l'exclusion des femmes," 같은 자료.

58. "'Juppé II : Un gouvernement qui fait mâle,' propos de Mariette Sineau, recueillis par Andrée Mézières," *Parité-Infos*, no. 12 (December 1995), p. 3 [앙드레 메지에르(Andrée Mézières)는 클로드 세르방-슈레이버의 필명이다].

59. 같은 글, p. 2.

60. Besnier, "La parité hommes-femmes en politique," p. 66.

61. *L'Express*, June 6, 1996, p. 31.

62. Gaspard and Servan-Schreiber, "Au delà du clivage droite/gauche," pp. 1-2. 가

스파르 인용에 관해서는 Besnier, "La parité hommes-femmes en politique," p. 66 참조.

63. 〈'남녀동수'의 내일〉학회의 논문집은 *Les femmes et la prise de décision en Europe*, ed. Françoise Gaspard (Paris : Harmattan, 2000)으로 출판되었다.

64. "Les Femmes pour le renouveau de la politique et de la société," European summit, Rome, May 18, 1996. 이 회담이 끝날 무렵 발표된 선언서의 사본은 *Parité-Infos*, no. 14 (June 1996), p. 4와 Gaspard, *Les femmes dans la prise de décision*, pp. 211-215에 실려 있다.

65. *L'Express*, June 6, 1996, p. 32.

66. 같은 자료, p. 33.

67. 1996년 5월 29-30일에 실시된 프랑스여론연구소(IFOP)의 조사로, 그 결과는 1996년 6월 6일자 《렉스프레스》에 발표되었다.

68. 같은 자료, p. 31.

69. 같은 자료, p. 36.

70. *L'Express*, September 19, 1996, pp. 34-36. Bataille and Gaspard, *Comment les femmes changent la politique*, pp. 178-181에는 《렉스프레스》보다 정확한 숫자가 나와 있다.

71. "Place des femmes dans la vie publique," Assemblée nationale, *Compte rendu analytique officiel*, 2nd sess., March 11, 1997, pp. 10-51.

72. "Le débat sur la parité hommes-femmes," *Le Monde*, March 8, 1997, pp. 1, 6, 7, 17.

73. Laurent Fabius, "Débat sur la parité," *L'hebdo des socialistes*, March 14, 1997, p. 10 (3월 8일 하원에서 했던 파비우스의 연설 전문).

74. 지젤 알리미의 소속단체인 〈선택 : 여성의 주장〉이 "une juste mixité entre femmes et hommes en politique"를 지지하며 1997년 2월 제기한 요구는 프랑소와즈 가스파르로부터 통렬한 비판을 받았다. 가스파르는 그들이 '혼성'과 '남녀동수'를 혼동하는 것에 "당황스럽다"고 쓴 바 있다. 알리미의 대변인은 '남녀동수'를 위한 알리미와 〈선택〉의 행동목록을 가지고 상대방을 매우 화나게 만들면서 응수했으며, 이의 제기는 많은 단체들의 과제이며, 따라서 일종의 절충문이라고 설명하면서 반응했다. 이러한 문서들은 프랑소와즈 가스파르의 개인 소장 자료이다.

75. *La République des Pyrénées*, March 1997. 이 논평은 《빠리떼-인포》의 서비스로 제공된 언론 리뷰에 포함되었다.

76. 5장 참조.

77. Alain Juppé, "Ouverture du débat sur la place des femmes dans la vie publique," (Assemblée nationale, le 11 mars 1997), (프랑소와즈 가스파르의 개인 소장 자료인) 연설문 원고 전문, p. 8. 이 연설 중 한 단락이 *Compte rendu analytique*

*officiel*에서 삭제되었다(위의 미주 71 참조).

78. Assemblée nationale, *Compte rendu analytique officiel*, p. 31.

79. Eric Fassin and Michel Feher, "Parité et PaCS : Anatomie politique d'un rapport," in Daniel Borrillo, Eric Fassin, and Marcela Iacub, *Au delà du PaCS : L'expertise familiale à l'épreuve de l'homosexualité*(Paris : Presses universitaires de France, 1999), pp. 13–44.

80. Assemblée nationale, http://www.assemblée-nat.fr/connaissance/élections-1997.asp.

81. 이들 하원의원 중 단 한 명만이 다른 여성의원으로 대체되었기 때문에 이러한 임명에 의해 의회에서의 여성 수는 감소했다.

82. *Le Figaro*, June 5, 1997, p. 6.

83. *Le Monde*, June 6, 1997, p. 20.

84. *Le Figaro*, June 5, 1997.

85. 조르쥬는 이러한 약속이 조스팽의 리더십에 어떤 영향을 미칠지는 두고 봐야 안다고 생각했고, "그에게는 통치하는 것만이 남아 있다(Il lui reste maintenant à gouverner)"라고 결론내렸다. Pierre Georges, "Harpes célestes," *Le Monde*, June 6, 1997, p. 36.

86. N. Gautier, "La parité a d'abord été imposée par l'opinion," *Libération*, June 18, 1998, p. 3.

87. 1998년 6월 쥬느비에브 프레스의 사무실에서 제공·배포한 홍보물("De l'égalité à la parité ; de la parité à la liberté")에서 인용.

88. "La Ministre? Over the Immortals' Dead Bodies," *New York Times*, July 1, 1998, p. A4 참조. 이 논쟁을 다룬 다른 많은 기사들 중에서 Marc Fumaroli, "La querelle du neutre," *Le Monde*, July 31, 1998, p. 1 ; Michelle Coquillat, "Académie et misogynie," *Le Monde*, January 20, 1998, p. 15 ; Geneviève Fraisse, "La double évidence du féminisme," *Le Monde*, January 20, 1998, p. 15 참조. 이보다 훨씬 일찍 《빠리떼-인포》는 1989년에 『단어의 성별(*Le sexe des mots/ The gender of words*)』의 저자인 마리나 야겔로(Marina Yaguello)와의 인터뷰에서 그 문제를 제기했다. "Le langage de l'égalité au service de la parité," *Parité-Infos*, no. 7(September 1994), pp. 1–4. 같은 호에 실린 글 Benoîte Groult, "Cachez ce féminin que je ne saurais voir … ," p. 2 참조.

5장

1. Hubert Haenel, "Pacte civil de solidarité : Discussion d'une proposition de loi," Sénat, March 17,1999.

2. 에이즈 전염의 영향력에 대한 초기의 분석은 사회당 내 실무팀이 마련한 보고서로서 프랑소와즈 가스파르에 의해 쓰여졌다. "Face au SIDA : Vérité, responsabilité, solidarité," typescript, February 1988(가스파르의 개인 소장 자료) 참조.

3. Cour de Cassation, July 11, 1989, Gérard Bach−Ignasse, "Le contrat d'union sociale en perspective," *Les Temps Modernes* 53, no. 598(1998), p. 164에서 인용. 법원은 1997년의 또다른 사건에서도 이러한 결정을 유지했다. 또한 Daniel Borrillo and Pierre Lascoumes, *Amours égales? Le PaCS, les homosexuels et la gauche*(Paris : La Découverte, 2002), pp. 25−29 참조.

4. '협약(pact)'은 '결합(union)'이라는 용어보다는 더 확실하고 '계약(contract)'보다는 덜 제한적인 것으로 제기되었다. 협약은 협력, 형식화된 관계를 내포하는 형식적인 동의인 반면 계약은 단지 문서에 의해 확립된 것이다. Borrillo and Lascoumes, *Amours égales?* p. 35.

5. 이 운동의 연대기를 보려면 Borrillo and Lascoumes, *Amours égales?* pp. 15−16, 그리고 Frédéric Martel, *Le rose et le noir : Les homosexuels en France depuis 1968* (Paris : Seuil, 2000), pp. 595−663, 719 참조.

6. Martel, *Le rose et le noir*, p. 607에서 인용.

7. *Libération*, September 23, 1998, p. 12에서 인용.

8. Pierre Bourdieu, Jacques Derrida, Didier Eribon, Michelle Perrot, Paul Veyne, and Pierre Vidal−Naquet, "Pour une reconnaissance légale du couple homosexuel," *Le Monde*, March 1, 1996.

9. *Journal du dimanche*, June 29, 1997.

10. Caroline Fourest and Fiammetta Venner, *Les anti−PaCS, ou la dernière croisade homophobe*(Paris : ProChoix, 1999). 또한 "Comment les ultras catholiques menacent le Pacs," *Libération*, August 12, 1998, p. 2 참조.

11. Martel, *Le rose et le noir*, p. 742.

12. 이에 대한 자세한 설명은 위와 같은 책 18장 참조. 또한 Borrillo and Lascoumes, *Amours égales?* pp. 79−90 참조.

13. "Discours de Madame Catherine Tasca, présidente de la Commission des lois, vendredi 9 octobre 1998," 국회에서의 발표에 대한 속기록 p. 5(프랑소와즈 가스파르의 개인 소장 자료).

14. Assemblée nationale, 2nd sess., March 30, 1999.

15. "Principaux extraits de l'intervention de Madame Roselyne Bachelot−Narquin, députée(RPR) à la tribune de l'Assemblée nationale, le 7 novembre 1998(3ème Séance)," *Compte rendu analytique officiel*.

16. Collectif pour le contrat d'union civile et sociale, "Lettre ouverte à Madame Irène Théry," Paris, December 5, 1997. 여기에는 대표 폴리켄이 서명하였다. 그리

고 프랑소와즈 가스파르의 개인 소장 자료 필사본의 사진복사물 참조. 또한 기사 "Pour l'égalité sexuelle," *Le Monde*, June 26, 1999 참조. 이 기사는 같은 용어로서의 보편주의적 개념, 즉 동성애자들을 위한 특별한 권리를 요구하는 것이 아니라 "성별들 간의 그리고 섹슈얼리티들 간의 성적 평등"을 요구하는 것을 옹호하는 내용을 담고 있다.

17. Martel, *Le rose et le noir*, p. 603.

18. Borrillo and Lascoumes, *Amours égales?* p. 32.

19. Irène Théry, "La fausse bonne idée du contrat d'union sociale, c'est de tout mélanger," *Le Monde*, November 25, 1997, 그리고 Théry, "Le contrat d'union sociale en question," *Esprit 10*(1997), pp. 159–211. 또한 Hugues Moutouh, "Controverse sur le PaCS : L'esprit d'une loi," in *Les Temps Modernes*, no. 603 (1999), p. 205 참조. 1998년 논쟁에서 반대편 입장이었던 하원의원 장–프랑소와 마테이는 "동성애에 대한 질문을 직접적으로 야기시키는 것을 피하기 위해 보편인인 것처럼 보이게 한 당신의 글은 우리 사회의 근본적인 성적 금기를 침해한다"고 언급했다. 또한 토니 아나트렐라는 "실제로 '시민연대협약' 은 동성 간 관계의 제도화를 보다 더 위장하기 위해 동거를 이용하는 잘못된 담론에 의해 지탱되어 왔다"고 말하고 있다. Tony Anatrella, "Une précipitation anxieuse," *Le Monde*, October 10, 1998 참조.

20. Caroline Eliacheff, Antoine Garapon, N. Heinich, Françoise Héritier, A. Nouri, P. Veyne, and H.Wismann, "Ne laissons pas la critique du PaCS à la droite!" *Le Monde*, January 27, 1999. 또한 Ali Magoudi, "Et la différence des sexes?" *Le Monde*, October 9, 1998 참조.

21. Collectif pour le contrat d'union civile et sociale, "Lettre ouverte à Madame Irène Théry." 이런 쟁점에 대한 글에 관해서는 동성애자 운동의 리더인 디디에 에리봉과 테리의 강력한 비평 참조. Eribon, *Réflexions sur la question gay* (Paris : Fayard, 1999), 그리고 *Papiers d'identité : Interventions sur la question gay* (Paris : Fayard, 2000).

22. Bertrand Delanoë, Sénat, March 17, 1999.

23. 입양은 오랫동안 독신 개인에게는 허용되었지만 결혼하지 않은 커플에게는 허용되지 않았다. 재생산 기술에 대해서는 Marcela Iacub, "Homoparentalité et ordre procréatif," in Daniel Borrillo, Eric Fassin, and Marcela Iacub, *Au-delà du PaCS : L'expertise familiale à l'épreuve de l'homosexualité*(Paris : Presses universitaires de France, 1999), pp. 189–204 참조. 이아쿱은 1994년 재생산 기술 관련법이 임신출산 과정에 성적 행위가 없다는 사실을 은폐하고자 했다고 지적했다. "따라서 모순적이게도 새로운 재생산 기술에서 중요한 결여인 성적 행위는 법의 허구와 책략에 의해 지지되었고 재창조되었다." pp. 195–196.

24. Bernard Seillier, Sénat, March 17, 1999.
25. Borrillo and Lascoumes, *Amours égales?* p. 115.
26. 같은 책, p. 122.
27. Eric Fassin, "Pour l'égalité des sexualités," in Sénat, *Auditions publiques du 27 janvier 1999*. 파신은 고등사범학교에서 가르치고 있는 사회학자이며 '시민 연대협약'에 대한 상원공청회에서 '전문가' 증인으로 출석했다. 동성 파트 너에 대한 완전한 인정을 지지하는 그의 논문들은 다음과 같다. "Ouvrir le mariage aux homosexuels," *Le Monde diplomatique*, June 1998, p. 22 ; "Homo-sexualité, mariage et famille," *Le Monde*, November 5, 1997, p. 21 ; "Usages de la science et science des usages : A propos des familles homoparentales," *L'Homme : Revue française d'anthropologie*, special issue, "Question de parenté," nos. 154–155 (April–September 2000), pp. 391–408. 또한 미국과 프랑스 게이운동의 차이를 신랄하게 비평한 파신의 논문으로는 "Homosexualité et mariage aux Etats–Unis : Histoire d'une polémique," *Actes de la recherche en sciences sociales*, no. 125 (December 1998), pp. 63–73 참조.
28. Caroline Mécary and Flora Leroy–Forgeot, *Le Pacs* (Paris : Presses universitaires de France, 2001).
29. *Le rose et le noir*, p. 634에서 인용.
30. *Le Monde*, October 9, 1998, p. 5.
31. Elisabeth Guigou, Sénat, March 17, 1999.
32. Théry, "Le contrat d'union sociale," p. 178.
33. '남녀동수'의 경우와 마찬가지로 '시민연대협약'에 대해서도 이에 반대하 는 가톨릭 신도들과 보수주의자들의 대규모 결집이 있었지만 '시민연대협 약'의 지지자들과 반대자들은 전통적인 정치적 또는 이데올로기적 계열을 따르지는 않았다. 그들은 예측불허하게도 세속적인 공화주의자들, 자유주 의 전문가들—다른 좌파들은 보통 그들과 정치적으로 결합하지 않았다— 과 결합했다.
34. Jean–Louis Lorain, Sénat, March 17, 1999.
35. Eliacheff et al., "Ne laissons pas la critique … ," *Le Monde*, January 27, 1999.
36. 특히 디디에 에리봉은 웅변가였다. 그의 *Réflexions sur la question gay*는 논쟁 의 중심에 있었다. 그의 책 『모욕과 동성애 자아의 구성 (*Insult and the Mak-ing of the Gay Self*)』 미국 번역판의 서문을 볼 것, trans. Michael Lucey (Dur-ham : Duke University Press, 2004).
37. Théry, "Le contrat d'union sociale," pp. 172, 170, 174.
38. Théry, "La fausse bonne idée," *Le Monde*, November 25, 1997.
39. Françoise Héritier, "Aucune société n'admet de parenté homosexuelle," *La Croix*, November 1998.

40. "인류문화의 전 범위는 아주 광범위하고 다양하며 조작하기도 쉬워서 어떠한 제안도 그것을 지지하는 주장을 찾을 수 있다. 인류학의 규칙은 한정된 조건들 속에 있는, 그들 자신을 실용적이 되도록 보여준 사회에서 삶의 문제에 대한 해석을 분류작성하고 묘사하는 것이다. 친밀함에 대한 이 연구는 가장 넓고 다양한 풍습들이 기껏해야 우리 시대에 유용하도록 동원할 수 있는 확실한 지혜를 우리에게 가르쳐 준다. 하지만 우리는 사회적 선택이 사회학자에 속하는 것이 아니라 사회학자 자신이 그중의 하나인 시민에 속한다는 것을 잊어서는 안 된다." Borrillo, Fassin, and Iacub, *Au-delà du PaCS*, p. 110.

41. Eric Fassin, "L'illusion anthropologique : Homosexualité et filiation," *Témoin*, no. 12 (May 1998), pp. 43–56. 그리고 Fassin, "PaCS socialista : La gauche et le 'juste milieu,'" *Le Banquet*, October 12–13, 1998, p. 9 참조.

42. Michel Foucault, *The History of Sexuality*, vol. 1, trans. Robert Hurley (New York : Random House, 1978), p. 108.

43. Théry, "Le contrat d'union sociale," p. 180과 Tony Anatrella, "Une précipitation," *Le Monde*, October 10, 1998 참조.

44. *Le Monde*, October 10,1998.

45. Anne Heinis, Sénat, March 17, 1999.

46. Théry, "La fausse bonne idée," *Le Monde*, November 15, 1997.

47. Anatrella, "Une précipitation," *Le Monde*, October 10, 1998.

48. Jean-Luc Auber, "Note sous arrêt Cour de cassation" (December 17, 1997), Borrillo, Fassin, and Iacub, *Au-delà du PaCS*, p. 165에서 인용.

49. Borrillo and Lascoumes, *Amours égales?* p. 130에서 인용.

50. 같은 책. pp. 109–110에서 인용.

51. Théry, "Le contrat d'union sociale," p. 181.

52. 가톨릭가족협의회의 청원에 관해서는 *Le Monde* (October 10, 1998)의 기사를 볼 것. 주교회의 대변인 논평은 Hugues Moutouh, "Controverses sur le PaCS : L'esprit D'une loi," *Les Temps Modernes*, no. 603 (1999), p. 211 참조.

53. Théry, "Le contrat d'union sociale," pp. 173, 177. 또한 *Amours égales?* p. 100에 있는 보리오와 라스코움의 논평 참조.

54. 이 입장의 비평가들은 정신분석학이 '시민연대협약'에 이의를 제기하도록 오용되었다고 주장했다. Michel Tort, "Homophobies psychanalytiques," *Le Monde*, October 15, 1999 ; Geneviève Delaisi de Parseval, "La construction de la parentalité dans les couples de même sexe," in Borrillo, Fassin, and Iacub, *Au-delà du PaCS*, pp. 225–244, 그리고 같은 책의 Sabine Prokhoris, "L'adoration des majuscules," pp. 145–160 참조.

55. Théry, "Le contrat d'union sociale," p. 174와 Tony Anatrella, "PaCS : Pour-

quoi l'Etat ne peut pas être neutre," *Le Figaro*, December 1, 1998 참조.

56. Borrillo and Lascoumes, *Amours égales?* p. 97에서 인용한 가톨릭 신자인 하원 의원 크리스틴 부탱과 사비에르 테브노(Xavier Thévenot)의 인용문 참조.

57. Anatrella, "Une précipitation," *Le Monde*, October 10, 1998.

58. 르파스티에(S. Lepastier)의 상원에서의 증언, March 10, 1999, Borrillo and Lascoumes, *Amours égales?* p. 101, n. 15에서 인용.

59. 프랑소와즈 드크뉴어-드포세의 논평, Borrillo and Lascoumes, *Amours égales?* p. 109에서 인용.

60. Pierre Legendre, *Le Monde*, October 23, 2001, Borrillo and Lascoumes, *Amours égales?* p. 138에서 인용.

61. Daniel Borrillo, "Fantasmes des juristes *vs. Ratio juris* : La *doxa* des privatistes sur l'union entre personnes de même sexe," in Borrillo, Fassin, and Iacub, *Au-delà du PaCS*, pp. 161–185, esp. p. 184, n. 2. 부부의 상보성과 사회적 질서와 관련한 19–20세기 사회이론가들 식의 '부부관계 논리'에 대한 통찰력 있는 논쟁은 Judith Surkis, *Sexing the Citizen : Masculinity and Morality in France, 1870–1920*(Ithaca : Cornell University Press, 2006)를 참조.

62. Théry, "Le contrat d'union sociale," p. 160.

63. Emmanuel LeRoy Ladurie, "Pourquoi le PaCS contredit l'héritage judéochrétien," *Le Figaro*, October 19, 1998.

64. 공화국연합당(RPR) 하원의원 티에리 마리아니의 비평에 관한 보도, *Le Monde*, September 25, 1998. 1998년 10월 9일에 사회문제위원회(commission on social affairs)가 열린 국회에서 연설을 했던 패트릭 블로시는 '시민연대협약'에 대한 논쟁과정에서 반대의견을 가진 어느 의원으로부터 "이슬람교도"라고 불렸다. Borrillo and Lascoumes, *Amours égales?* p. 77 참조.

65. Eric Fassin, "PaCS socialista," p. 10.

66. Borrillo, "Fantasmes des juristes," p. 183.

67. 같은 글, p. 180과 Irène Théry, *Le démariage : Justice et vie privée*(Paris : Odile Jacob, 1993) 참조.

68. Théry, "Le contrat d'union sociale," p. 180.

69. Mona Ozouf, *Les Mots des femmes : Essai sur la singularité française*(Paris : Gallimard, 1995), p. 395. 또한 Joan W. Scott, "Vive la différence," *Le Débat* 87 (November–December 1995), pp. 134–139, 그리고 Scott, "'La querelle des femmes' in late twentieth-century France," *New Left Review* 26(November–December 1997), pp. 3–19 참조.

70. 커플이라는 법률 개념에 관한 기사들에서 H. Lécuyer는 "소돔(Sodom)이 시민권을 요구"하기 때문에 커플을 정의하는 것의 긴급함을 강조했다. Borrillo, "Fantasmes des juristes," p. 161에서 인용.

71. Sylviane Agacinski, "Citoyennes, encore un effort," *Le Monde*, June 18, 1996, pp. 1, 17.

72. Agacinski, *Politique des sexes*, p. 101. 또한 에릭 라미엔(Eric Lamien)과 미셸 페에(Michel Feher)가 아가젠스키와 인터뷰한 "Questions autour de la filiation," *Ex Aequo*, July 1998, pp. 22-24 참조.

73. Martel, *Le rose et le noir*, p. 618.

74. Agacinski, *Politique des sexes*, p. 20. 이후 본문에 제시된 페이지는 이 책을 참조.

75. Tasca, *Rapport* ⋯ (3장 미주 19 참조).

76. *Le Monde*, March 13, 1999.

77. Tasca, *Rapport* ⋯ , p. 61에서 인용.

78. 같은 책, p. 85.

79. Assemblée nationale, 2nd sess., December 15,1998, p. 10499.

80. Assemblée nationale, 3rd sess., December 15,1998, p. 10543.

81. "La parité, ce 'so French' sujet de curiosité internationale," *Le Monde*, March 2, 2001 ; Judith Warner, "France goes nuts for parity : Same difference," *New Republic*, March 26, 2001, pp. 16-17.

82. Evelyne Pisier, "PaCS et parité : Du même et de l'autre," *Le Monde*, October 30, 1998, p. 18.

83. Jacques Derrida, "Mes 'humanités' du dimanche," *L'Humanité*, March 4, 1999, p. 12.

84. 같은 글, p. 13.

85. Jacques Derrida and Elisabeth Roudinesco, *De quoi demain : Dialogue* (Paris : Fayard, 2001), pp. 46-48.

86. Rose-Marie Lagrave, "Une étrange défaite : La loi constitutionnelle sur la parité," *Politix* 13, no. 51 (2000), pp. 113-141.

87. "Vers la République des quotas? Parité, la révolution qui devise," *Le Nouvel Observateur*, January 14-20, 1999, pp. 80-83. 1999년 겨울에 이에 대한 보도가 쏟아졌다. 그 중에서 "Oui à l'égalité, non à la parité," *L'Express* February 11, 1999, pp. 50-55 ; Sophie Cognard, "La parité : Pour quoi faire?" *Le Point*, February 27, 1999 ; *Cultures : Sciences de l'homme et sociétés*의 특별판 "Les femmes-avenir de la cité : Parité, citoyenneté, pouvoirs," February 1999 ; *Le Monde diplomatique*의 특별판 "Femmes, mauvais genre?" March-April 1999 참조.

88. Sylviane Agacinski, "Le droit d'être candidates," *Le Nouvel Observateur*, January 14-20, 1999, p. 82.

89. "Vers la République des quotas?" 같은 책. p. 81.

90. Françoise Gaspard, "Pourquoi revoir la Constituion?" *Le Monde diplomatique*, March-April 1999, p. 80.

91. Françoise Gaspard, "Ajuster la Constitution à la réalité sociale," *Le Monde des débats*, April 1999, p. 20. 이것은 주디스 버틀러가 그의 책 *Undoing Gender*, pp. 189-192의 "성차의 종말?"이라는 장에서 이론화했던 보편성의 반근본주의적 개념에 대한 훌륭한 예이다.

92. 3장의 미주 54 참조.

93. Françoise Gaspard," La parité n'est pas la fin de l'histoire," *Pour*, no. 54 (March 1999).

6장

1. Gaspard et al., *Au pouvoir citoyennes*, p. 129. Gaspard, "Des élections municipales sous le signe de la prité," *French Politics, Culture and Society*, 20, no. 1 (Spring 2002), p. 46 참조. "'남녀동수' 운동의 특징적 측면은 그것이 법에 기입되도록 요구하는 방법을 제안하는 것이다."

2. Gaspard et al., *Au pouvoir citoyennes*, p. 173.

3. Garpard, "De la parité comme révélateur de l'inégalité," *Cultures en mouvement*, no. 14 (February 1999), p. 31.

4. Gaspard et al., *Au pouvoir citoyennes*, p. 10.

5. 같은 책, p. 173.

6. "Parité, es-tu là?" *L'Express*, December 3, 1998, p. 19.

7. *Choisir : La cause des femmes*, no. 83 (December 1999), pp. 6-7.

8. "Intervention de Premier Ministre aux Journées parlementaires du Groupe Socialiste," Strasbourg, September 27, 1999.

9. Assemblée nationale, 2nd sess., January 25, 2000, p. 340.

10. 논쟁의 양쪽 편에 몇몇 정치인들이 있기는 했지만 본래의 목표는 대의제를 사회를 반영하는 거울로 만들려는 것이 아니라, 대의제에의 접근을 보다 개방함으로써 민주적으로 만드는 것이었다. Catherine Achin, "'Représentation miroir' vs. parité : Les débats parlementaires relatifs à la parité revus à la lumière des théories politiques de la représentation," *Droit et société*, no. 47 (2001), pp. 237-256 참조.

11. Laure Bereni and Elénore and Lépinard, "Les femmes ne sont pas une catégorie : Les stratégies de légitimation de la parité en France," *Revue française de science politique* 54, no. 1 (February 2004), pp. 71-98 참조.

12. Mme Martine Lignières-Cassou, Assemblée nationale, 2nd sess., January 25, 2000, p. 358.

13. M. Thierry Mariani, Assemblée nationale, 3rd sess., January 25, 2000, p. 382.

14. 프랑스 정부는 법이 통과된 후 홍보물 *La parité entre les femmes et les hommes à portée de main*을 배포하였다.
15. 이것은 프랑스 36,000 코뮌 중 3분의 1에만 적용되었다. 하지만 그 지역들에 프랑스 인구의 3분의 2가 거주한다. 3,500명 이하에도 적용되어야 한다는 제안이 있었지만 헌법위원회가 거부했다.
16. 2003년 권역 명부의 요건이 변경되어 지금은 엄격하게 여성과 남성이 교대로 배치되어야 한다. 유럽의회 선거의 경우 투표권 행사는 이제 전국을 단위로 하기보다는 권역별로 이루어진다. 권역 선거와 유럽의회 선거를 다룬 6장 뒷부분을 참고할 것.
17. "Quel avenir pour la parité?" *Choisir : La cause des femmes*, December 1999, pp. 6–7 ; Testimony of Marie-Jo Zimmermann, Assemblée nationale, 2nd sess., January 25, 2000, pp. 349–351, of Roselyn Bachelot-Narquin, 3rd sess., January 25, 2000, pp. 369–370.
18. Bachelot-Narquin, 같은 자료.
19. Catherine Achin and Marion Paoletti, "Le 'salto' du stigmate : Genre et construction des listes aux municipales de 2001," *Politix* 15, no. 60(2002), p. 37, no. 10.
20. 같은 자료, p. 36, n. 8(여론조사 결과와 후보자와의 인터뷰 인용).
21. "Les femmes prennent le pouvoir," *Le Point*, March 9, 2001, p. 41.
22. "Place aux femmes : La révolution des municipales," *Le Monde* 부록, March 9, 2001, p. x.
23. Mariette Sineau, Gaspard, "Des eléctions municipales," p. 54에서 인용.
24. "Place aux femmes," *Le Monde*, February 22, 2001 ; March 9, 2001 ; February 13, 2001.
25. Marion Paoletti, "L'usage stratégique du genre en campagne électorale," *Travail, genre et sociétés*, no. 11(2004), p. 126.
26. Gaspard, "Des eléctions municipales," p. 50.
27. "Place aux femmes," *Le Monde* 부록, March 9, 2001, p. xi. 또한 "Place aux femmes," *Le Monde*, February 7, 2001 참조.
28. "A Blésignac, Gisèle et les femmes en colère," *Le Journal du dimanche*, March 11, 2001, p. 7.
29. "Place aux femmes," *Le Monde*, February 3, 2001.
30. "Place aux femmes," *Le Monde*, January 26, 2001 ; "Place aux femmes," *Le Monde* 부록, March 9, 2001, p. iv.
31. *Le Monde*, January 9, 2001.
32. "La parité en pratiques," ed. Eric Fassin and Christine Guionnet, *Politix* 15, no. 60(2002)의 특집 안에 세부 내용을 풍부하게 담고 있는 지역 연구물들이 다

수 있다.

33. "Place aux femmes," *Le Monde*, February 7, 2001. 여성형 *Beurette*과 남성형 *beur*에 대해서는 3장의 미주 84 참조.

34. Stéphane Latté, "Cuisine et dépendance : Les logiques pratiques du recrutement politique," *Politix* 15, no. 60 (2002), p. 69.

35. "Place aux femmes," *Le Monde*, February 24, 2001.

36. Latté, "Cuisine et dépendance," p. 70 ; Stéphane Latté and Eric Fassin, "La galette des reines : Femmes en campagne," in *Mobilisations électorales : A propos des élections municipales de 2001*, ed. Jacques Lagroye, Patrick Lehingue, and Frédéric Sawicki (Paris : Presses universitaires de France, 2004).

37. Latté and Fassin, "La galette des reines," p. 226.

38. *Le Point*, March 9, 2001, p. 37.

39. "Place aux femmes," *Le Monde*, March 2, 2001.

40. Marie−Jo Zimmermann, *Pourquoi la parité en politique reste−t−elle un enjeu pour la démocratie française*, Rapport à M. le Premier Ministre (Observatoire de la parité entre les femmes et les hommes, March 2003).

41. "Les conseillères municipales sont plus jeunes que leurs collègues hommes," *Le Monde*, April 23, 2001, p. 6 ; Zimmermann, *Pourquoi la parité*, part 1.

42. "Les conseillères municipales," p. 6.

43. Gaspard, "Des élections municipales," p. 52.

44. 이러한 변형에 관해서는 "La parité en pratique" 참조.

45. 이 법은 2000년 6월 6일 법에서 권역 선거 후보자 명부의 여섯 명 묶음마다 세 명의 여성을 포함하도록 한 조항을 대체했다.

46. "Dans les conseils régionaux, les femmes sont mieux représentées mais restent loin du sommet," *Le Monde*, April 3, 2004. 또한 Mariette Sineau and Vincent Tiberj, "Conseils généraux : Où sont les femmes?" *Libération*, March 24, 2004, p. 37 ; L'appel aux femmes de Lepage," *Le Journal du dimanche*, March 7, 2004, p. 1 참조.

47. Http://membres.lycos.fr/sciencepolitiquenet/regionales2004.

48. www.ipsos.com : canal Ipsos, les rendez−vous de l'actualité : Politique et Elections, April 9, 2004. 또한 "Ségolène, Michèle, les préférées des Français," *Le Journal du dimanche*, March 7, 2004, p. 7 참조. 지역에서 치러진 이 선거들에 대한 좀 더 상세한 분석에 관해서는 L'Assemblée des femmes du Languedoc et du Roussillon, '*Monsieur d'abord, Madame après*' : *La Parité en Languedoc−Roussillon, Elections régionales et cantonales, 2004 : Rapport d'évaluation intermédiare*, March 2004. 세골렌 루아얄은 사회당 지도자 프랑소와 올랑드의 파트너이다. "Blow to French Patriarchs : Babies May Get her Name," *New*

York Times, January 20, 2005 참조.

49. *Le Monde*, April 17, 2004.

50. L'Assemblée des Femmes du Languedoc et du Roussillon, "Communiqué de presse : La fin des Françaises aux avant-postes de la démocratie européenne?" 2004. 선거결과에 대한 보고서를 보려면 "Cahier résultats : Elections européennes," *Le Monde*, June 15, 2004, pp. 37-56 참조.

51. Mariette Sineau, "La réforme paritaire en France, ou comment sortir par le haut d'un blocage politico-institutionnel," "L'élection canadienne 2000 et la représentation des femmes : Quels enseignements le Canada peut-il tirer de l'expérience française de la parité?"를 주제로 한 대회의에서의 미간행 발표문, Ottawa, November 29-30, 2001.

52. 2001년까지는 비례대표제가 의석 수 5석 이상의 지역에만 적용되었지만 그해에 사회주의자들은 3석 이상의 지역에 적용되도록 법을 개정했다. 그러나 2002년 이후 우파가 다시 의회를 장악했을 때 비례대표제가 적용되는 의석 수는 3석에서 4석으로 높아졌다.

53. "Le Sénat résiste à l'application de la loi sur la parité," *Le Monde*, September 22, 2001, p. 17 ; Zimmermann, "Rapport," March 2003, part 1 ; François Maniquet, Massimo Morelli, and Guillaume Frechetter, "Endogenous Affirmative Action : Gender Bias Leads to Gender Quotas," 미간행 논문, January 2005 (Massimo Morelli의 개인 소장 자료).

54. "Le Sénat résiste à l'application de la loi sur la parité." 반대 명부에서 오탱은 1순위였고 녹색당의 미레이유 페리(Mireille Ferri, 여성)가 2순위였다. 오탱은 페리에게 3년 후에 자신의 자리를 주겠다고 약속했다. 하지만 2005년까지 그런 일은 일어나지 않았다. 2001년 10월 사회당 중앙사무처(the national bureau of the Socialist Party)는 오탱을 쫓아냈다. 그는 지금 '공산당 상원교섭단체(the Groupe communiste républicain et citoyen)'의 일원이다.

55. Marie-Jo Zimmermann, *Elections à venir : Faire vivre la parité*, Rapport à M. le Premier Ministre de l'Observatoire de la parité entre les femmes et les hommes, (December 2003), pp. 9-10 ; Zimmermann, *Pourquoi la parité*, conclusion.

56. '남녀동수' 법이 통과되기 전에 지젤 고티에(Gisèle Gautier)(프랑스민주주의연합당, UDF)는 1998년 권역 선거에서 반대 명부를 만든 바 있다. 그녀의 명부는 (좋은 성적은 아니지만) 3개의 의석을 확보했다. 고티에는 2001년 상원 선거에서도 의석을 획득했으나 이때는 정당의 공식 명부로 출마한 것이었다. 내가 알기로 2001년 상원 선거에서 자신의 독자적인 명부를 만든 여성은 없다.

57. 프랑스에서는 이 수치가 높은 편이다. 미국에서는 2000년 대통령 선거에서 유권자의 반 이상이 기권을 했다.

58. 슈베느망의 5.4% 득표는 조스팽이 근소한 차이로 패배한 것 때문에 몹시 비난받았다. Http://www.ipsos.fr.presidentielle.htm "Ipsos soirée présidentielle 2002—1er tour" (consulted May 1, 2002).

59. "Escroc contre facho," *Le Canard enchaîné*, April 24, 2002.

60. "Des féministes réclament un ministère des droits des femmes," *Le Monde*, May 12—13, 2002 ; "Vingt-sept ministres pour cinq semaines," *Libération*, May 8, 2002 ; "Le PS pointe le peu de place accordé aux femmes ; les Verts dénoncent 'le retour de la Chiraquie,'" *Le Monde*, May 8, 2002 ; "Jacques Chirac refuse toute concession à la gauche, malgré son soutien," *Le Monde*, May 2, 2002 ; Michelle Perrot, "AGIR : Femmes, encore un effort," *Le Monde*, May 2, 2002 ; "In 'hidden vote' for Le Pen, French Bared Growing Discontent," *New York Times*, May 3, 2002, p. A12.

61. 법을 위반한 데에 대한 벌금으로 국민운동연합(UMP)은 4백만 유로를, 사회당은 130만 유로를 내야 했다. Zimmermann, *Pourquoi la parité*, March 2003, part 2, "Application de la parité lors des élections législatives de juin 2002. 또한 "Parité bien votée commence par les autres," *Libération*, July 13, 2002 ; "L'UMP ne présenterait que 20% de candidates," *Le Monde*, May 9, 2002 ; "Les Verts présentent un projet de réforme de la société," *Le Monde*, May 7, 2002 ; testimony of PS head François Hollande to the Observatoire de la parité in Zimmermann, *Elections à venir*, December 2003, p. 81 참조.

62. Zimmermann, *Pourquoi la parité*, March 2003, part 2.

63. Paoletti, "L'usage stratégique du genre," p. 135.

64. *Le Monde*, May 10, 2002, p. 9.

65. "French Politics Finds Little Room For Women," *New York Times*, June 7, 2002. 파나퓨 대신 퐁을 입후보시키는 것 또한 젠더보다는 정당 내부 정치에 더 신경을 써서 점수를 따려는 시라크의 방식이었다.

66. 같은 자료.

67. "Pour les élections legislatives la droite a relégué la parité au second plan," *Le Monde*, May 10, 2002, p. 9.

68. Zimmermann, *Pourquoi la parité*, part 1.

69. Zimmermann, *Pourquoi la parité*, part 3. 선출된 하원의원의 대변인(suppléant)은 그 의원이 장관이 되거나 사망하는 경우에 그 자리를 이어받는다. 사망하는 경우 선거가 새로 치러질 수도 있다.

70. 같은 책.

71. 같은 책.

72. Zimmermann, *Elections à venir*, p. 11.

73. 같은 책, p. 131.

74. Paoletti, "L'usage stratégique du genre," p. 126.
75. 같은 글, p. 128.
76. 바슐로는 그녀의 아버지 의석을 승계했다. Pierre Leroux and Philippe Teillet, "La domestication du féminisme en campagne," *Travail, genre et sociétés*, no. 11 (2004), pp. 143–162.
77. 같은 글, p. 153.
78. 같은 글, p. 160.
79. 같은 글, p. 144.
80. Paoletti, "L'usage stratégique du genre," p. 125.
81. Christine Guionnet, "Entrées de femmes en politique : L'irréductibilité du genre à l'heure de la parité," *Politix* 15, no. 60 (2002), p. 145.
82. Paoletti, "L'usage stratégique du genre," p. 137.
83. Guionnet, "Entrées de femmes en politique," p. 116.
84. 같은 글, pp. 141–142.
85. 같은 글, p. 144.
86. *Le Journal du dimanche*, March 7, 2004, p. 7. 이 비율은 이전보다 증가한 것으로 2002년에는 66%, 2003년에는 69%가 여성 정치인의 수가 증가해야 한다는 데에 동의했다.

결론

1. 이것은 주디스 버틀러에 의해 제시된 일반적인 주장이다. "선험적인 것(the transcendental)은 보다 근본적인 '수준'으로서 별개의 영역을 가지지 않으며 또 가질 수도 없다. 그리고 선험적 토대로서의 성차는 인식의 지평 내에서 형상화해야 할 뿐만 아니라, 그 지평을 구성하고 제한해야만 하기 때문에 그것은 문화 내에서 무엇이 이해가능한 대안으로 고려될 수 있고, 또 무엇이 고려될 수 없는지를 적극적이고 규범적으로 강제하는 기능을 한다. 따라서 이러한 이유들 때문에 어떤 종류의 성적 배열이 인지가능한 문화 내에서 허용되거나 허용되지 않을지를 미리 규정하는 이론을 경계하고자 하는 사람들은 선험적 주장으로서의 성차를 엄격히 반대해야 한다. 성차라는 용어의 선험적 기능과 사회적 기능 간의 불가피한 동요는 그것의 규정적 기능을 불가피하게 만든다." Butler, "Competing Universalities." In *Contingency, Hegemony, Universality : Contemporary Dialogues on the Left*, ed. Judith Butler, Ernesto Laclau, and Slavoj Žižek (New York : Verso, 2000), p. 148.
2. Catherine Genisson, *La parité entre les femmes et les hommes : Une avancée decisive pour la démocratie*, Rapport à M. le Premier Ministre (Observatoire de la parité,

March 2002), app. 4, p. 29에서 인용.

3. Sylvie Pionchon and Grégory Derville, *Les femmes et la politique* (Grenoble : Presses universitaires de Grenoble, 2004), p. 207에서 인용.

4. Isabelle Giraud and Jane Jensen, "Constitutionalizing Equal Access : High Hopes, Dashed Hopes?" In *Has Liberalism Failed Women? Assuring Equal Representation in Europe and the United States*, ed. Jytte Klausen and Charles S. Maier (New York : Palgrave, 2001) p. 73.

5. Karen Bird, "Liberté, égalité fraternité, parité … and diversité? The Difficult Question of Ethnic Difference in the French Parity Debate," *Contemporary French Civilization* 25, no, 2 (2001), p. 278.

6. 같은 글, p. 281.

7. Giraud and Jensen, "Constitutionalizing Equal Access," p. 84.

8. 예로 Jacques Derrida, *Writing and Difference*, trans. Alan Bass (Chicago : University of Chicago Press, 1978) ; Luce Irigaray, *Speculum : Of the Other Woman*, trans. Gillian C. Gill (Ithaca : Cornell University Press, 1985) 참조.

9. 예를 들어 스웨덴에서 정당 내에 강력하게 조직된 여성집단은 자발적 할당제를 위해 성공적으로 압력을 가했다. 오늘날 여성들은 지역과 전국 수준에서 선출공직의 40% 이상을 차지한다. '남녀동수' 지지자들은 스웨덴의 경험에 대해 잘 알고 스웨덴과 프랑스 간의 구조적 차이에 대해 잘 인식하고 있었다. 예로 Elisabeth Elgán, "La parité dans la vie publique : La difference suédoise," *Parité-Infos*, 부록 no. 16 (December 1996) 참조.

10. Gaspard, "Des élections municipales sous le signe de la parité," p. 54.

11. Latté and Fassin, "La galette des reines," p. 239.

12. 사실상 '남녀동수'는 상징화와 재상징화의 끊임없고 불가피한 과정이라는 라캉주의적 개념에 도전했다. 슬라보예 지젝은 다음과 같이 말한다. "성차는 '고정된' 상징적 대립 및 포함/배제의 확고한 세트가 아니라 교착상태, 트라우마, 열린 질문, 상징화의 모든 시도에 **저항하는** 어떤 것 각각의 이름이다. 성차를 일련의 상징적 대항으로 번역하는 모든 것은 실패할 운명에 처해 있고 '성차'가 무엇을 의미할 것인가를 둘러싼 헤게모니 투쟁의 지대를 여는 것은 바로 이러한 '불가능성'이다. Slavoj Žižek, "Class Struggle or Postmodernism? Yes, Please!" in *Contingency, Hegemony, Universality : Contemporary Dialogues on the Left*, ed. Ernesto Laclau and Slavoj Žižek (New York : Verso, 2000), p. 110. '남녀동수'는 **재**상징화 (*re*symbolization)에 관한 것이라기보다 정치에서, 그리고 궁극적으로는 모든 영역의 사회적 삶에서 성 (sex)에 기반한 이러한 상징적 대항을 제거하는 **탈**상징화 (*de*symbolization)에 관한 것이다.

13. Claude Servan-Schreiber, "Pourquoi la parité est nécessaire et légitime," *Après-*

demain , nos. 380−81 (January−February 1996), p. 34.

14. Žižek, "Class Struggle or Postmodernism?" p. 220.
15. Millard and Ortiz, "Parité et représentations politiques," p. 202.

역 | 자 | 소 | 개

• 오미영

이화여자대학교 여성학과 박사과정 수료.
신라대, 부경대, 한국해양대 등에서 강의했다.
저서로 『여성 지역 문화(공저)』, 『함께하는 여성 지역 문화(공저)』, 역서로 『여성과 국제정치(공역)』가 있다.

• 국미애

이화여자대학교 여성학과 박사과정 수료.
이화여대, 경희대, 서울시립대에서 여성학 등을 강의했다.
저서로 『성희롱과 법의 정치』, 『젠더 노동과 간접차별(공저)』이 있다.

• 김신현경

이화여자대학교 여성학과 박사과정 수료.
꽃동네사회복지대, 서울시립대, 성신여대, 서울여대에서 여성학, 성과 사랑, 여성문화론 등을 강의했다. 저서로 『섹슈얼리티 강의, 두 번째 이야기(공저)』, 『社會性別第四輯(공저)』(예정) 등이 있다.

• 나성은

이화여자대학교 여성학과 박사과정 수료.
이화여자대학교 한국여성연구원에서 연구원으로 재직 중이며, 서울시립대에서 '성과 사랑'을 강의하고 있다.

- 유정미

  이화여자대학교 여성학과 박사과정 수료.

  이화여대, 서울시립대에서 여성학을 강의했다.

  저서로『국가와 젠더 : 성주류화의 이론과 실천(공저)』(예정)이 있다.

- 이해응

  이화여자대학교 여성학과 박사과정 수료.

  가톨릭대에서 '현대 사회의 성과 문화'를 강의했다.

  저서로『아시아 여성들의 삶에 대한 이해와 말걸기(공저)』,『社會性別第四輯(공저)』(예정)이 있다.

지은이

• **조앤 W. 스콧**(Joan W. Scott)

　　1969년 미국 위스콘신 대학교에서 박사학위를 받은 뒤 일리노이 대학교, 노스웨스턴 대학교, 노스캐롤라이나 대학교, 브라운 대학교를 거쳐 1985년부터 프린스턴 대학교 고등학술연구소(Institute for Advanced Study) 사회과학 분과 교수로 재직 중이다.

　　첫 저서인 『*The Glassworkers of Carmaux : French Craftsmen and Political Action in a Nineteenth Century City*』(1974)로 미국역사학회가 수여하는 허버트 백스터 애덤스 상을 수상했으며, 『*Gender and Politics of History*』(1988)로는 미국역사학회가 수여하는 조앤 켈리 상을 수상했다.

　　그 외 저서로는 루이스 A. 틸리(Louise A. Tilly)와 함께 쓴 『*Women, Work and Family*』(1978, 『여성, 노동, 가족』, 김영 · 박기남 · 장경선 역, 후마니타스, 2008), 『*Only Paradoxes to Offer : French Feminists and the Rights of Man*』(1996, 『페미니즘 위대한 역설』, 공임순 · 이화진 · 최영석 역, 엘피, 2006), 『*The Politics of the Veil*』(2007)이 있으며, 편저로는 『*Feminists Theorize the Political*』(1992), 『*Going Public : Feminism and the Shifting Boundaries of the Private Sphere*』(2004), 『*Women's Studies on the Edge*』(2008) 등이 있다.

성적 차이, 민주주의에 도전하다

초판1쇄 / 2009년 6월 20일

지은이　**조앤 W. 스콧**
옮긴이　**오미영 국미애 김신현경 나성은 유정미 이해응**
펴낸이　**여국동**
펴낸곳　**도서출판 인간사랑**
인 쇄　**백왕인쇄**
제 본　**은정제책사**

출판등록 1983. 1. 26. / 제일 3호

정가 19,000원

ISBN 978-89-7418-277-9　93340

(411- 815) 경기도 고양시 일산구 백석동 1178-1
TEL (031) 901-8144, 907-2003
FAX (031) 905-5815
e-mail igsr@yahoo.co.kr / igsr@naver.com

※ 잘못된 책은 교환해 드립니다.　　　　　※ 불법복사는 지적재산을 훔치는 범죄행위입니다.